高填方刚性涵洞土压力计算理论与应用

陈保国 著

中国建筑工业出版社

图书在版编目（CIP）数据

高填方刚性涵洞土压力计算理论与应用/陈保国著．
北京：中国建筑工业出版社，2015.8
ISBN 978-7-112-18199-5

Ⅰ.①高… Ⅱ.①陈… Ⅲ.①涵洞—土压力—计算
方法 Ⅳ.①U449.8

中国版本图书馆CIP数据核字（2015）第131150号

高填方刚性涵洞在高等级公路和铁路建设中的应用非常广泛。由于高填方下刚性涵洞的受力特性复杂，现有的理论对填土－涵洞－地基之间的相互作用机理的认识不足，现行的公路桥涵设计通用规范和铁路桥涵设计基本规范中的线性土压力理论难以准确反映高填方刚性涵洞的实际受力状态，导致涵洞病害屡见不鲜。

本书系统地研究了高填方刚性涵洞与土体之间的作用机理及高填方刚性涵洞受力性状的影响因素；探讨了高填方刚性涵洞土压力计算理论及其减载机理和措施；提出了减载式刚性涵洞的设计理论和计算方法；给出了高填方涵洞地基承载力的确定原则、地基处理的设计方法以及地基处理方案优选。

本书可供道路与铁道工程专业、水利水电专业、岩土工程专业的设计和施工人员及大专院校教师、研究生和科研院所的科研人员参考。

*　*　*

责任编辑：王　磊
责任设计：张　虹
责任校对：李美娜　关　健

高填方刚性涵洞土压力计算理论与应用
陈保国　著
*
中国建筑工业出版社出版、发行（北京西郊百万庄）
各地新华书店、建筑书店经销
北京永峥有限责任公司制版
北京市安泰印刷厂印刷
*
开本：787×1092毫米　1/16　印张：9　字数：218千字
2015年9月第一版　2015年9月第一次印刷
定价：**28.00**元
ISBN 978-7-112-18199-5
（27431）

前　言

高等级公路和铁路对加快我国经济建设，缩小东西部经济发展差距，保持国民经济稳定、协调发展有着非常重要的战略意义。因此，在国家中长期科学和技术发展规划纲要（2006~2020）中，已将交通运输基础设施建设中的关键技术问题作为重点领域和优先主题进行研究。

高等级公路和铁路建设中，刚性涵洞（钢筋混凝土涵洞等）的应用非常广泛，其数量约占桥涵总数的60%~70%，其造价约占桥涵总额的40%左右。刚性涵洞横穿公路和铁路路基作为排水、行人以及生态保护的主要通道，其重要地位不言而喻。

然而，高填方涵洞工程调研结果表明，20世纪七八十年代建成的涵洞工程中，60%以上的涵洞在施工过程中或运营期间出现了不同程度的病害，其中由于设计荷载不当造成的结构性破坏竟然达到70%。分析其原因主要有以下几个方面：第一，依据的公路桥涵设计通用规范和铁路桥涵设计基本规范中涵洞设计方法均采用荷载结构法，忽略了涵洞与土体的相互作用，其土压力计算理论难以准确反映高填方刚性涵洞的实际受力状态；第二，对于深埋的涵洞来讲，填土既是荷载又是与涵洞相互作用的介质，设计或施工过程中没有考虑填土-涵洞-地基之间的协调变形，过分地强调地基的刚度，忽视了地基处理的范围和处理后的刚度对结构受力状态的影响；第三，虽然有少数刚性涵洞采用了减载措施，但是难以充分考虑减载材料的性质及减载区域的位置和几何尺寸对涵洞受力状态的影响，忽略了涵洞受力状态和变形特性随时间的变化规律。因而，基于协调变形的高填方刚性涵洞土压力的准确预估及其设计方法成为限制其推广应用的瓶颈。当今，正是高等级公路和铁路建设飞速发展阶段，系统研究高填方刚性涵洞的土压力计算理论和设计方法，突破高填方刚性涵洞难以推广应用的瓶颈，具有重要的理论意义和实际工程价值。

鉴于对高填方刚性涵洞的土压力计算理论和设计方法开展系统的研究工作具有重要的价值，本书结合现场试验、数值模拟和理论分析研究了高填方刚性涵洞与土体之间的作用机理，分析了涵洞受力特性的影响因素，推得涵洞土压力理论计算式。针对高填方涵洞荷载特点，研究了高填方刚性涵洞的减载机理和方法，并对高填方刚性涵洞的地基承载力、地基处理等问题进行了系统分析。这些研究成果可以用于高填方刚性涵洞的受力分析和结构设计，也对类似的深埋构造物的设计和计算具有一定的参考价值。

在本书出版之际，作者非常感激他的博士生导师、我国著名的岩土工程专家、教育部“长江学者”特聘教授、华中科技大学土木工程与力学学院郑俊杰教授，正是郑教授的指引和指导，使作者走上了岩土工程研究与应用之路，并逐步深入。作者也感谢华中科技大学土木工程与力学学院罗君君副教授、陈健博士后、章荣军副教授多年来给予的帮助和支持。同时，作者要特别感谢The University of Kansas（USA）的Jie HAN教授、Monash University（Australia）的Jian ZHAO教授、University of Palestine（Palestine）的S. W. Abusharar博士，他们在学术上给予的指导和帮助对本书的完成非常重要。作者还要感谢中国地质大学（武汉）工程学院的徐光黎教授、陈建平教授、孙金山副教授、徐方副教授，湖北省建筑科学研究设计院的骆瑞萍工程师，中国科学院武汉岩土力学研究所的鲁燕儿副研究员，湖北工业大学的马强副教授，山西省交通科学研究院的张军高工、赵建斌工程师，他们在本书内容的研究过程中给予了诸多帮助。此外，作者衷心感谢长安大学的顾安全教授、谢永利教授、王晓谋教授，重庆大学的张永兴教授，太原理工大学的李永刚教授等各位专家和众多同仁，他们的大量研究成果使作者深受裨益。本书中还引用了很多文献资料，在此谨向这些文献的作者表示衷心感谢。作者所指导的研究生宋丁豹、焦俊杰、汪成、王云辉、何禹衡、周刘芳参与了本书的编辑、校对和制图工作，为本书的顺利出版付出了辛勤的劳动，在此表示衷心感谢。

本书内容的研究过程中得到了国家自然科学基金项目（51108434）“高填方刚性涵管-土体协调变形机理及时间效应研究”、教育部留学回国人员科研启动基金项目（2013-47）“高填方刚性涵管减载机理及其土压力计算理论研究”、中央高校基本科研业务费专项资金项目（CUG130408）“减载条件下高填方刚性涵管受力性状及其时间效应研究”、黄土地区公路建设与养护技术交通行业重点实验室开放课题（KLTLR-Y13-5）“黄土地区动-静荷载下涵-土作用机理及其应用研究”的资助，在此表示感谢。

由于高填方刚性涵洞受力性状复杂，影响因素众多。限于作者水平，书中不妥与错误之处在所难免，敬请读者批评指正。

目　录

1 绪 论

1.1 涵洞的基本概念及分类

1.1.1 涵洞的基本概念

道路工程中的涵洞是指用来宣泄地面水流（小溪或小河流），或便于人、畜和车辆通行而设置的横穿路基的构造物。其结构主要由洞口、洞身和基础三部分组成。

涵洞洞口一般由端墙和翼墙构成，位于涵洞上游的洞口称为进口，位于下游的称为出口。洞口的端墙和翼墙起挡土和导流作用，同时还可以保护路堤边坡不受水流冲刷。道路工程中，涵洞洞口形式多样，常用的洞口形式有端墙式洞口、八字翼墙式洞口及跌水井洞口。

涵洞洞身是涵洞的主体结构，由若干节段组成，它埋在路基中，具有一定的纵向坡度，以便排水。洞身通常由承重结构（拱圈或盖板和侧墙等）、涵台、防水层、伸缩缝或沉降缝等组成。洞身的功能是将其上部的填土荷载和车辆荷载通过基础传递给地基，并确保水流通畅和人、畜等通行。洞身的空间几何尺寸和结构断面尺寸应根据使用功能和荷载的大小综合确定。

涵洞的基础在涵洞结构中的作用不容忽视，其质量的好坏直接影响到构造物的稳定性和行车安全。在涵洞与路基相连的过渡段，工程中对沉降和差异沉降的控制要求较高。沿路基纵向的不均匀沉降会引起“跳车”现象，影响行车舒适性，甚至造成路面结构横向开裂；沿涵洞轴向的不均匀沉降会造成涵洞内积水，影响排水功能，如果差异沉降过大，也可能导致路面结构纵向开裂，促使路面结构过早破坏。因此，涵洞基础应尽量设在地基刚度均匀、承载力较高或地质条件良好的地段。当无法避让不良地质条件，应该采取相应的加固措施对地基进行处理。

从材料性质上看，常用的涵洞基础有干砌片（块）石、浆砌片（块）石、素混凝土基础、钢筋混凝土基础。从基础的形式上区分，常用的基础有整体式基础和分离式基础。一般的涵洞基础可以采用干砌片（块）石、浆砌片（块）石基础。当地质条件均匀、地基承载力较高时，涵洞基础形式可采用分离式基础；当地基刚度不均匀时，应采用整体式基础。对于高填方涵洞，其基础一般采用素混凝土整体式基础或钢筋混凝土整体式基础。涵洞基础埋深应根据地基承载力、水流冲刷和冻胀深度综合确定。

1.1.2 涵洞的分类

道路工程中，涵洞材料性质各异，受力特性也不尽相同，根据不同的分类原则，涵洞一般可按照下列条件进行分类：

1. 按建筑材料分类

涵洞按其修建的建筑材料可分为砖涵、石涵、混凝土涵、钢筋混凝土涵、铸铁管涵、波纹管涵、塑料管涵等。砖涵、石涵、混凝土涵、钢筋混凝土涵、铸铁管涵为刚性涵洞，在填土荷载和车辆荷载作用下，涵洞结构本身的变形较小。塑料管涵为柔性涵洞，在荷载作用下，其变形一般大于周围填土的变形。波纹管涵通常称为半刚性涵洞，其变形特性介于刚性和柔性涵洞之间。

2. 按构造型式分类

涵洞按其构造型式可分为管涵、盖板涵、拱涵、箱涵等。圆管涵直径通常在0.5～2.0m之间，主要适用于过水面积较小的高填方路堤。盖板涵的跨径通常在0.8～4.0m之间，适用于过水面积（或人流量）较大的矮路堤上的明涵或中低路堤的暗涵。拱涵跨径一般在1.0～6.0m之间，主要适用于高填方路堤，跨越深沟、小河，或便于小型车辆通行。箱涵跨径通常在2.0～8.0m之间，特殊工程中，其跨径可以适当加大，主要适用于大面积排水通道或通行要求较高的情况，或者地基条件较差的情况。

3. 按埋设方法分类

涵洞按其埋设方法可分为上埋式涵洞、沟埋式涵洞和隧洞式涵洞，如图1-1所示。上埋式涵洞是指在天然地面（或浅壕）上先修建涵洞结构，然后在涵洞两侧及涵顶填土，形成填埋式构造物。土坝和路堤下埋设的涵管大多属于此类。该类涵洞由于其洞身突出天然地面，如果洞身材料刚度大于其两侧填土刚度，洞身与两侧填土材料之间的刚度差异，会在涵顶产生应力集中现象。沟埋式涵洞是指在天然沟谷埋设涵洞，或者先在天然地面填筑路堤，碾压密实，然后在相应的位置开挖与涵洞洞身几何尺寸相当的沟槽，在沟槽中修建涵洞结构。对于刚性涵管来讲，沟埋式涵洞由于涵洞两侧的填土在涵洞施工之前进行压实，后期在涵顶填筑的内土柱体会受到沟槽侧壁的摩阻力，从而缓解甚至消除涵顶的应力集中现象。隧洞式涵洞是先在地基或土体中开挖洞室，然后在洞室内设置涵洞。

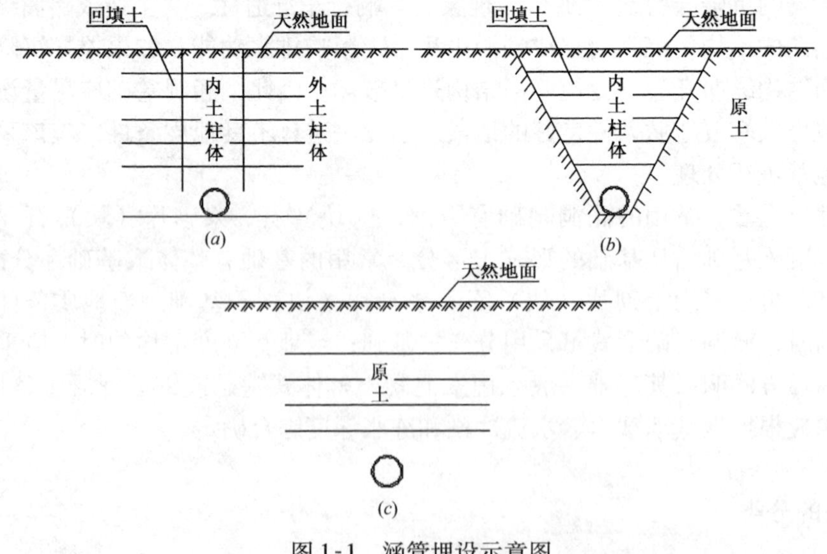

图1-1　涵管埋设示意图

（a）沟埋式；（b）上埋式；（c）隧洞式

上述三类涵管中，由于涵洞埋设形式不同，涵洞与其周围土体的作用机理也存在较大差异，涵管顶部受到的垂直土压力相差很大。由于涵洞的刚度与其两侧填土的刚度存在差异，导致填土荷载作用下涵顶正上方的填土（内土柱体）与其两侧的填土（外土柱体）之间产生相对位移。对于上埋式涵洞，通常涵洞的刚度大于其两侧填土的刚度，填土荷载作用下涵洞高度范围内两侧填土的压缩变形大于涵洞结构的压缩变形，导致外土柱体对内土柱体产生向下的拖曳力，使涵顶应力集中，增加涵顶土压力[1~3]。对于沟埋式涵洞，由于回填土在压缩变形时受到两侧沟壁的摩阻力，涵顶填土形成向下的弯曲面，涵管顶部的部分填土荷载由两侧沟壁摩擦作用而产生应力扩散，从而减小涵顶土压力[4~6]。但是，如果沟槽的宽度超过某一限度，或者沟槽的坡脚很小时，两旁沟壁的摩阻力对涵管的竖向土压力影响将会消失[7]。一般在建造隧洞式涵洞的土体中，仅仅是在涵洞周围较小范围内的土体受到影响，并不像上述两类涵洞。由于原始土体已经固结稳定，隧洞开挖时，这类涵洞周围土层存在土拱效应。故这类涵洞的竖向土压力一般小于线性土压力理论计算的结果（即涵管上部土柱体自重压力 γH）。至于因土拱效应隧洞式涵洞受到的土压力减小多少，应与土的性质、隧洞衬砌的刚度以及施工方法等因素有关。

4. 按填土高度分类

涵洞按照涵顶填土高度可分为明涵和暗涵两类[8]。明涵指涵顶不填土或填土高度小于0.5m的涵洞，适用于低矮路堤或浅沟渠；暗涵指涵顶填土高度大于0.5m的涵洞，主要适用于高路堤或深沟谷。

5. 其他分类形式

涵洞按照分孔数量可分为单孔涵洞、双孔涵洞和多孔涵洞等；按照水力性质可分为无压力式涵洞、半压力式涵洞和压力式涵洞三类。

总之，涵洞分类依据不同，其结构形式也不相同。实际工程中，应根据工程实际情况进行定义。

1.2 高填方刚性涵洞的特点

高填方刚性涵洞在高速公路建设中的应用非常广泛，尤其是在我国西部山区高速公路建设中，高填方刚性涵洞的应用更加普遍。在我国桥涵设计规范中对高填方涵洞并没有给出具体的定义，也没有给出针对高填方涵洞的具体设计方法[8~10]。国内通常认为当涵顶填土高度大于2倍涵洞宽度时即为高填方涵洞[11,12]，国外也有文献认为当涵顶填土高度大于涵洞结构宽度时即为高填方涵洞[3]。高填方涵洞的主要特点如下：

1. 地形条件变化大，涵顶填土高度大。高填方是针对低填方来说的，在我国桥涵设计规范、公路桥涵设计通用规则及公路涵洞设计细则里面都没有明确的说明，国内国外针对高低填方的临界高度的划分也不统一，一般来说不论路堤还是涵洞，填方高度达到一定界限（有的达到18m以上，有的达到涵洞结构宽度以上）都视为高填方。高填方一般多应用于山区沟谷当中，受限于地形地貌特征，高填方涵洞又要满足一定的使用功能要求，所利用的地形条件就变化很大，因此根据地形的不同，高填方涵洞又分为上埋式和沟谷设涵等构造形式。

2. 结构承受的荷载大，受力复杂。我国西部地区高填方涵洞的填土高度一般会达到

20～30m，有些甚至更高。在填土自重作用下，涵洞结构受到很大的荷载，实际工程中普遍采用刚性涵洞结构，因而涵土之间的刚度差异导致涵顶产生土压力集中，使得结构本身所受的荷载更大。此外，涵洞本身的构造形式多样，例如箱涵、盖板涵、管涵等，它们自身的构造形式不同，结构的受力状态也不同。再加上地形条件的限制，外界交通荷载、地震荷载等作用对涵洞结构的受力产生影响，因此，涵洞结构的受力就相当的复杂。

3. 对地基承载力和沉降控制要求高。由于涵土刚度差异可能在涵洞顶部产生土压力集中，尤其是上埋式涵洞。涵顶的土压力通过涵洞传递到基底，因而基底的土压力也会随之增大，在涵洞横向产生非均匀分布的土压力，这就要求涵洞地基具有较高的承载力。此外，沿涵洞纵向，填土高度也是随着路堤边坡而变化，涵洞基底纵向土压力分布也极为不均，如果差异沉降控制不当，涵洞中部会产生较大的沉降，导致涵洞内部错台、积水，甚至结构破坏。因此在设计高填方涵洞时，要对地基承载力和沉降控制进行充分考虑。

4. 工程量大，造价高。山区高填方填土有时达到20～30m，填土一般都是就近取材，但20～30m的填土高度，按照标准的压实程度，一次的压实才几十厘米，还要满足压实度的要求，这就必然使得填方过程的工程量很大，造价上升。由于高填方涵洞工程所在地一般都是在偏远山区，交通不便，施工条件困难，地形局限，会使得施工工期加长，造价会很高。

1.3 高填方刚性涵洞常见病害

山区高速公路建设中，高填方通涵数量极多。由于山区沟谷走向各异，沟谷宽度沿水流方向一般由小渐大，呈喇叭形，给通涵等构造物的受力计算和地基处理带来了极大的困难。地基土的不均匀性会使结构产生不均匀沉降，影响涵洞和路面的正常使用功能[1,2]；涵洞与填土刚度差异会导致涵顶土压力集中[3～5]；此外，沟谷宽度呈非均匀变化，而且受地质条件和路线的限制，涵洞往往为非对称埋设，导致涵洞结构物产生偏载效应，如图1-2所示。

从20世纪60年代开始，相继有许多学者对涵洞病害进行了调研分析。如顾安全[1]在对303座涵洞的调研后发现，管道开裂破坏者占63.5%，其中70%属纵向开裂。魏红卫[13]指出：2000～2001年在湖南两条公路圆管涵裂缝的调研中，填土高于6m的圆管涵裂缝较普遍，个别涵洞发生坍塌。赵立岩[14]指出：在平原地区，混凝土圆管涵占涵洞的80%以上，有的几乎达到100%，多数混凝土圆管涵洞在使用3个月到2年后即出现不同程度的各种病害，其中约有8%的涵洞需要进行大、中修或改建。李亚东[15]指出：109线二期工程的K181～K182段，涵洞处于砂性土路基中，工程竣工通车不久，即发现该路段涵洞出现明显裂缝，甚至破坏。通过调查发现4处孔径1.5m，填土高度16～20m的圆管涵全部出现严重裂缝甚至断裂。娄亦红、王秉勇[16]则指出：在广东、湖南、湖北等地的某些高速公路项目建设过程中，相继发现已完工的圆管涵工程在道路通车之前就出现开裂、受挤压变形等现象。病害的主要特征是管径严重压缩变形，严重的部位沿竖向管径缩小10cm。开裂部位大都在管顶，严重的甚至出现环向钢筋外露、被拉直。近年来，在西部地区的高速公路建设中，高填方路堤下设置的涵洞工程越来越多，然而对涵洞的设计与计算理论至今仍不完善，导致计算结果和实际结果相差很大，致使涵洞病害不断发生，严

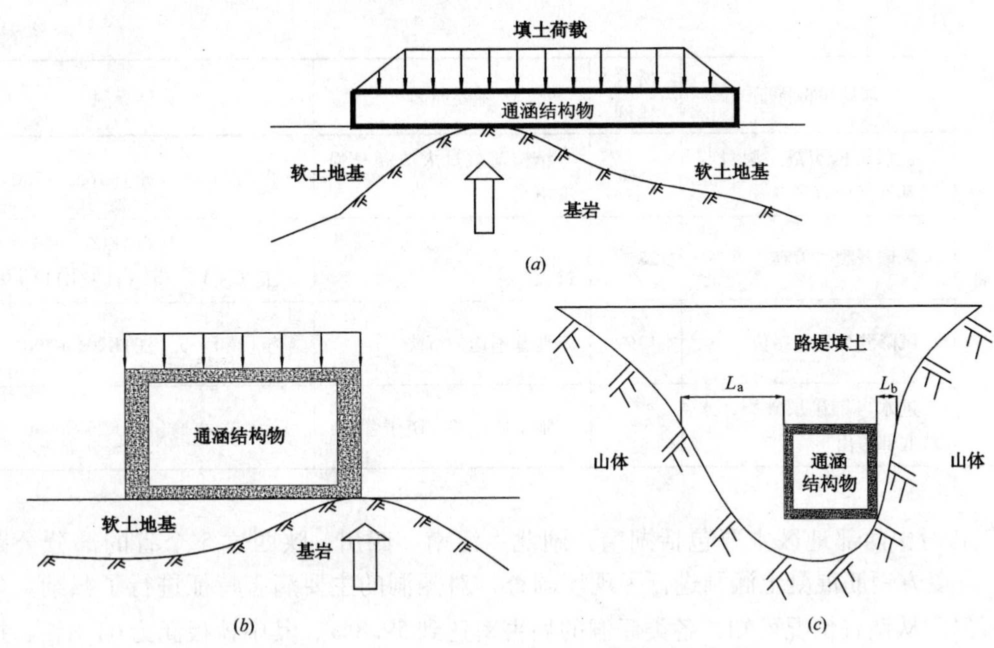

图 1-2　地形及地质条件对涵洞受力影响示意图

（*a*）涵洞纵向不均匀沉降；（*b*）涵洞横向不均匀沉降；（*c*）沟谷非对称设涵

重影响了高速公路的正常运营。2004 年，张卫兵、刘保健等对西南、西北地区主要是云南、四川、陕西、甘肃、宁夏 5 省区具有代表性的 17 条高速公路 182 个涵洞进行了较详细的实地调研，归纳了高填方涵洞主要病害特征，如表 1-1 所列。

西南、西北地区涵洞主要病害特征[17]　　**表 1-1**

涵洞类型	常见病害特征	所占比例	主要原因	典型涵洞
拱涵（9%）	涵身沿纵向裂缝及纵横向裂缝，拱脚开裂	63%	结构竖向荷载及水平荷载过大，涵身强度不足	达(州)~渝(重庆)K19+548 白(银)~兰(州)K1684+100
	基础开裂，沉降缝拉裂，涵身错位	19%	地基不均匀沉降	柳(沟河)~忠(河)K21+900
	进水口铺砌层破裂，水从底部渗出	3%	施工质量差，管理不善	西(安)~临(潼)K24+180
箱涵（7%）	洞顶路面不均匀沉降，结构顶部和底部有裂缝	43%	结构荷载过大及不均匀沉降	西(安)~临(潼)K24+180
圆管涵（14%）	涵洞中部沉降过大，洞内淤积，路面开裂及跳车	35%	结构荷载过大，地基处理不当	达(州)~渝(重庆)K13+434 天(水)~巉(口)K33+400
	涵身纵向裂缝，结构挤压变形	20%	结构荷载过大或涵身强度不足	达(州)~川(成都)K72+500
	基础开裂，沉降缝拉裂，涵身错位	18%	地基不均匀沉降	天(水)~巉(口)K33+400

续表

涵洞类型	常见病害特征	所占比例	主要原因	典型涵洞
盖板涵（70%）	板顶结构裂缝，洞身与路基连接处有裂缝	35%	结构荷载过大或涵身强度不足	白(银)~兰(州)K1652+750
	翼墙开裂、偏移	28%	不均匀沉降及水平荷载过大	天(水)~巉(口)K06+950 玉（溪）~元（江）K113+950
	沉降缝变形、错位	13%	地基不均匀沉降	玉(溪)~元(江)K201+300
	进水口铺砌层破裂，水从底部渗出	5%	施工质量差，疏于管理	元(江)~磨(江)K264+990

笔者对中西部地区主要包括湖南、湖北、河南、四川、陕西这5个省的部分公路中102座高填方钢筋混凝土涵洞进行了现场调查，对涵洞的主要病害特征进行了归纳，如表1-2所列。从调查情况可知，各类涵洞的病害率达到59.8%，其中盖板涵为64.8%，拱涵为54.8%，圆管涵为63.6%，箱涵为33.3%。盖板涵和圆管涵这两类涵洞中病害的发生率较高。从各种病害特征来看，顶板及洞身开裂和基础错台的病害最为显著。产生涵洞病害的原因可能包括：

（1）地基承载力不够；

（2）地基处理不当；

（3）地基沉降和不均匀沉降；

（4）涵洞顶部土压力计算方法不当；

（5）施工质量。

中西部地区高填方钢筋混凝土涵洞主要病害特征[18] 表1-2

涵洞类型	数量	病害特征	各类病害数量	病害所占比例（%）	病害率（%）
Type1 盖板涵	54	顶板纵向裂缝	14	25.9	64.8
		洞身横向斜裂缝	10	18.5	
		沉降缝处错台	7	13.0	
		进水口基底渗水	4	7.4	
Type2 拱涵	31	洞身横向斜裂缝	3	9.7	54.8
		拱脚纵向裂缝	6	19.4	
		基础开裂，错台	5	16.1	
		基底渗水	3	9.7	

续表

涵洞类型	数量	病害特征	各类病害数量	病害所占比例（%）	病害率（%）
Type3 圆管涵	11	涵管中部沉降过大	2	18.2	63.6
		涵管纵向裂缝	3	27.3	
		基础裂缝，错台	2	18.2	
Type4 箱涵	6	沉降缝处错台	1	20.0	33.3
		箱涵底板裂缝	1	20.0	

1.4 高填方刚性涵洞研究意义

高等级公路和铁路对加快我国经济建设，保持国民经济持续、稳定、协调发展有着非常重要的战略意义。高等级公路和铁路建设中，由于地形条件的限制和排水通行的需求，高填方涵管的应用越来越多。然而，高填方涵管工程调研结果表明，60%以上的涵管在施工过程中或运营期间出现了不同程度的病害，其中由于设计荷载不当造成的结构性破坏竟然达到70%[1,17]，部分涵管产生严重变形，涵管顶部出现钢筋外露，甚至垮塌，从而引起交通事故[13,16]。分析其原因主要有三个方面：第一，现行的《公路桥涵设计通用规范》（JTG D60—2004）和《铁路桥涵设计基本规范》（TB 10002.1—2005）中涵管设计方法均采用荷载结构法，忽略了涵管与土体的相互作用，其土压力计算理论难以准确反映高填方涵管的实际受力状态；第二，对于深埋的涵管来讲，填土既是荷载又是与涵管相互作用的介质，设计或施工过程中没有考虑填土-涵管-地基之间的协调变形，过分地强调地基的刚度，忽视了地基处理的范围和处理后的刚度对结构受力状态的影响，导致涵管实际受到的土压力远大于设计荷载；第三，虽然有些涵管采用了柔性材料进行减载，但是没有充分考虑减载材料的性质及减载区域的位置和几何尺寸对涵管受力状态的影响。因而，基于协调变形的高填方涵管土压力的准确预估成为高填方涵管土压力计算理论中的突出问题。

刚性涵管与其两侧填土之间的刚度差异导致涵管顶部产生应力集中现象，刚度差异越大，应力集中就越严重，这一规律基本上得到了共识[2,19~22]。然而，填土-涵管-地基三者之间是一个协调变形体系，其力学机理非常复杂，高填方涵管的土压力计算理论与工程应用中的问题比较突出。近些年，国内外诸多学者针对高填方涵管的土压力计算理论这一热点问题展开了相应的研究工作，对高填方涵管的减载措施是否应该在工程中推广应用也一直争执不休。从目前的研究成果来看，现有的理论基本处于解决施工应用问题阶段，对高填方涵管设计的核心问题——非线性土压力计算理论的研究并不深入。因此，系统研究高填方下刚性涵管与土体之间的作用机理，提出高填方刚性涵洞的土压力计算理论和设计方法具有重要的理论意义和实际应用价值。

1.5 高填方刚性涵洞计算理论发展现状

涵管的土压力计算理论是涵管设计的核心内容。美国艾奥瓦州立大学的 Marston（1913，1930）开创了涵管土压力计算理论的先河，提出了著名的 Marston 土压力计算公式[23,24]。Marston 土压力计算理论是基于散体材料极限平衡法得到的，Marston 公式的应用，使人们摒弃了涵管土压力以隧洞卸荷拱理论为基础的洞室土压力计算方法。Spangler（1933，1941，1950）在 Marston 土压力计算理论的基础上发展了柔性涵管的土压力计算方法，并进一步指出影响涵顶土压力的主要因素是涵顶正上方的土柱体与其相邻两侧土柱体之间的沉降差，同时提出了等沉面理论[25~27]。此后，曾国熙教授（1960）对 Marston 公式进行了修正，在马氏理论的基础上，推导出了考虑土体黏聚力的上埋式涵管土压力计算式[28]。Handy（1985）、McKelvey（1994）在 Spangler 的基础上系统地分析了涵顶土体内部的土拱的形成机理[29,30]。折学森教授（1992）对路基涵洞的竖向土压力计算方法进行了探讨，在模型试验和有限元分析的基础上研究了土压力的影响因素及变化规律，推导出了基于刚性地基假设的竖向土压力计算式[31]。顾安全教授（1981）将影响涵顶垂直土压力的各种因素归结到涵顶平面内外土柱体差异沉降这一变量上，并以刚性地基为基本情况，类似于条形基础沉降计算的弹性半空间无限体假设，推得计算上埋式涵洞垂直土压力的顾安全公式[1]。郑俊杰教授等（2009）在顾安全公式的基础上，考虑了涵顶土拱效应对涵洞台背土体应力的影响，对顾安全公式进行了修正[22]。Karinski et al（2003）通过建立理论模型，分析了填埋式结构物在填土荷载和路基表面静荷载作用下的受力特性，考虑了由荷载引起结构物的变形对结构受力的影响以及结构的尺寸效应[32]。邓国华等（2004）假设地基为绝对刚性，利用理想弹塑性有限元法分析了上埋式涵洞与填土的受力状态和变形特性[33]。上述理论研究对涵管土压力计算理论的发展取到了一定的推动作用，但是，由于问题本身的复杂性，目前的理论研究工作基本上是基于刚性地基假设，忽视了填土-涵管-地基之间的协调变形，而且没有考虑涵顶填土内部土拱的实际形态。

孙建生教授（2000）假设土体的应力应变关系为双曲线模型，结合具体工程采用有限元方法分析了软土地基上底板外伸式涵洞的内力及周边土压力的分布规律[34]。李永刚教授等（2006）假设填土和地基为弹性体，运用散体材料极限平衡法得出了上埋式涵洞顶部垂直土压力的计算式，并对影响涵顶垂直土压力的主要因素进行了分析[35]，刘全林教授（2007）利用 Vlazov 模型来模拟管-土之间的相互作用，并建立了地埋管与土相互作用平面问题的传递矩阵分析方法，分析了管道的受力状态[36]。Kim et al（2005）利用数值模拟对比分析了上埋式、沟埋式和采用柔性材料减载三种情况下矩形涵洞的受力状态，结合数值模拟的结果，通过回归分析得出了涵顶土压力系数的变化规律[37]。方志等（2005）运用弹性有限元方法和现场测试分析了填土荷载和静止车辆荷载作用下涵洞土压力系数的变化规律，并给出了建议值[38]。这些研究工作考虑到了涵管地基性质这一因素，但是涵管协调变形机理和工作性状的时间效应尚未得到解决。

Bennett et al（2005）根据现场测试结果分析了高路堤下钢筋混凝土箱形涵洞结构的受力状态和涵顶土压力大小，认为填土高度是影响涵顶土压力和结构内力的主要因素[3]。Arockiasamy et al（2006）通过原位试验分析了高密度聚乙烯管道、PVC 管和金属管道在高速公路设计荷载作用下的变形特性，并通过数值模拟分析了管道的受力、管道剖面的变形情况以及管道的位移[39]。Garg et al（2007）采用模型试验分析了预制钢筋混凝土箱涵的承载能力，采用荷载板加载来模拟汽车荷载，研究了涵洞破坏过程中裂缝的产生和发展情况以及涵洞顶板的变形规律[40]。范鹤等（2008）根据相似材料涵洞模型试验得出了盖板涵关键部位的应力随填土高度的变化规律，并运用有限元方法进行了对比验证[41]。杨锡武和张永兴教授（2005）基于刚性地基条件，通过模型试验研究了狭窄沟谷沟心设涵、宽坦沟谷沟心设涵和沟谷岸坡坡脚设涵三种边界条件下高填方涵洞涵顶土压力随填土高度的变化规律，验证了涵顶填土内部拱效应的存在性和土拱的不稳定性，并根据试验数据拟合出了三种边界条件下涵顶垂直土压力计算式[42]。翁效林等（2008）针对涵洞和填土之间的作用机理，采用离心模拟试验分析了沟谷和平坦地形设涵两种条件下涵-土体系的变形特性和涵洞顶部散体材料内部的土拱效应，再次验证了高填方涵顶土拱效应具有不稳定性的特点[43]。李永刚教授等（2008）在刚性地基假设的基础上，推导了沟埋式涵洞涵顶垂直土压力方式，并通过数值模拟对理论结果进行了验证[6]。笔者对高填方涵管与土体之间的协调变形机理进行了探索，分析了多种因素对高填方涵管工作性状的影响[44~47]。

然而，通常情况下天然地基的承载力往往不能满足高填方荷载的要求，需要对涵管的地基进行处理。陈素君（1998）结合工程实例分析了涵洞地基承载力及基础的选型，对整体式和独立式基础的适用范围给出了建议[48]。凌忠等（2005）结合有限元法分析了高路堤下构造物基底压力的分布规律，并得出基底压力与相同标高下路基底面压力接近[49]。蒯行成等（2006）通过数值模拟手段分析了涵洞等构造物的地基极限承载力，考虑了地基承载力的深度修正，分析了影响地基承载力的主要因素[50]。近些年，一些学者开始关注地基土的性质对涵管受力状态的影响。袁明等（2006）分析了无碴轨道下涵管地基加固的方法及适用范围，并对沉降控制进行了阐述，但是没有考虑地基处理后的刚度对涵管受力状态和变形特性的影响[51]。康佐等（2006）应用离心模拟试验分析了涵洞发生病害的全过程，利用图片测量软件分析了填土、涵洞与地基的相互作用过程，阐述了涵洞地基纵向不均匀沉降对结构受力状态的影响[52]。刘保健教授等（2006）提出了填土-涵洞-地基共同工作模型，分析了涵洞的工作性状，并对涵顶土压力计算方法及地基承载力的确定原则给出了建议[53]。国外关于高填方刚性涵管的地基处理方面的研究成果很少见，他们主要关注结构本身的力学性能和受力状态。现有的高填方刚性涵管地基处理研究工作中，大多关注涵管的地基承载力，而很少关注地基处理的范围和地基处理后的刚度对涵管受力状态和变形特性的影响。

传统的设计观点认为，提高地基承载力和刚度是一般工程地基与基础设计的指导思想，地基与基础的强度越高，工程就越安全。其实不然，涵管工程并不遵循该设计原则，涵管地基和基础的刚度越大，涵管受到的土压力也越大，对结构的强度要求就越高，作者的研究成果已经证明了这一结论[54~56]，提出了综合考虑强度与沉降控制的地基承载力基本容许值的确定方法，讨论了地基刚度、不均匀沉降等因素对涵洞受力状态的影响以及埋深效应对地基承载力的影响，得出了地基处理的合理范围和优选处理方案。

针对高填方涵管荷载大，材料强度要求高这一特点，目前国内外诸多学者对高填方涵管的减载措施积极开展研究工作，力求减小涵管受到的土压力。现有的研究结果表明，采用减载措施可以将涵顶的土压力降低为上覆填土自重的30% ~50%[20,21]。减载措施的应用，一方面能够大大减小涵管的土压力，降低结构强度，节约工程造价；另一方面使得更高填土的涵管能够在实际工程中得以应用。

Vaslestad et al（1993）结合实际工程对圆形管线和矩形涵洞周围的土压力进行了现场连续观测，得出了土压力的分布规律，验证了涵管顶部铺设柔性材料的减载效果，当填料为碎石时，涵顶土压力基本不随时间而变化[57]，但其并未对用于减载的柔性材料的性质、几何参数及时间效应进行深入的分析。Dancygier et al（1996）通过在涵顶设置柔性垫层来控制填埋结构物顶部的土压力，将不设柔性垫层和设置柔性垫层，以及改变柔性垫层的宽度所得到的结果进行对比分析，研究了结构顶部的土拱效应以及柔性垫层对土压力的影响[58]。白冰教授（1998）利用数值模拟手段对聚苯乙烯泡沫塑料（EPS）减载条件下的上埋式圆形结构物周边的土压力进行了分析，验证了 EPS 板的减载效果[59]。杨锡武和张永兴教授（2005）利用模型试验对高填方涵洞利用加筋桥减载的效果进行了研究，并对影响加筋桥减载效果的因素进行了分析，根据模型试验结果，给出了加筋桥减载结构的设计方法[60]。Sun et al（2005，2006）分析了轻质土工塑料泡沫在高填方涵洞的减载，路堤拓宽，涵洞加长改造工程中的应用，结合数值模拟分析了土工塑料泡沫的位置对结构内力的影响[61,62]。王晓谋和顾安全教授等（1990，2005，2009）采用理论分析和试验手段研究了高填土涵洞采用 EPS 板进行减载的效果，分析了涵管顶部垂直土压力及涵洞沉降随 EPS 板厚度和变形模量的变化规律，并建立了简明的 EPS 板减荷设计方法[20,63,64]。Kang et al（2007，2008）在 Springer 的理论基础上，利用平面有限元方法分析了用于减载的柔软材料的几何尺寸和地基及填土的刚度对深埋混凝土管道的受力状态和变形特性的影响[65]，同时运用有限元方法分析了柔性材料减载条件下，涵管两侧填土的摩擦力对涵管受力状态的影响[66]。此后，Kang et al（2009）等通过假设设计初期、施工 50 年后和施工 100 年后波纹管的弹性模量和泊松比，运用数值模拟分析了非减载条件下高密度聚苯乙烯波纹管的受力特性，探讨了接触条件和土性参数等对结构工作性状的影响[67]，但其并没有分析减载条件下用于减载的材料的时间效应及减载区附近填土的长期稳定性，仅仅考虑了金属波纹管材料的时间效应。实际工程中，涵-土体系的应力状态会随着时间的变化产生应力重分布，因而涵管结构的内力也会随之发生变化。

虽然高填方涵管减载措施的研究工作取得了一定的成就，然而实际工程中，高填方涵管的减载方法并没有得到推广应用。主要原因如下：首先，涵管土压力计算理论尚不完善，采用减载措施后，填土-涵管-地基之间的作用机理变得更加复杂；其二，采用减载方法时，用于减载的材料的时间效应及减载区附近填土的长期稳定性难以预估，涵管与土体之间的长期变形行为尚无可靠的理论依据；其三，用于减载的柔性填料（例如包裹的稻草、松软的土体和其他柔性材料等）的力学性质以及柔性填料区域的几何尺寸和合理布置尚无系统的理论成果。正是由于这些原因，中国的《公路桥涵设计通用规范》（JTG D60—2004）和《铁路桥涵设计基本规范》（TB 10002.1—2005）中都没有高填方涵管的减载措施的计算方法和设计方法，而美国混凝土管道协会（ACPA）也删除了《ACPA concrete pipe handbook》（2001）中的减载方法[68]，美国现行的 AASHTO 桥涵规范（2002）经过多次修订后，其涵管土压力计算理论目前仍然沿用 Marston 和 Spangler 的土压力计算理论[69]。

2 高填方钢筋混凝土拱涵受力状态及变形特性

山区高速公路建设中，高填方涵洞的问题比较突出。由于涵洞结构—填土—地基之间相互作用机理复杂，如果对此认识不够深入，则会导致涵洞结构设计过分保守或者不安全，从而在施工期间或者竣工后出现不同程度的病害[17,52,70]。涵顶土压力与边界条件、涵洞几何尺寸、填料性质及地基刚度等诸多因素有关。现行《公路桥涵设计通用规范》中线性土压力理论未能准确反映上述因素对涵洞涵顶垂直土压力的影响，土压力计算结果与实际情况也存在较大差异。本章根据高填方涵洞在实际工程应用中的典型地形和几何尺寸，结合现场试验、数值模拟和理论方法对钢筋混凝土拱涵的受力状态和变形特性进行分析。

2.1 荷载传递机理

图 2-1 为涵洞-填土-地基及基础共同工作机理示意图。图中 M_{12}、M_{11} 和 M_{13} 分别为涵洞和涵侧上方路堤填土的质量，M_{22} 为涵洞的质量，M_{21} 和 M_{23} 为涵洞台背填土质量，M_{32}、M_{31} 和 M_{33} 分别为涵洞地基和涵洞两侧路堤下地基的质量。K_{12}、K_{11} 和 K_{13} 分别为涵洞和涵侧上方路堤填土的刚度，K_{22} 为涵洞刚度，K_{21} 和 K_{23} 为涵洞台背填土刚度；K_{32}、K_{31} 和 K_{33} 分别为涵洞地基和涵洞两侧路堤地基的刚度，τ_i 表示涵顶内、外土柱体之间的摩擦力（或剪切力）。

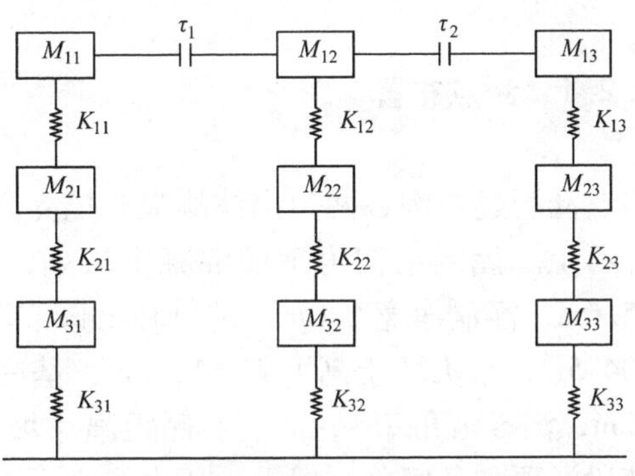

图 2-1 涵洞-填土-地基作用机理示意图

涵洞受力状态不同于一般建筑物，它与填土及地基性状等因素有关。由图 2-1 分析可知，若地基刚度 K_{31} 取无穷大（假设处理后的地基为刚性），由于涵洞刚度 K_{22} 大于涵洞台背填土刚度 K_{21} 和 K_{23}，使得 M_{21}（或 M_{23}）的竖向位移大于 M_{22} 的竖向位移。则作用在涵顶上的土压力不仅仅是上覆土柱体重量 $M_{12}g$，这是因为涵顶上部内外土柱体剪力传递的结果。作用在涵顶的实际土压力为：

$$p = M_{12}g + \tau_1 + \tau_2 \tag{2-1}$$

由此表明涵顶土压力大于其上覆土柱体重量。而现行的《公路桥涵设计通用规范》中涵顶土压力仍然采用上覆土柱体重量来计算，即：

$$p = \gamma H \tag{2-2}$$

由图 2-1 可以看出，涵洞与其台背填土的刚度差异越大，M_{21}（或 M_{23}）与 M_{22} 之间的差异沉降越大，τ_1 和 τ_2 也随之增大，由式（2-1）可知涵顶土压力也将增大。地基处理时，涵洞地基刚度（K_{32}）与涵洞两侧路基下的地基刚度（K_{31} 和 K_{33}）存在差异，通常情况下，地基处理后，K_{32}大于K_{31}（或K_{33}），导致M_{21}与M_{31}（或M_{23}与M_{33}）竖向位移之和大于M_{22}与M_{32}竖向位移之和。从而使得涵顶内外土柱体之间产生更大的剪应力，导致涵顶土压力集中现象加剧。涵顶土压力远大于按《公路桥涵设计通用规范》计算的结果，如果按照《公路桥涵设计通用规范》进行设计，很容易导致涵洞结构破坏。

对于天然地基能够满足地基承载力要求的情况，通常不做地基处理，此时$K_{31}=K_{32}=KM_{33}$，涵洞两侧地基沉降（M_{31}和M_{33}）对内外土柱体之间的剪应力τ_1和τ_2影响不大。在此情况下，主要是M_{21}、M_{23}与M_{22}之间的差异沉降会影响τ_1和τ_2的值。这样，作用在涵顶上的土压力p就小于涵洞地基处理后的涵顶土压力，但还是大于涵顶上覆土柱体的自重$M_{12}g$。

设计者通常认为地基刚度越大，基础宽度越大，地基承载力就越高，上部结构也就越安全。由填土-涵洞-地基相互作用机理可知，涵洞工程并不遵循该原则，按照通常的设计思想来设计涵洞地基与基础是不科学的。事实证明，这也是产生涵洞病害的主要原因之一。实际工程中，有些涵洞设于软基之上，由于地基承载力不够，而采用刚性桩对涵洞地基进行处理，造成强涵基弱路基，经调研发现，这些涵洞工程绝大部分已经破坏[71]。

2.2 涵-土体系受力状态试验研究

2.2.1 测点布置

涵洞建于沟谷两边山体隧道开挖弃方之上，采用重型压路机碾压，天然地基为粉砂夹碎石土。涵洞结构为钢筋混凝土拱涵，高度$h=8.2$m，顶部宽$D_1=9.9$m，基础宽$D_2=15.6$m，涵洞净宽6.0m，进口和出口节段长度为7.25m，其余各节段均为6m，总长度为104.5m，最大填土高度$H=18.0$m，基底平面沟谷宽度$B=72$m，涵洞左侧距离岸坡$L_L=22$m，沟谷坡角75°，涵洞右侧距离岸坡$L_R=34.4$m，沟谷坡角60°，在4号、6号、7号节段涵顶和基底分别埋设土压力盒来反映涵洞垂直土压力随填土荷载的变化规律及成拱效应，通过对称布置土压力盒，研究土压力非线性变化规律和非对称设涵时涵洞的受力状态。土压力盒布置如图2-2所示（图中560XXX，501XXX等为土压力盒出厂编号）。

2.2.2 现场试验成果分析

施工过程中，对4号、6号、7号节段涵顶平面土压力进行现场连续观测（仅560073失效）。试验的主要成果绘于图2-3~图2-6中。

图2-3中曲线反映了各测试节段涵顶及其外侧土压力P随填土高度H的变化规律。由图2-3可知，涵顶平面垂直土压力随着填土荷载的增加而呈非线性增加。各节段涵顶土压力实测结果均大于按线性土压力理论（土柱法）计算的结果，实测4号节段（填土高度10.4m）涵顶最大土压力为258kPa，6号节段（填土高度17.8m）涵顶最大土压力为426kPa，7号节段（填土高度18.0m）涵顶最大土压力为502kPa，涵顶两侧土压力均小于按土柱法计算结

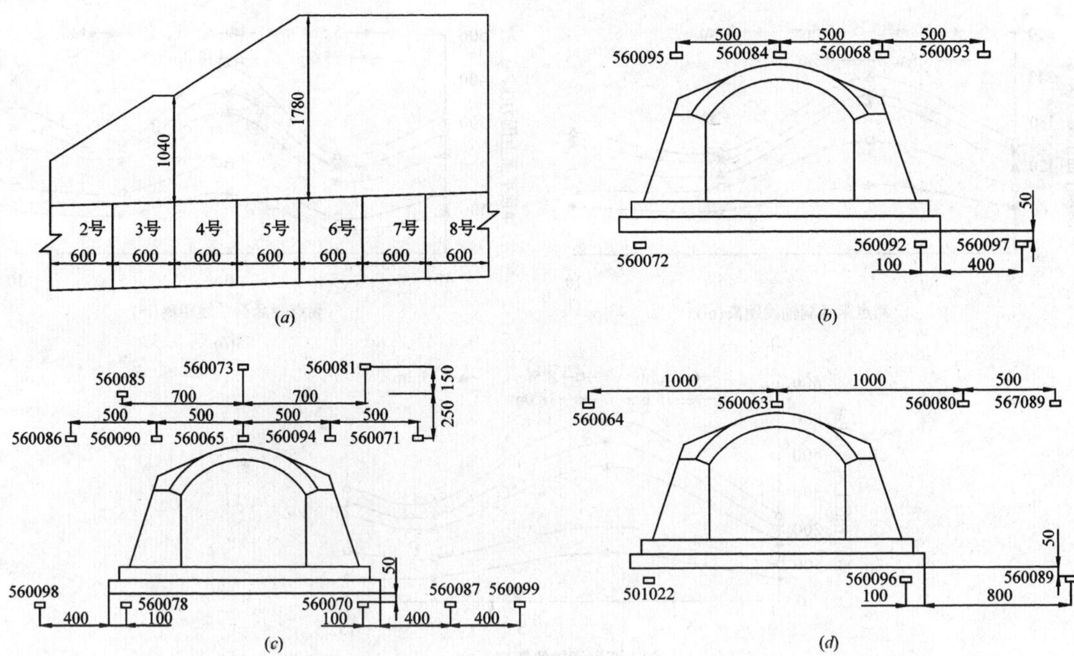

图 2-2 现场测点布置（cm）

（*a*）涵洞测试段纵断面图；（*b*）4 号节段测点布置；（*c*）6 号节段测点布置；（*d*）7 号节段测点布置

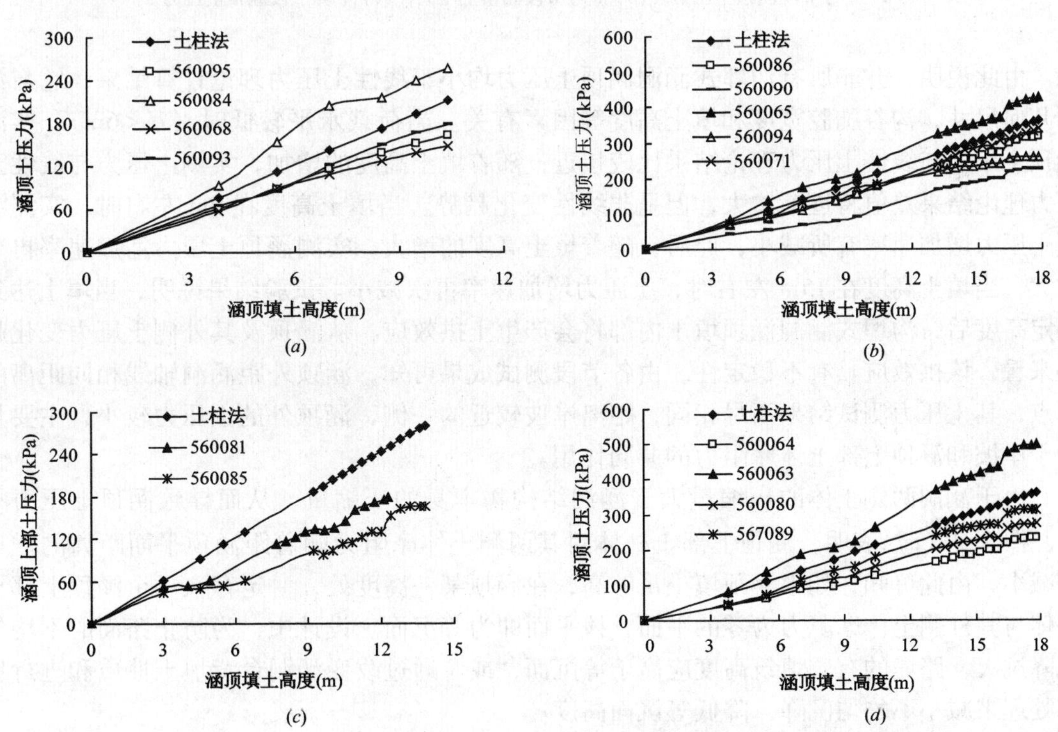

图 2-3 涵顶平面土压力变化规律

（*a*）4 号节段涵顶土压力变化规律；（*b*）6 号节段涵顶土压力变化规律；

（*c*）6 号节段涵顶以上填土土压力变化规律；（*d*）7 号节段涵顶土压力变化规律

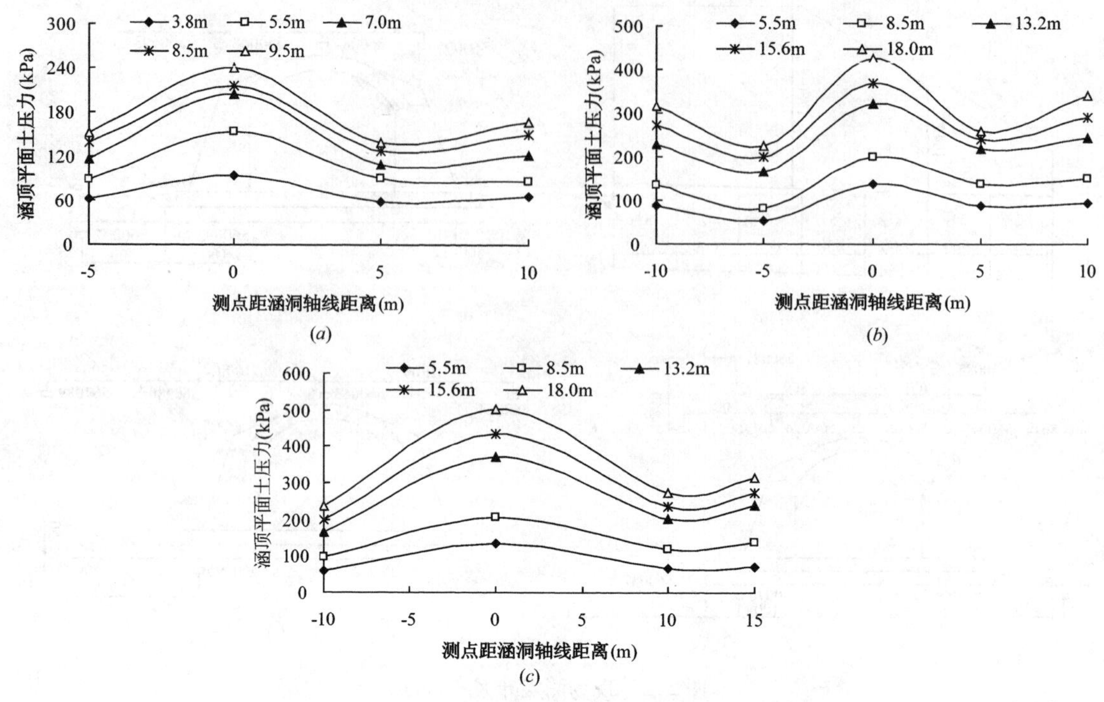

图2-4　涵顶平面土压力分布规律

（*a*）4 号节段涵顶土压力；（*b*）6 号节段涵顶土压力；（*c*）7 号节段涵顶土压力

果。由此说明，并非所有沟埋式涵洞涵顶土压力均小于线性土压力理论计算结果，它与涵洞几何尺寸，沟谷胸腔宽度和填土高度等因素有关。当荷载水平较低时（$H<6\text{m}$），实测涵顶土压力与线性土压力理论结果比较接近；随着填土高度的增加，实测土压力与线性土压力理论结果差值将逐渐增大，但呈非线性变化趋势。当填土高度在9m左右时，实测涵顶土压力增加速率有所减小，此后，随着填土高度的增大，实测涵顶土压力增加速率再次增大，当填土高度在15m左右时，土压力增加速率再次减小。试验结果说明，当填土达到一定高度后，沟埋式涵洞涵顶填土内部将会产生土拱效应。从涵顶及其外侧土压力变化趋势来看，该拱效应具有不稳定性。由各节段测试成果可知，涵顶外距涵洞轴线相同距离的测点，其土压力测试结果不尽相同，距离岸坡较近的一侧，涵顶外的土压力较小，主要是由于岸坡和涵顶上部土体摩阻力的共同作用。

由于涵洞两侧土体的压缩量大于涵洞结构物本身的压缩量，从而导致涵顶土压力集中。图2-3（*c*）表明，涵顶上部土柱体对其两侧土体摩阻力随着距涵顶平面距离的增加而减小。由此可知，如果涵顶填土足够高，在涵顶某一高度处，一定存在一个涵顶上部土柱体与其外侧土体摩阻力为零的平面，该平面即为等沉面。设计中，为防止路面的不均匀沉降过大，路堤的有效填筑高度应高于等沉面，或者通过改变涵洞台背填土性质和进行地基处理来减小不均匀沉降，降低等沉面高度。

在涵顶平面处，涵顶及其外侧土压力分布规律如图2-4所示。图2-4测试成果表明，宽敞沟谷设涵，因涵洞刚度远大于涵侧填料刚度，涵顶产生土压力集中现象，涵顶土压力最大。填土高度越大，土压力集中趋势越明显。由于涵洞上部土体摩阻力的作用，使得涵洞翼墙边缘土压力显著减小。随着距洞轴线距离的增加，涵顶外两侧土压力逐渐增大而趋于土柱法计算结果，该变化趋势随着填土高度的增大而增大。现场实测4号节段（填土10.4m）涵顶平面最大应力差值为110kPa，6号节段（填土17.8m）最大应力差值为200kPa，7号节段（填土18.0m）为267kPa。因涵洞埋设于边界不对称的沟谷，产生的“土拱”也不对称，出现偏载效应。距离岸坡较远的一侧涵顶外土压力比距离岸坡较近一侧的土压力大，实测4号、6号、7号节段的应力差值分布为15kPa、32kPa、40kPa。本涵洞 L_L 与 L_R 的差异不大，故偏载效应不是非常明显，但实测数据反映出了这一变化趋势。偏载效应会导致涵台外某一侧的土压力过大，从而导致地基产生不均匀沉陷，引起结构物开裂。设计和施工过程中，要重视偏载效应对地下填埋结构物内力的影响。

图2-5和图2-6反映了填土过程中，涵顶及其外侧土压力系数随填土高度的变化规律。现场测试结果表明，沟埋式涵洞涵顶土压力系数与结构物尺寸和边界条件有关，实测6号节段涵顶土压力系数为1.00~1.21，7号节段为1.00~1.43。从图2-5可知，当 $H/D_1<0.6$ 时，涵顶土压力系数随填土高度的增大而增大；当 $0.6\leqslant H/D_1<1.0$ 时，涵顶土压力系数随填土高度的增大呈减小趋势；当 $1.0\leqslant H/D_1<1.4$ 时，涵顶土压力系数随填土高度的增大而增大；当 $1.4\leqslant H/D_1<1.6$ 时，涵顶土压力系数又随填土高度的增大而减小；此后涵顶土压力系数又有所增加。涵顶土压力系数波动变化规律说明，一方面由于涵洞与填料刚度差异很大，在涵顶平面产生不均匀沉降，从而导致涵顶产生土压力集中现象，不均匀沉降越大，土压力集中现象越严重；另一方面，随着填土高度的增加，填土受到岸坡摩阻力和支撑力作用，涵顶填土内部产生土拱效应，从而减小涵顶的土压力集中。然而填土高度越大，涵洞台背填土压缩量越大，涵顶平面差异沉降也会增大，导致土拱结构破坏。土拱形成后，随着填土荷载的增加，原土拱遭到破坏，新的土拱逐渐形成。沟埋式涵洞路堤填筑过程，从力学角度上来讲，就是原土拱破坏和新土拱形成的受力传递过程。图2-6表明，涵顶外两侧土体的土压力系数均小于1。当荷载水平较低（$H<6.0$m）时，涵顶外侧土体土压力系数随填土高度的增大而减小；当荷载水平较高（$6.0\text{m}<H<14.4\text{m}$）时，涵顶外侧土体土压力系数随填土高度的变化而产生小的波动；当填土高度 $H>14.4$m 时，涵顶外侧土体土压力系数趋于稳定。随着距涵洞轴线距离的不同，实测涵洞台背填土的土压力系数在0.46~1.00之间变化，距涵洞翼墙越近，土压力系数越小。

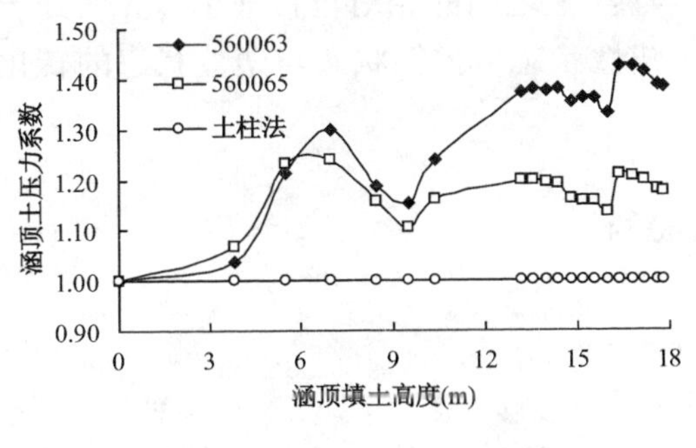

图2-5　涵顶土压力系数

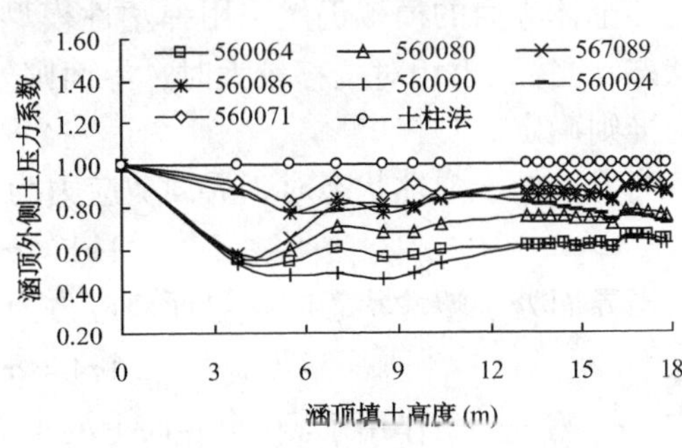

图2-6　涵顶外侧土压力系数

2.3 涵-土体系受力状态数值模拟

2.3.1 有限元计算模型及参数

有限元计算采用岩土专业软件 PLAXIS，该软件具有丰富的结构单元和较全面的土体本构模型。由于涵洞结构物以及山体沟谷边坡与填土的刚度差异很大，在分析涵洞及边坡与填土的相互作用时，在结构物与填土及边坡与填土的界面设置接触单元来模拟两者之间的相对滑移。图 2-7 为界面单元与土单元的连接情况。当使用 6 节点土单元的界面单元时，相应的界面单元用 3 组节点定义，使用 15 节点土单元时，相应的界面单元则用 5 组节点定义。图 2-7 所示的界面单元有一个有限的虚拟厚度，该虚拟厚度由虚拟厚度因子和平均单元尺寸控制，而在有限元计算公式里面每组节点的坐标是相等的。文中采用 15 节点三角形高精度单元，界面 5 对节点坐标两两相同。界面单元的刚度矩阵由 Newton-Cotes 积分得到。

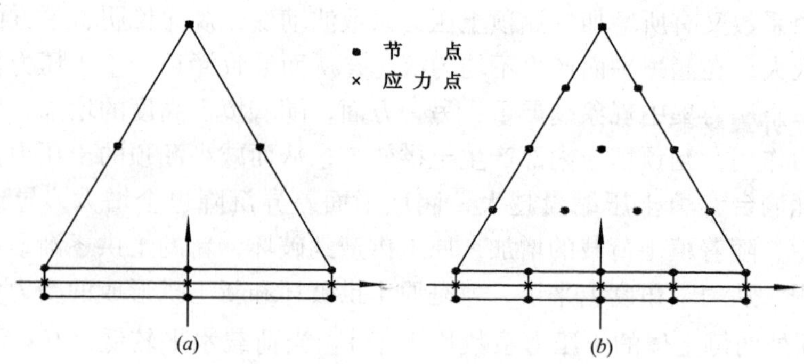

图 2-7 界面单元节点和应力点示意图
(a) 6 节点；(b) 15 节点

填土及地基土采用莫尔-库仑弹塑性模型，涵洞结构物采用线弹性模型。对于涵洞结构物和土体界面的模拟仍然采用弹塑性模型。当涵-土之间的相对位移甚小，界面处于弹性状态；当涵-土相对位移较大时，界面则处于塑性状态，弹性状态与塑性状态的转化由库仑准则确定。

当界面处于弹性状态时，界面剪应力为：

$$|\tau| < \sigma_{\mathrm{n}}\tan\varphi_i + c_i \tag{2-3}$$

当界面处于塑性状态时，界面剪应力为：

$$|\tau| = \sigma_{\mathrm{n}}\tan\varphi_i + c_i \tag{2-4}$$

式中 σ_{n} 和 τ——作用于涵-土界面上的正应力和剪应力；

φ_i、c_i——界面的内摩擦角和黏聚力，它们由相应的土体的强度参数折减得到。

$$c_i = R_{\mathrm{inter}}c_{\mathrm{soil}} \tag{2-5}$$

$$\tan\varphi_i = R_{\mathrm{inter}}\tan\varphi_{\mathrm{soil}} \leqslant \tan\varphi_{\mathrm{soil}} \tag{2-6}$$

式中　R_{inter}——界面强度折减系数。

当涵-土完全粘结时，R_{inter}取1.0；当涵-土界面完全光滑时，R_{inter}取0.0。PLAXIS中建议对钢砂界面，R_{inter}取0.7左右，对钢-黏土界面，R_{inter}取0.5左右，对混凝土-土体界面，R_{inter}的取值亦适当增大[72]。为反映由于涵洞结构物与填土界面的塑性滑移导致接触面强度的降低，取$R_{inter}=0.8$。数值模拟与现场试验结果对比分析时，有限元分析中模型尺寸与现场试验结构物及沟谷尺寸相同，土性参数通过现场原位试验和室内试验得到，主要参数如表2-1所列。

数值模拟参数取值表　　　　**表2-1**

参数	弹性模量（MPa）	泊松比	黏聚力（kPa）	内摩擦角（°）	重度（kN/m^3）
涵洞	30000	0.20	—	—	25.2
填土	30	0.27	2.5	30.2	20.4
换填层	48	0.25	1.0	33.0	21.5
碎石土	43	0.25	2.0	32.0	21.3
山体	3000	0.20	150	35.0	26.7

2.3.2　有限元计算结果分析

数值模拟选用最高填土断面，填土高度18.0m，有限元法与实测数据对比分析结果绘于图2-8和图2-9中。有限元计算的涵顶土压力与现场实测结果比较接近，其最大土压力与7号节段实测结果相差11.06%，与6号节段相差5.75%，6号节段及7号节段实测最大土压力系数为1.21和1.43，有限元法涵顶最大土压力系数为1.23。涵顶平面土压力分布规律如图2-10所示。涵顶填土较低时，相同标高下涵顶土压力与其两侧土压力接近，而且涵顶平面不均匀沉降较小；随着填土高度的增加，涵顶土压力集中现象加剧，涵顶平面不均匀沉降也明显增大，填土18m时，涵顶最大压力为452kPa，其两侧相同标高下，涵顶平面最小土压力为308kPa。由此说明，其他条件不变时，涵洞与其两侧填料刚度差异越大，涵顶土压力集中现象越严重。此外，由于沟谷非对称设涵，涵洞两侧土压力存在差异，距离沟谷边坡较远的一侧土压力比另外一侧大。

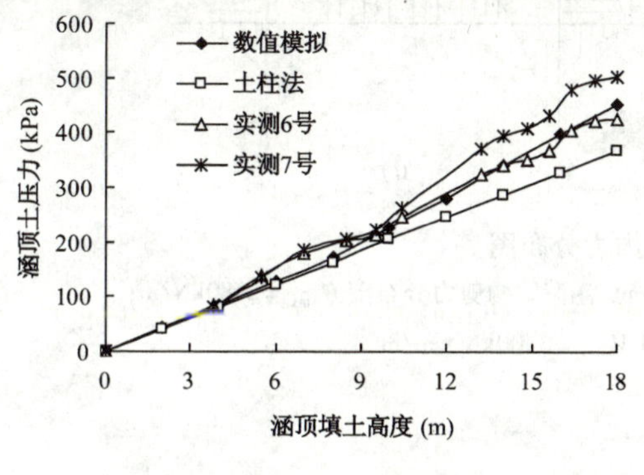

图2-8　涵顶土压力变化规律

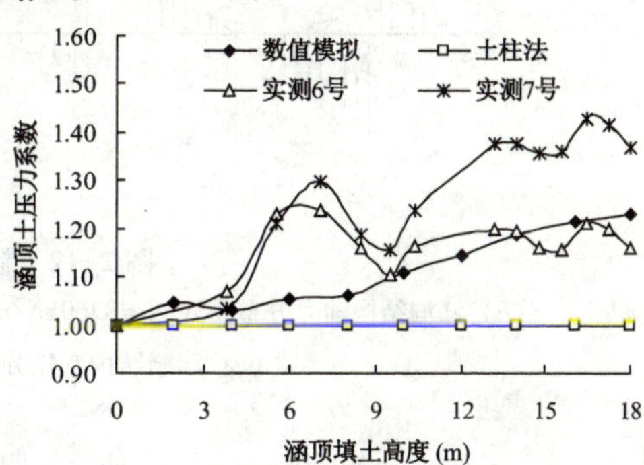

图2-9　涵顶土压力系数变化规律

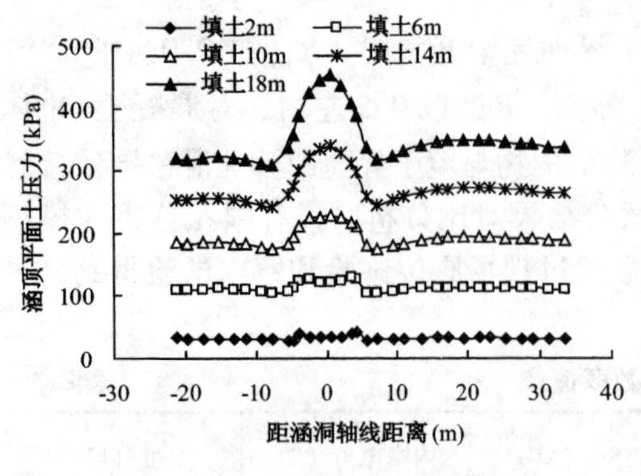

图 2-10　涵顶平面土压力分布规律

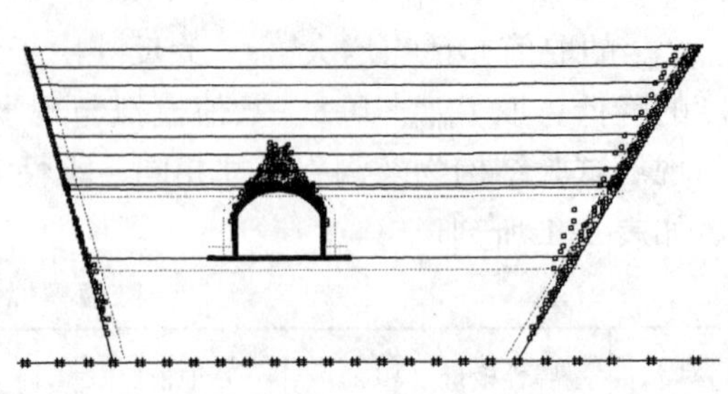

图 2-11　有限元计算塑性区分布规律

填土完毕时，路堤中塑性区的分布情况如图 2-11 所示。在涵洞顶部出现较大范围的塑性变形，当填土高度达到 18.0m 时，涵顶填土塑性区范围高度约为 5.0m，涵洞基础两端也有较小范围的塑性变形。靠近沟谷岸坡的填土内部也出现了塑性区，由于涵洞设置非对称性，两侧岸坡的塑性区范围也不同。距离岸坡较远的一侧，塑性区范围较大。填土高度为 18.0m 时，涵洞的内力分布规律如图 2-12 所示。涵洞结构内部最大轴力为 3360kN/m，发生在距岸坡较远一侧的涵洞侧墙底部；最大剪力为 2480kN/m，发生在距岸坡较远一侧涵洞侧墙边缘处的基础内部；最大弯矩为 3400kN · m/m，也发生在距岸坡较远一侧涵洞侧墙边缘处的基础内部。由此说明非对称设涵对涵洞结构的受力状态有较大影响。

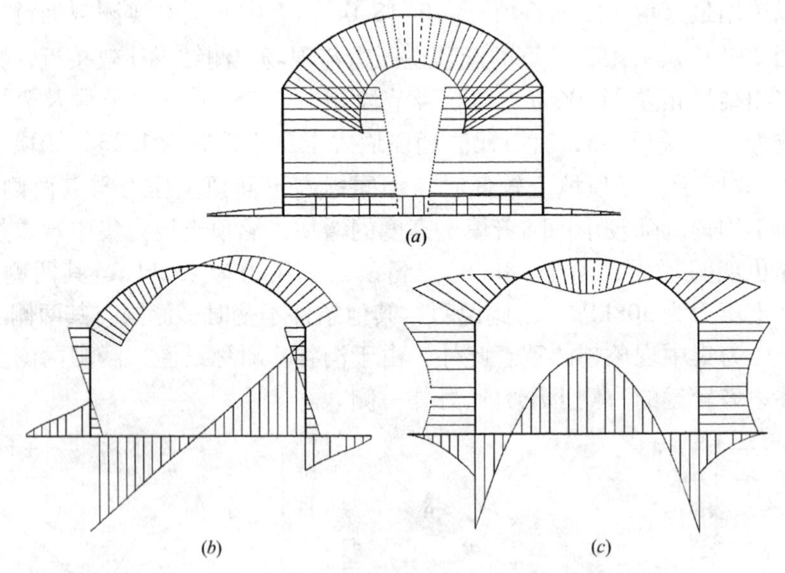

图 2-12　涵洞内力分布图

(*a*) 涵洞结构轴力分布图 N_{max} = 3360kN/m；(*b*) 涵洞结构剪力分布图 Q_{max} = 2480kN/m；(*c*) 涵洞结构弯矩分布图 M_{max} = 3400kN · m/m

2.4 涵-土体系变形特性

2.4.1 变形特性现场测试分析

根据上述现场试验，得出涵顶填土过程中，高填方涵洞基底变形规律如图2-13～图2-15所示。随着填土荷载的增加，涵洞基底产生纵向和横向的不均匀沉降。现场测试成果显示，距离涵洞出口较近的4号～7号节段沉降最大，在9号～15号节段涵洞横向差异沉降较大，该差异沉降随着填土荷载的增加而增大。

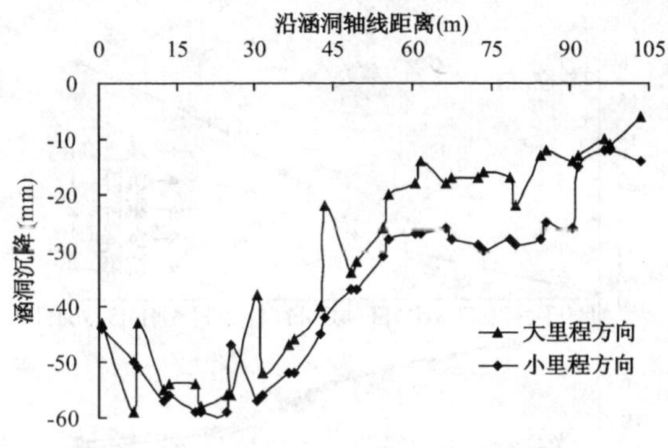

图2-13 填土高度4.8m时基底沉降

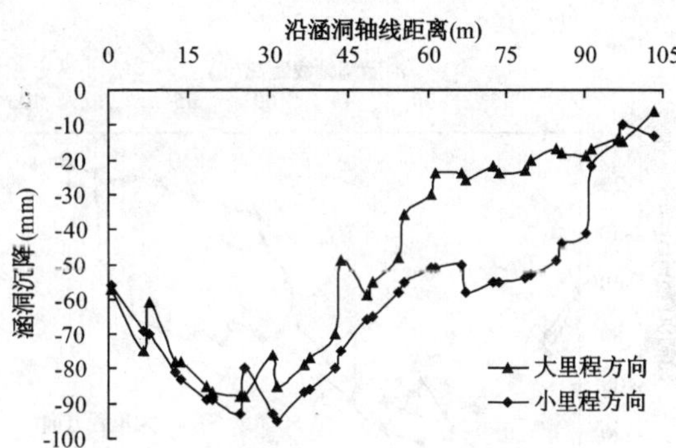

图2-14 填土高度10.8m时基底沉降

当涵洞拱顶填土高度为4.8m时，涵洞纵向最大差异沉降为53mm，各节段横向最大差异沉降为20mm；当拱顶填土高度为10.8m时，涵洞纵向最大差异沉降为89mm，各节段横向最大差异沉降为33mm；当填土完毕时（拱顶最大填土高度为18.0m），涵洞纵向最大差异沉降为120mm，各节段横向最大差异沉降为58mm。

导致差异沉降的主要原因是涵洞基底地基土分布不均匀，涵洞轴线方向，从进口至出口，地基由硬到软变化，变化趋势非常明显。涵洞结构物左右侧离沟谷岸坡距离不相等，使得涵洞地基产生横向不均匀性，靠近岸坡的一侧地基刚度较大，沉降较小；另一方面，距离岸坡较近的一侧，由于沟谷岸坡摩阻力的作用，使得靠近岸坡一侧涵洞基底压力有所减小，从而基础的沉降也有所减小。

4号、6号、7号三个典型节段基底位移随填土荷载、时间的变化规律如图2-16～图2-18所示。填土过程中，基础沉降随荷载和时间的变化呈非线性变化趋势，沉降速率逐渐减小，沉降趋于稳定。

2.4.2 变形特性数值模拟分析

利用有限元方法对涵顶平面和地基平面的位移分布规律进行了补充分析。有限元计算得出的涵顶和基底平面处的竖向位移变化规律如图 2-19 和图 2-20 所示。由于涵—土刚度差异，涵顶平面处沉降呈“W”形分布，基底平面沉降呈“U”形分布。当填土高度达到 18m 时，涵顶最大沉降约为 12cm，同一平面处涵洞两侧填土最大沉降约为 20cm；而基底平面最大沉降约为 11cm。涵顶及基底平面处的沉降随填土高度的增加而增大；涵顶及基底平面的差异沉降也随着填土高度的增加而增加。该结果进一步说明刚性涵洞压缩变形远小于其两侧填土的压缩变形，涵顶产生严重的应力集中现象。由于涵洞埋设非对称，故涵顶及基底平面的沉降亦为非对称分布，填土荷载产生偏载效应，距离沟谷岸坡较远的一侧沉降量大。当填土高度为 18.0m 时，涵顶平面最大沉降为 195mm，最大差异沉降为 74mm；基底最大沉降为 109mm，最大差异沉降为 64mm。

从上述研究结果可知，涵洞与其两侧填料的刚度相差越大，涵顶平面差异沉降越大，由此导致涵顶土压力集中现象愈严重。

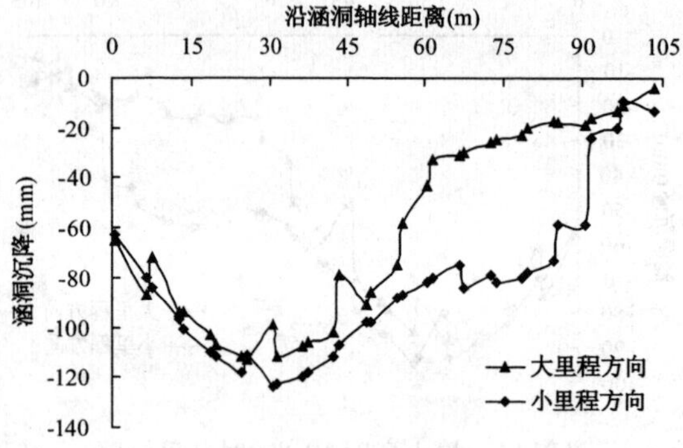

图 2-15　填土高度 18.0m 时基底沉降

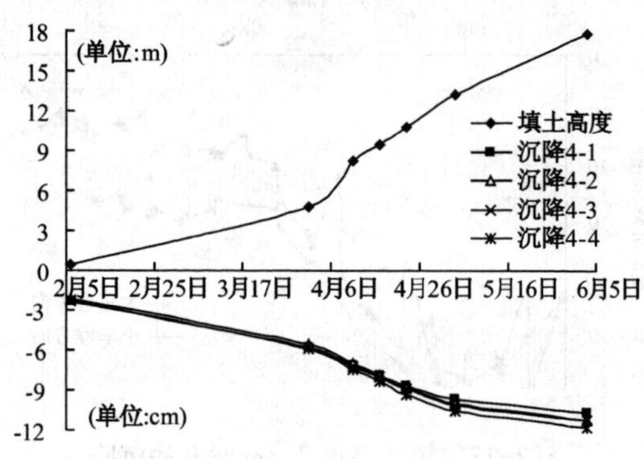

图 2-16　4 号节段荷载沉降关系曲线

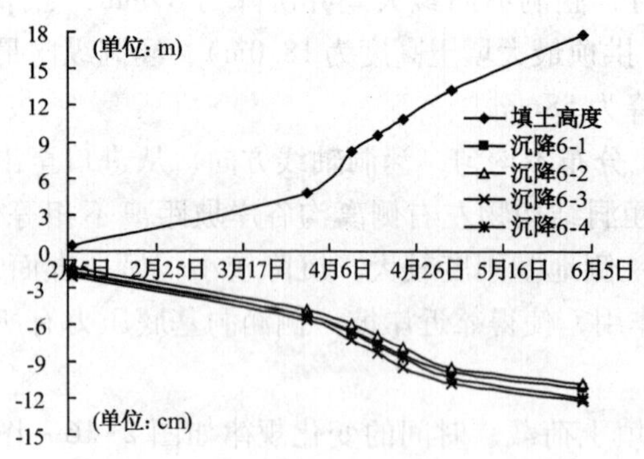

图 2-17　6 号节段荷载沉降关系曲线

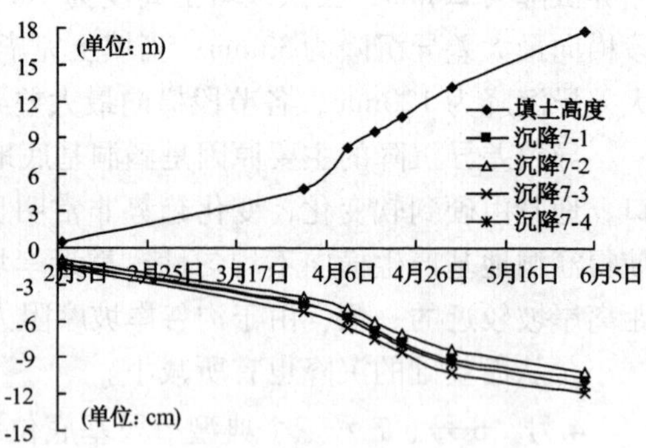

图 2-18　7 号节段荷载沉降关系曲线

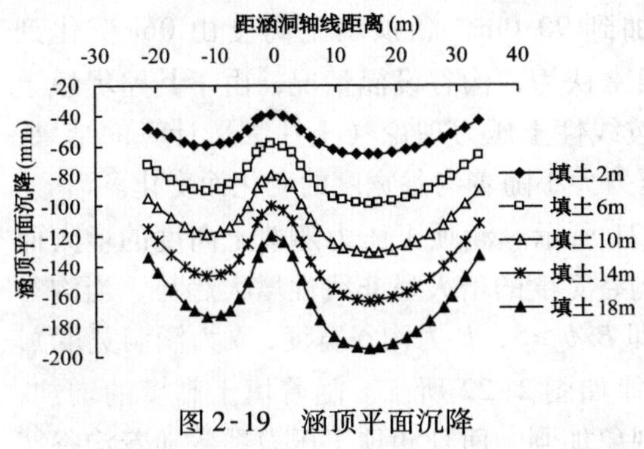

图 2-19 涵顶平面沉降

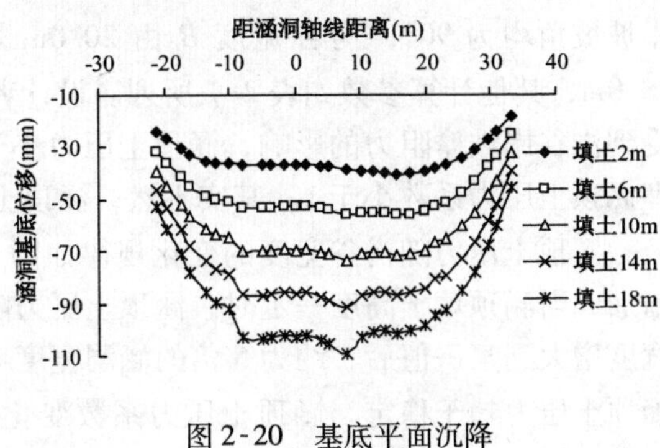

图 2-20 基底平面沉降

2.5 受力特性的影响因素分析

山区地形和地质条件复杂，涵洞结构受力影响因素众多。沿涵洞纵向和横向地基土分布不均匀都会导致涵洞产生差异沉降，影响结构的使用功能；涵洞与其台背填土刚度差异会导致涵顶土压力集中；此外，沟谷宽度呈非均匀变化，而且受地质条件和路线的限制，涵洞往往为非对称埋设，导致涵洞结构物产生偏载效应。

我国《公路桥涵设计通用规范》（JTG D60—2004）认为涵顶土压力即为其上覆土柱体自重，而《铁路桥涵设计基本规范》（TB 10002.1—2005）认为涵顶会产生土压力集中现象，涵顶土压力为上覆土柱体自重与土压力系数的乘积，但是土压力系数是通过经验方法确定的。这两部规范中的计算方法均未能准确反映涵顶垂直土压力随填料及地基土性质的变化规律，而且没有考虑边界条件、涵洞埋设方式以及结构物的几何尺寸对涵洞结构受力的影响。

沟埋式涵管由于回填土在压缩变形时受到两旁沟壁的牵制作用，涵管顶部填土形成向下的弯曲面，涵管顶部的填土荷载的一部分由两旁沟壁或填土的摩阻力承担。但是，如果沟槽的宽度超过某一限度，或者沟槽的坡角很小时，两旁沟壁的摩阻力对涵管的竖向土压力影响将会大幅度减小。对于上埋式涵管而言，由于涵管本身的刚度与其两侧填土的刚度存在差异，填土的过程中，涵管以上填土和两侧的填土之间产生相对变形。如涵管的刚度大于两侧相同高度范围内填土的刚度，则两侧土体将对涵顶以上土柱体产生向下的拖曳力，使涵管顶部产生土压力集中。

高路堤下涵管土压力计算理论得到了一定程度的发展和完善，但从目前的计算理论来看，还存在一些问题：（1）不能充分考虑涵管的埋设方式；（2）没有考虑涵管几何尺寸效应；（3）未能全面考虑边界条件、填土性质、地基刚度、偏载效应等众多因素对涵管结构受力的影响。文中将通过有限元方法系统地分析各种因素对涵洞结构受力的影响。

2.5.1 边界条件

1. 沟谷宽度

有限元计算中，采用沟谷对称设涵，涵洞高度 $h=8.0\text{m}$，宽度 $b=10.0\text{m}$，两侧沟谷岸坡坡角均为 90°，沟谷宽度 B 由 20.0m 增加到 90.0m，涵顶填土高度由 0m 变化到 18.0m，其他计算参数如表 2-1 所列。设计者通常认为，沟谷设涵情况，由于其路堤填土受到沟谷岸坡摩阻力的影响，涵顶土压力小于按线性土压力理论（土柱法）计算的结果，即涵顶土压力系数小于 1。其实不然，涵顶土压力大小随着沟谷宽度的变化而变化。

涵顶土压力随沟谷宽度的变化规律如图 2-21 所示。涵顶土压力随填土高度的增大而增加，当涵顶填土高度一定时，涵顶土压力随沟谷宽度的增大呈非线性增大趋势，当沟谷宽度增大到某一值后，约为 5 倍的涵洞宽度（即 $B/b \geqslant 5$，B 为沟谷宽度，b 为涵洞宽度），涵顶土压力趋于稳定。涵顶土压力系数变化规律如图 2-22 所示。随着填土高度的增加，涵洞两侧土体的压缩量增大，涵顶土压力集中现象加剧，而且涵顶土压力系数随着沟谷宽度的增加而增大。当沟谷较窄时（$B/b<3$），且填土荷载水平较低时（$H/h<0.75$，H 为涵顶填土高度，h 为涵洞高度），涵顶土压力系数小于 1.0，随着沟谷宽度的增大，土压力系数也逐渐增大，当沟谷宽度增大到约 5 倍的涵洞宽度时，土压力系数趋于稳定。

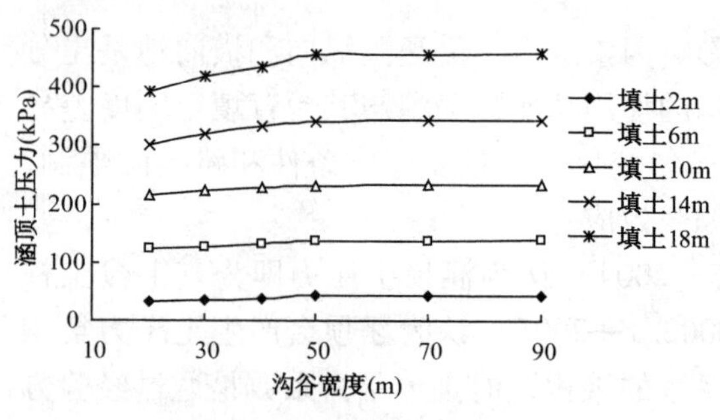

图 2-21　涵顶压力变化规律

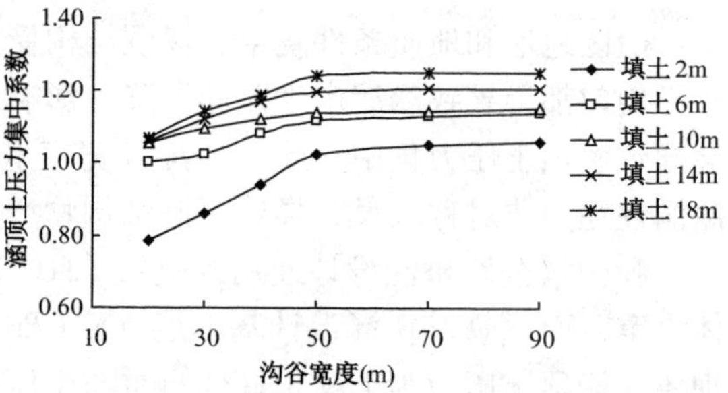

图 2-22　涵顶土压力系数变化规律

涵顶平面沉降随沟谷宽度的变化规律如图 2-23 所示。涵顶平面最大沉降和差异沉降随着沟谷宽度的增加而增大。沟谷宽度为 20.0m 时，涵顶平面最大沉降为 115.0mm，最大差异沉降为 52.0mm。当沟谷宽度增大到 70.0m 时，涵顶平面最大沉降增大到 196.0mm，最大差异沉降增加到 86.0mm。当沟谷宽度继续增大时，涵顶平面沉降和差异沉降逐渐趋于稳定。

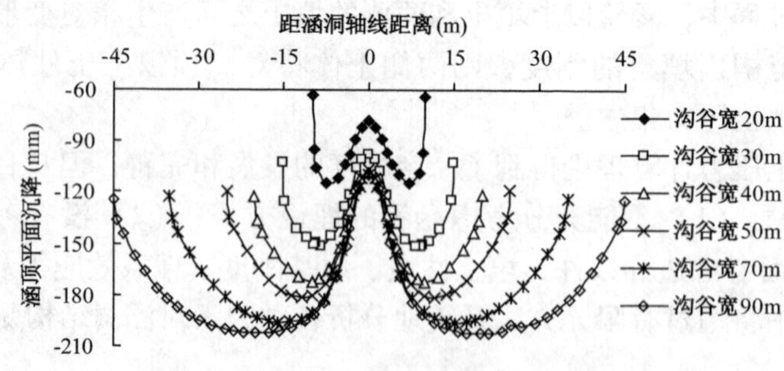

图 2-23　涵顶平面沉降变化规律

2. 沟谷岸坡坡角

沟谷岸坡坡角对涵洞-填土体系的受力和变形有较大影响。当坡角为 0°时，涵洞埋设形式为上埋式；当坡角大于0°时，可以看做是沟埋式。由于路堤填土受到岸坡支撑反力和摩阻力作用，使得涵洞受力发生变化。有限元数值模拟中，采用沟谷对称设涵，涵洞高度为 $h=8.0\text{m}$，宽度为 $b=10.0\text{m}$，沟谷宽度为20.0m，两侧沟谷坡角由0°变化到90°，涵顶填土高度由0m变化到18.0m，土体采用Mohr-Coulomb屈服准则，涵洞采用线弹性模型，其他参数如表2-1所列。

路堤填土高度为18.0m时，涵顶土压力和土压力系数随沟谷坡角的变化规律如图2-24和图2-25所示。涵顶土压力随沟谷坡角的增大而减小，当坡角在0°~15°和75°~90°变化时，涵顶土压力变化较快；当坡角在15°~75°变化时，涵顶土压力变化缓慢，涵顶土压力系数亦有相同的变化规律。当坡角为0°时计算的涵顶土压力最大为477kPa，土压力系数为1.30；当坡角为90°时，计算得到的涵顶土压力只有393kPa，涵顶土压力系数仅为1.07。

填土高度为18.0m时，涵顶平面处最大沉降与差异沉降随坡角的变化规律如图2-26所示。涵顶平面处最大沉降和差异沉降随沟谷坡角的增大而减小，当坡角大于45°后，沉降和差异沉降变化缓慢，最终趋于一定值。坡角为0°时计算得到的最大沉降为209.0mm，差异沉降为96.0mm，此即为上埋式涵洞；当坡角为90°时，涵顶平面处最大沉降只有112.0mm，差异沉降为28.0mm。由此说明沟埋式涵洞与上埋式涵洞的受力状态和变形特性存在较大差异。

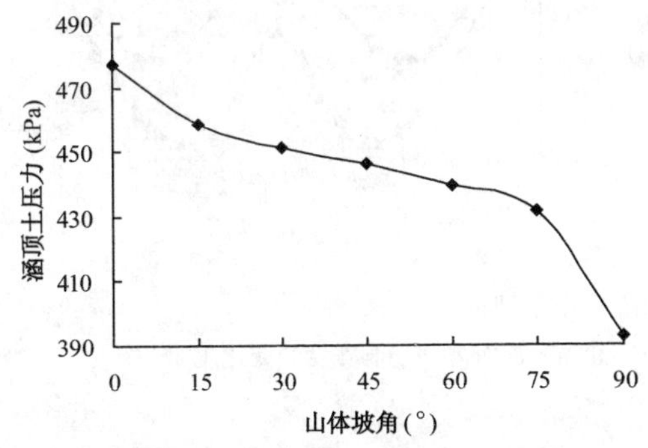

图2-24　坡角对涵顶土压力影响

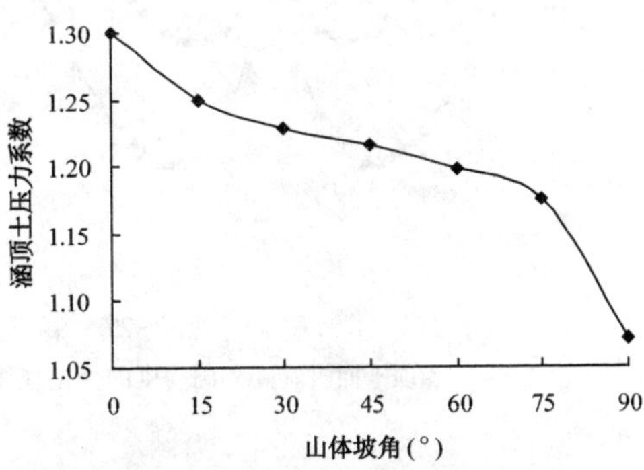

图2-25　坡角对涵顶土压力系数影响

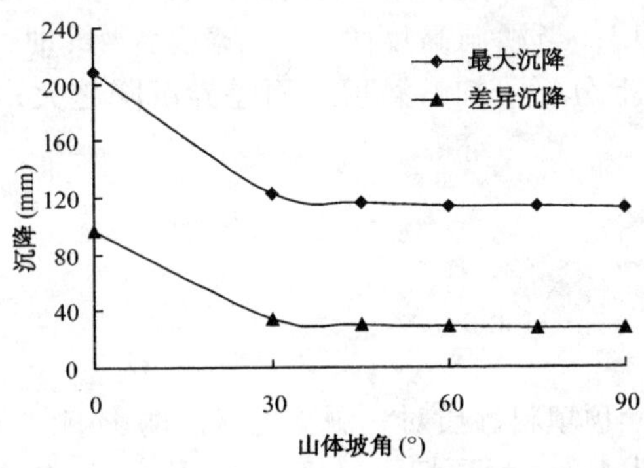

图2-26　坡角对涵顶平面沉降影响

2.5.2 涵洞几何尺寸

通过数值模拟来反映涵顶土压力随涵洞几何尺寸的变化规律。有限元分析中，沟谷宽度为20.0m，两侧沟谷坡角为60°，涵顶填土高度由0m变化到18.0m，土体采用Mohr-Coulomb屈服准则，涵洞采用线弹性模型。

涵顶平面沉降随涵洞高度和宽度的变化规律如图2-27所示。由图2-27（*a*）可知，由于涵洞和填土之间的刚度差异，涵顶平面产生不均匀沉降，该差异沉降随涵洞高度的增加而增大。当填土高度达到18.0m，涵洞高度为4m时，最大差异沉降为46.7mm；当涵洞高度增加到8.0m时，该差异沉降增大到74.3mm。图2-27（*b*）表明，涵顶平面的差异沉降随涵洞宽度的增大而减小。当填土高度为18.0m，涵洞宽度为10m时，涵顶平面最大差异沉降为64.6mm；当涵洞宽度减小到4.0m时，该差异沉降增大到74.3mm。

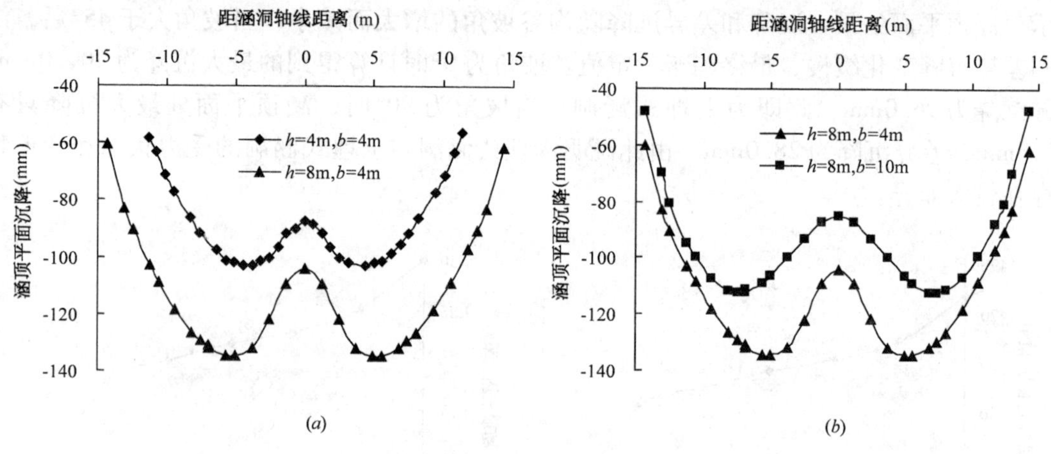

图2-27　涵顶平面沉降分布规律

（*a*）涵顶平面沉降随涵洞高度的变化规律；（*b*）涵顶平面沉降随涵洞宽度的变化规律

涵顶土压力随涵洞几何尺寸变化规律如图2-28所示。涵顶土压力随涵洞高度的增大而增大，随涵洞宽度的增大而减小。图2-29表明，涵顶土压力系数也随着涵洞高度的增大而增大，随涵洞宽度的增大而减小。当涵洞高度为4m，宽度为10m时，涵顶土压力为428kPa，土压力系数为1.17；当涵洞高度为8m，宽度为4m时，涵顶土压力为517kPa，土压力系数为1.41。由以上分析可知，涵顶平面差异沉降越大，涵顶土压力集中现象越严重。

2.5.3 填土性质

1. 涵顶填料性质

通过数值模拟来分析涵顶填料性质对涵洞受力状态的影响。有限元分析中，沟谷宽度为20.0m，两侧沟谷坡角为60°，涵顶填土高度为18.0m，涵洞高 $h=8$m，宽度 $b=10$m，土体采用Mohr-Coulomb屈服准则，涵洞采用线弹性模型。

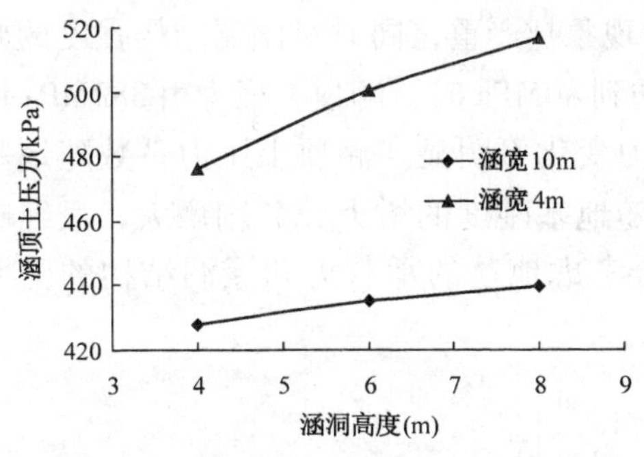

图 2-28　涵洞尺寸对涵顶土压力影响

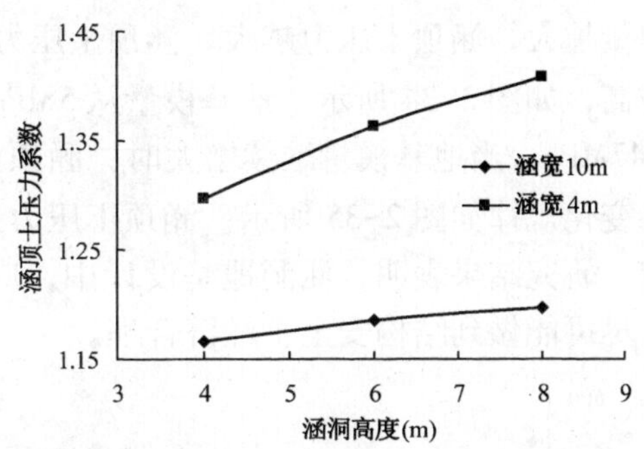

图 2-29　涵洞尺寸对涵顶土压力系数影响

涵顶土压力随填料性质的变化规律如图 2-30 和图 2-31 所示，涵顶土压力随填土内摩擦角的增大而增大，但其增大的速度逐渐减小。当填土内摩擦角增大到30°后，涵顶土压力变化缓慢，趋于稳定。涵顶土压力随填土黏聚力增大而增加，并最终趋于稳定。填土内摩擦角对涵顶土压力的影响比黏聚力的影响更为明显。

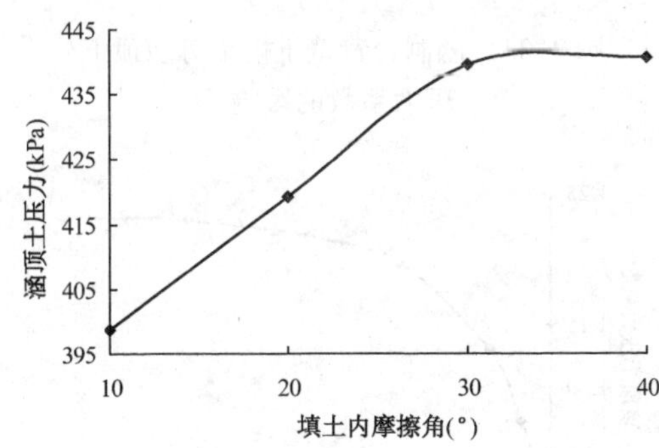

图 2-30　涵顶填土内摩擦角对涵顶土压力影响

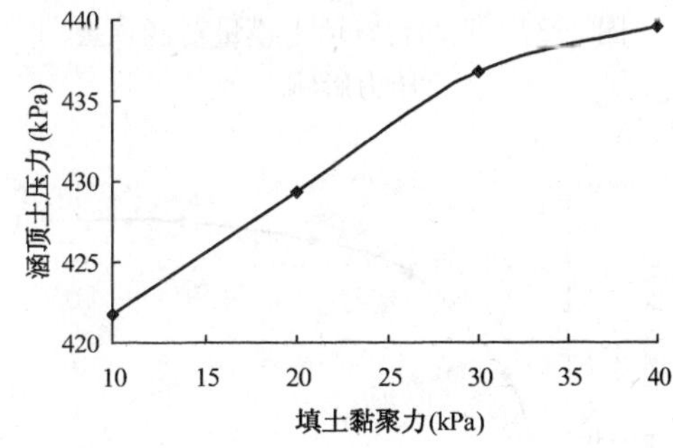

图 2-31　涵顶填土黏聚力对涵顶土压力影响

2. 涵洞台背填土模量

通过数值模拟来分析涵洞台背填土模量对涵洞受力状态的影响。有限元分析中，沟谷宽度取 20.0m，两侧沟谷坡角为 60°，涵顶填土高度为 18.0m，涵洞高 8m，宽度 10m，涵洞模量为 30GPa。土体采用 Mohr-Coulomb 屈服准则，涵洞采用线弹性模型。

涵洞与台背填土刚度差异越大，涵顶土压力越大，如图 2-32 所示。随着涵洞台背填土模量的增加，涵顶土压力逐渐减小，台背填土模量由 10MPa 增大到 120MPa 时，涵顶土压力由 561kPa 减小到 380kPa，土压力系数由 1.53 减小到 1.03，如图 2-33 所示。当台背填土模量大于 120MPa 时，土压力减幅渐小。由此说明，土体填筑过程中，应使涵洞台背填土尽可能密实，但是在涵洞翼墙附近 1m 范围内不应使用重型机械碾压。

2.5.4　地基刚度

提高地基承载力是一般工程地基与基础设计的指导思想，通常认为地基与基础强度越高，工程就越安全；事实上，涵洞工程却并不遵循该原则。有限元计算结果表明，涵洞地基模量越大，涵顶土压力越大，涵顶土压力集中现象越严重，同时对涵洞结构强度的要求就越高，如图 2-34 所示。地基模量从 5MPa 增加到 80MPa 时，涵顶土压力由 382MPa 增大到 447MPa。当地基模量继续增大时，涵顶土压力变化不明显。涵顶土压力系数随地基刚度的变化规律如图 2-35 所示。涵顶土压力系数随地基刚度的增大先急剧增大，最终趋于稳定。研究结果表明，涵洞地基设计中，应综合考虑地基的承载力和涵洞结构的受力状态，尽可能做到结构安全，经济合理。

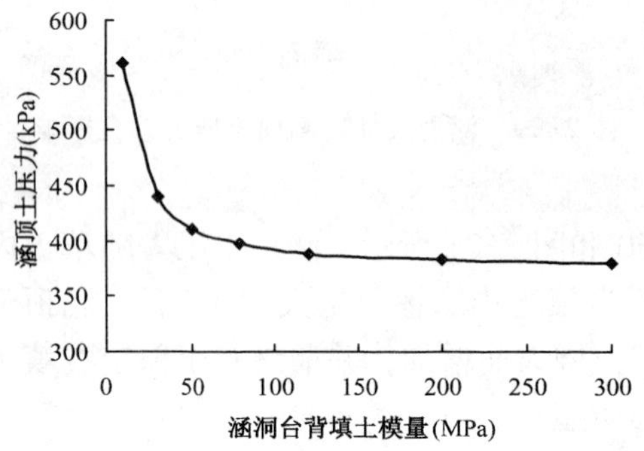

图 2-32　涵洞台背填土模量对涵顶土压力影响

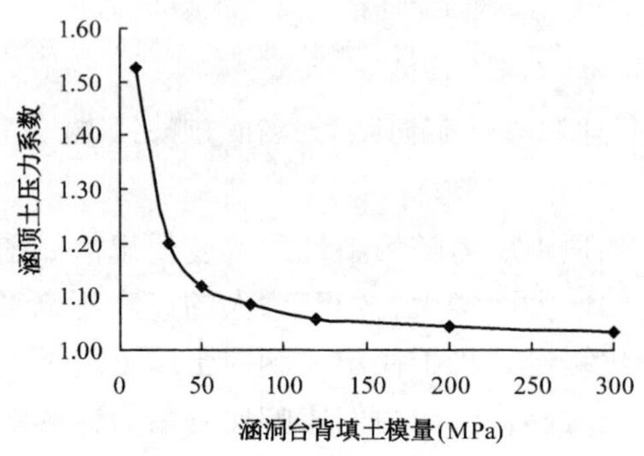

图 2-33　涵洞台背填土模量对涵顶土压力系数的影响

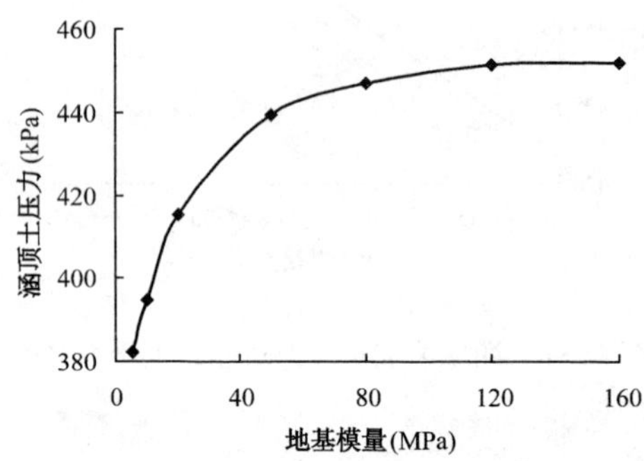

图 2-34　地基模量对涵顶土压力影响

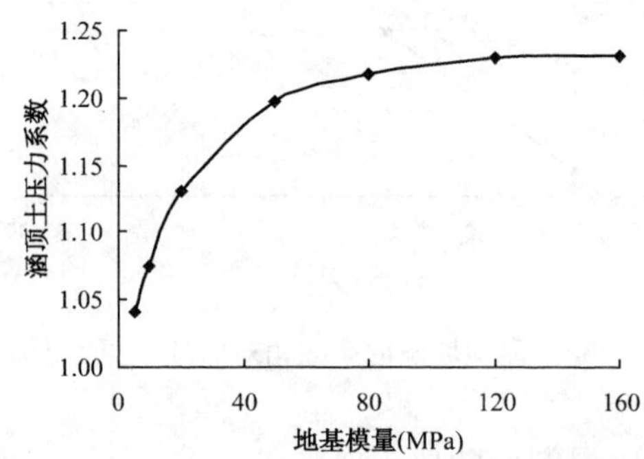

图 2-35　地基模量对涵顶土压力系数影响

2.5.5　偏载效应

1. 涵洞埋设非对称性

本节采用二维有限元数值模拟分析由于涵洞埋设非对称性引起的偏载效应对涵洞结构受力和变形的影响。数值模拟中，为了分析方便，涵洞两侧沟谷坡角取 90°，涵顶最大填土高度为 18.0m，涵洞高度为 8m，宽度为 10m，涵洞模量为 30GPa，其他计算参数如表 2-1 所列。土体采用 Mohr-Coulomb 屈服准则，涵洞采用线弹性模型。数值模拟中，通过调整涵洞轴线与涵洞两侧沟谷边坡的距离来反映涵洞埋设的非对称性，有限元计算模型及边界条件如图 2-36 所示。

数值模拟中，涵洞翼墙左侧距离沟谷边坡为 $L_L=5.0$m，右侧距离沟谷边坡为 L_R，L_R 的取值由 5.0m 增大到 40.0m。当涵顶填土高度为 18.0m 时，涵顶平面的沉降变化规律如

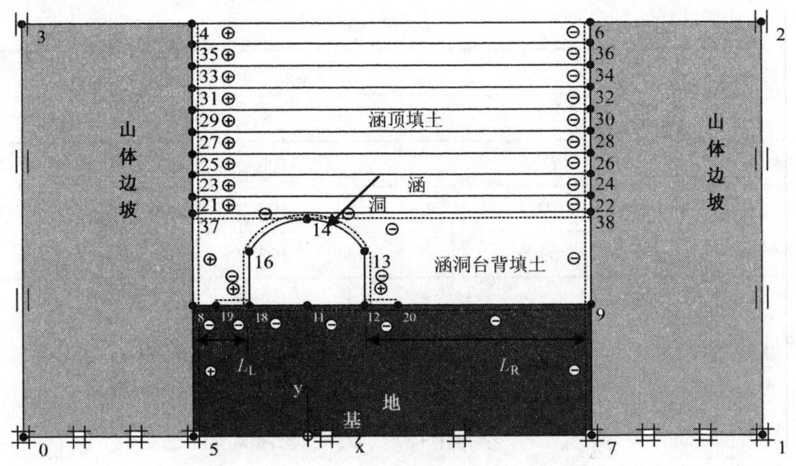

图 2-36　计算模型及边界条件示意图

表 2-2 所列。由表 2-2 可知，涵顶平面沉降随涵洞单侧翼墙距边坡距离的增大而增加，当该距离增大到一定程度后，沉降趋于稳定。涵顶平面差异沉降也随着该偏心距离的增大而增大，且差异沉降最终也趋于稳定。

涵顶平面沉降变化规律　　**表 2-2**

涵洞翼墙距边坡距离	涵顶平面沉降（mm）		
	S_{max}	S_{min}	ΔS
$L_R=5$m	114.7	78.1	36.6
$L_R=8$m	135.9	84.9	51.0
$L_R=10$m	146.9	80.3	66.6
$L_R=20$m	183.3	96.0	87.3
$L_R=30$m	200.2	97.2	103.0
$L_R=40$m	203.1	97.8	105.3

数值模拟计算的涵洞基础沉降变化规律如表 2-3 所列。由表 2-3 可知，涵洞基础左侧（翼墙距离沟谷边坡较近的一侧）的沉降随偏心距离的增大呈现先增大后减小的趋势，但减小幅度不大。涵洞基础右侧沉降随偏心距离增大而增大，并最终趋于稳定。基底差异沉降随偏心距离的增大而增加，其增加速率逐渐减小，差异沉降逐渐趋于稳定值。

涵洞基础沉降变化规律　　**表 2-3**

涵洞翼墙距边坡距离	涵洞基础沉降（mm）		
	S_L	S_R	ΔS
$L_R=5$m	43.1	43.1	0.0
$L_R=8$m	72.2	80.1	7.9
$L_R=10$m	72.0	85.4	13.4

续表

涵洞翼墙距边坡距离	涵洞基础沉降（mm）		
	S_L	S_R	ΔS
$L_R=20m$	71.8	100.3	28.5
$L_R=30m$	70.9	103.3	32.4
$L_R=40m$	69.6	103.7	34.1

由于涵洞埋设非对称性，涵顶产生偏载效应，导致涵洞基底压力分布不均。涵洞基底两侧压力差的变化规律如图 2-37 所示。该压力差随偏心距离的增大呈先增加后减小的趋势，当偏心距离增大到一定程度后，基底两侧压力差逐渐趋于稳定。

为了反映涵洞结构在偏心荷载作用下的受力状态和最不利截面位置，取 $L_L=5.0m$，$L_R=20.0m$ 作为一个算例进行分析，涵洞结构的受力状态如图 2-38 ~ 图 2-40 所示。计算结果表明，当在沟谷中非对称埋设涵洞时，涵洞结构产生偏载效应，结构受力呈非对称分布，该偏载效应的强弱与偏心距的大小有关。涵洞最不利截面为涵洞翼墙与基础的交界面和涵洞拱脚处。非对称设涵时，涵-土体系沉降分布规律及剪应变分布规律如图 2-41 和图 2-42 所示。偏载效应导致填土沉降呈非对称分布。由剪应变分布规律可知，剪应变主要发生在填土和边坡及填土和涵洞的接触界面上，由此说明边坡和涵洞对填土的摩擦效应的强弱直接影响涵洞结构的受力状态。

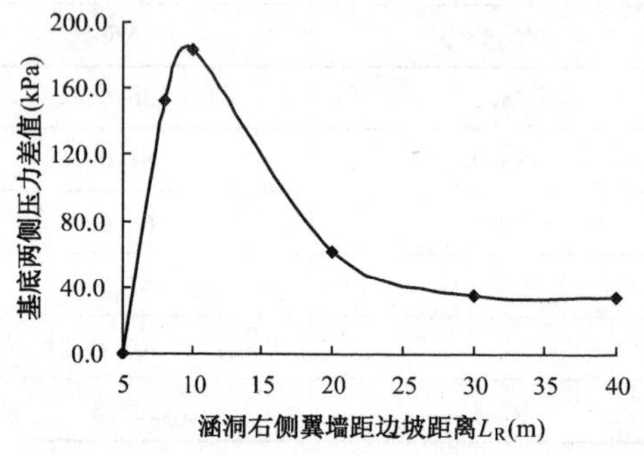

图 2-37　基底压力差变化规律

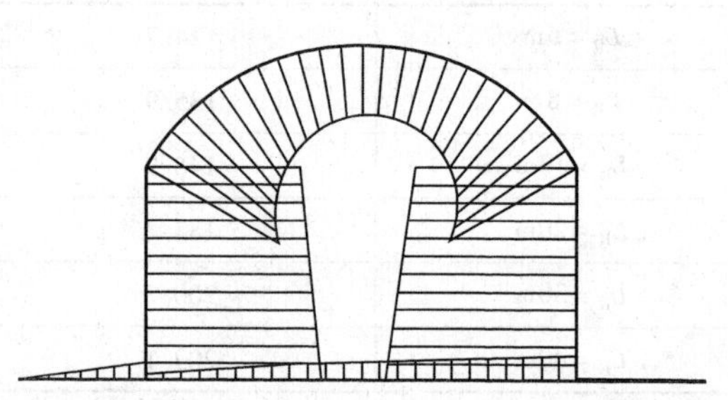

图 2-38　涵洞轴力图，$N_{max}=3000kN/m$

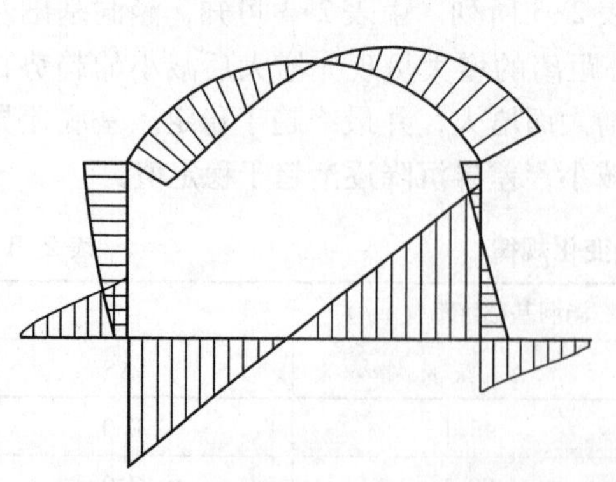

图 2-39　涵洞剪力图，$Q_{max}=2280kN/m$

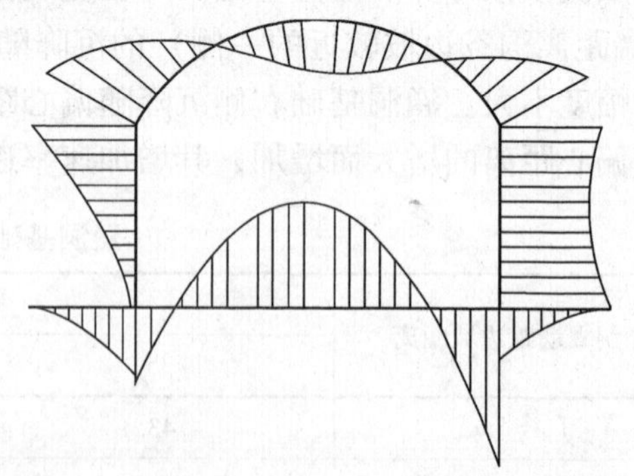

图 2-40　涵洞弯矩图，$M_{max}=3680kN\cdot m/m$

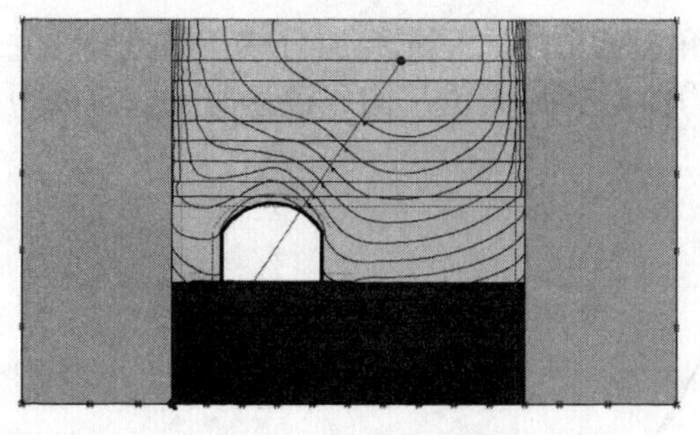

图 2-41　涵-土体系沉降等值线图，$S_{max}=237.6\text{mm}$

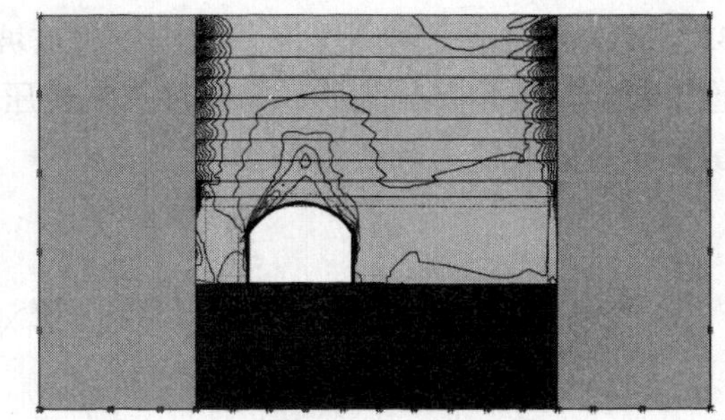

图 2-42　涵-土体系剪应变等值线，$\varepsilon_{max}=6.85\%$

非对称设涵时，由于涵洞两侧的沟谷岸坡对填土的摩擦作用效果不同，导致涵顶产生偏载效应，引起涵洞基础的不均匀沉降，甚至导致结构开裂，影响正常使用功能。涵洞设计应重视偏载效应对涵洞结构受力的影响。

2. 沟谷边坡非对称性

通过有限元数值模拟来分析由于沟谷边坡非对称性引起的偏载效应对涵洞结构受力和变形的影响。有限元分析中，涵洞轴线距离两侧边坡坡脚的距离相等（数值分析中取 10.0m），涵洞左侧沟谷坡角取 90°，右侧坡角从 0°变化到 90°，涵顶最大填土高度为 18.0m，涵洞高度为 8m，宽度为 10m，涵洞模量为 30GPa，其他计算参数如表 2-1 所列。土体采用 Mohr-Coulomb 屈服准则，涵洞采用线弹性模型。

涵顶平面沉降和差异沉降随沟谷两侧坡角差值的变化规律如图 2-43 所示。由图 2-43 可知，涵顶平面最大沉降随沟谷两侧坡角差值的增加而增大。当填土高度为 18.0m，沟谷坡角差异由 0°增加到 90°时，涵顶平面最大沉降由 114.7mm 增加到 212.1mm，涵洞顶部沉降随沟谷坡角差异变化不大。涵顶平面差异沉降随沟谷两侧坡角差异的增加而增大，当沟谷坡角差异为 90°时，最大差异沉降达到 115.0mm。

涵洞基础沉降随沟谷坡角差异的变化规律如图 2-44 所示。涵洞基础左侧（沟谷坡角为 90°）沉降 S_L 变化不明显，但基础右侧沉降 S_R 随沟谷坡角差异的增大而增加。当沟谷坡角差异由 0°变化到 90°时，涵洞基础差异沉降由 0mm 增大到 34.2mm。

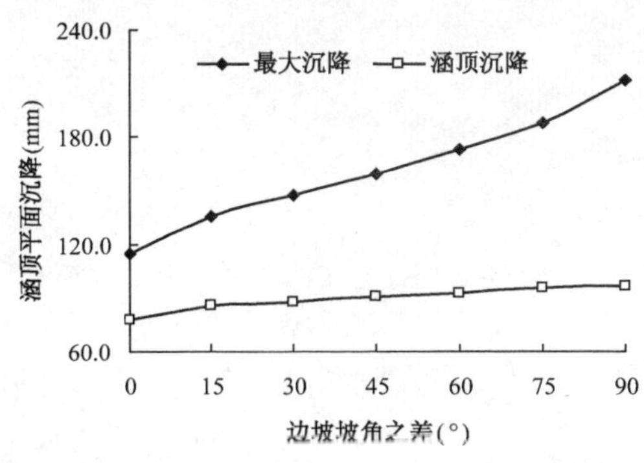

图 2-43　沟谷坡角差异对涵顶平面沉降影响

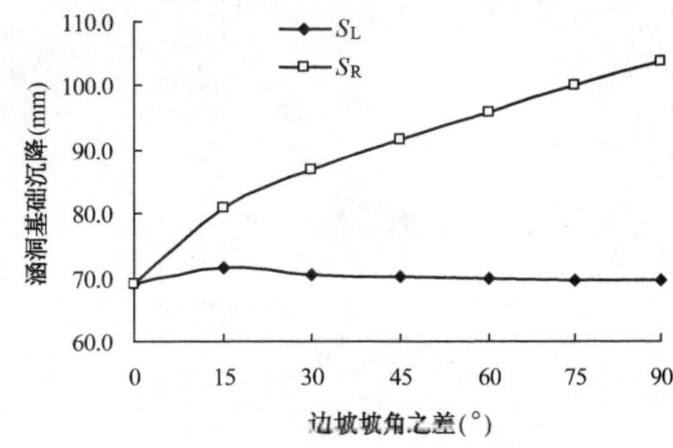

图 2-44　沟谷坡角差异对涵洞基础沉降影响

由于沟谷边坡坡角不相等，导致涵洞基底压力分布不均匀，如图 2-45 所示。由图

2-45可知，涵洞基底两侧压力差随沟谷边坡坡角差异的增大呈先增加后减小的趋势，并逐渐趋于稳定。坡角差异为30°左右时，基底压力差达到最大值。沟谷设涵时，应重视边坡坡角差异对涵洞受力和变形的影响。

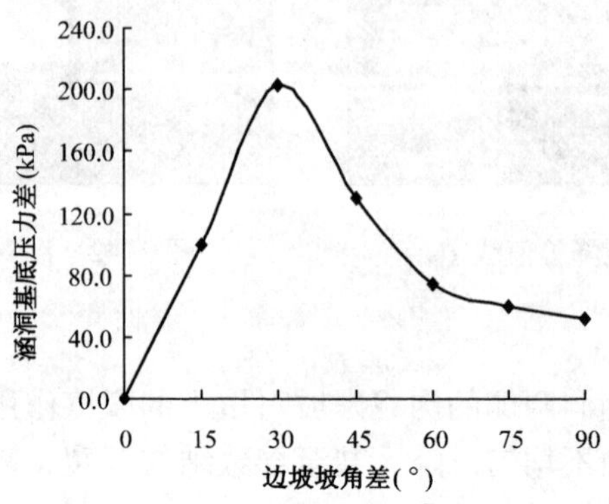

图 2-45　沟谷坡角差异对基底压力的影响

3　高填方钢筋混凝土盖板涵受力特性及影响因素分析

我国现行的公路桥涵和铁路桥涵设计规范中涵洞设计方法均采用荷载结构法，该方法忽略了结构与土的相互作用[9,10]。大量的调查结果表明，由于涵洞土压力计算方法不当，导致结构出现各种不同程度的病害[17]。李永刚等[35,73]通过力学平衡和变形协调条件推导了上埋式矩形涵洞涵顶土压力的计算式，并分析了地基模量、填土高度、填土性质和涵洞高宽比对涵顶土压力的影响。Karinski 等[32,52]利用理论方法分析了填埋结构物的受力状态，考虑了结构物顶板挠度和结构物与其周围土体相对位移对结构受力的影响。Bennett 等[3]通过现场测试结果分析了单箱双室箱形涵洞的受力情况。Dasgupta 等[19]结合室内模型试验分析了矩形箱形涵洞的受力状态和变形特性。Kim 等[37]采用数值模拟方法分析了上埋式和沟埋式箱形涵洞的受力特性。以上文献从不同的角度分析涵洞土压力的变化规律，实际工程中，由于结构的挠曲变形和多种因素的影响，使得结构的受力状态和变形特性非常复杂。涵顶或基底平面土压力的分布并非均匀，实际受力状态与现行桥涵规范方法计算的结果存在较大差异。同时由于侧墙的弯曲变形，使得其内力和水平土压力也与现行规范计算的结果不同。现行桥涵规范中给出涵洞土压力的计算方法没有区分涵洞的埋设形式（上埋式或沟埋式）和结构形式（盖板涵或拱涵），为了进一步完善涵洞结构的设计理论，本章采用数值模拟方法并结合现场测试结果研究上埋式盖板涵在填土荷载作用下的变形规律和受力特性，讨论涵顶填土高度、填土性质、涵洞几何尺寸以及地基弹性模量等重要因素对结构受力特性和变形规律的影响。

3.1　计算模型分析

3.1.1　问题描述

某上埋式钢筋混凝土盖板涵，涵顶填土高度 $H=6.0\text{m}$，填土为含黏粒的碎石土。天然地基土分 3 层，第 1 层为含砾石的粉质黏土，平均厚度大约为 10.0m；第 2 层为强风化碎石土，平均厚度大约为 2.0m；第 3 层为中风化砂岩，未揭穿。涵洞采用 C30 混凝土，净空高度和宽度均为 4.0m，侧墙厚度从上到下为 0.7～1.2m，顶板厚约为 0.8m，基础厚为 1.0m，分节段长度为 6.0m。数值计算模型的下边界取为第 2 层地基土的底面，模型宽度取 10 倍的涵洞宽度。涵顶填土分阶段施工，填筑速度为 0.2m/d，分析中不考虑地下水的影响。现场选取中间节段为试验对象，涵顶填土高度为 6.0m。顶板和基底各布置 5 个记忆智能型（JM2X-5010A）压力测试仪，侧墙处沿洞身高度均匀布置 9 个压力测试仪，并采用与之配套的全自动数据采集仪，该测试系统抗干扰能力强，能够自动记录该级荷载作用下的平均值。涵洞内顶板和基础顶面布置 5 对竖向位移观测点，采用高精度水准仪测量竖向位移。侧墙布置 9 对水平位移观测点，通过涵洞内各对测点间的直线量距得出相对位移，然后将相对变形量减半便得到水平位移。测点布置和有限元网格划分如图 3-1 所示。

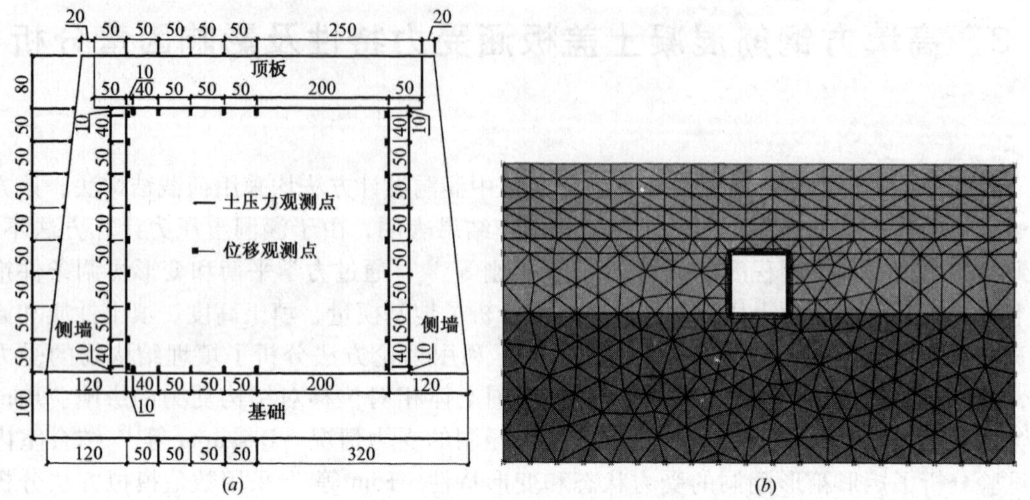

图 3-1　测点布置及分析模型

(*a*) 测点布置；(*b*) 有限元网格划分

3.1.2　数值建模

数值模拟中采用 PLAXIS 软件，通过平面应变模型分析盖板涵与填土、地基之间的作用机制。模型中填土和地基土采用 15 节点三角形单元，涵洞采用梁单元。模型底边界设置水平向和竖向约束，模型两侧边界设置水平向约束。在分析土与结构物的相互作用时，土体与涵洞界面采用滑移单元来模拟两者之间的接触情况，界面单元由 5 对节点组成，对于涵洞与土体界面的模拟采用 M-C 弹塑性模型，当界面为弹性时，其剪切强度为：

$$|\tau| < \sigma_n \tan\varphi_i + c_i \tag{3-1}$$

当界面为塑性时，其剪切强度为：

$$|\tau| = \sigma_n \tan\varphi_i + c_i \tag{3-2}$$

式中　σ_n、τ——界面的正应力和剪切强度；

c_i、φ_i——界面的黏聚力和内摩擦角，由土体的强度参数折减得到。

$$c_i = R_{inter} c_{soil} \tag{3-3}$$

$$\tan\phi_i = R_{inter} \tan\phi_{soil} \tag{3-4}$$

式中　R_{inter}——界面强度折减因子；

c_{soil}、ϕ_{soil}——土体的黏聚力和内摩擦角。

根据相应的试验结果和工程经验，数值模拟中 R_{inter} 取 0.8[74]。

3.1.3　材料模型及参数

涵顶填土和地基土为弹塑性模型，采用 M-C 屈服准则，涵洞采用线弹性模型，假设材料均为各向同性。数值模拟中土性参数通过现场勘察和室内试验获得，材料的主要参数如表3-1所列。

材料参数 表3-1

材料参数	E（MPa）	ν	c（kPa）	φ（°）	γ（kN/m^3）
盖板涵	30000	0.20			25
压实填土	25	0.31	10	28	20
砾石粉质黏土	9.5	0.33	24	16	19
强风化碎石	120	0.27	35	30	21

3.2 盖板涵受力特性分析

现场测试的数据分析中，采用了曲线拟合的方法将现场实测的结果进行曲线拟合。在下文的对比分析图中绘出了实测拟合曲线，这样能更清楚地反映出实测数据的变化规律和趋势。文中实测数据的曲线拟合的目的是为了反映一个变化规律或趋势，描述的是上埋式盖板涵的受力特性及其变形情况，旨在得出一般规律。

3.2.1 涵洞变形特性

涵洞顶板、基础竖向位移及侧墙的水平位移变化规律如图3-2～图3-4所示。在填土荷载作用下，顶板产生向下的挠曲变形，现场实测的涵洞顶板的变形规律与数值模拟结果一致（图3-2）。实测顶板最大挠度为89mm，数值模拟顶板最大挠度为119mm。由于侧墙竖向刚度的影响以及侧墙受到填土向下摩阻力的作用，使得涵洞基础的挠曲变形正好与顶板的挠曲变形规律相反。基础两端竖向位移最大，中点处最小，实测基础最大挠度为45mm，数值模拟结果为55mm（图3-3）。涵洞侧墙水平位移也呈非线性分布，侧墙顶端和底端受涵洞盖板和基础的影响，两端水平位移较小，仅为顶板和基础的压缩变形。侧墙最大水平位移发生在近似洞身中点处，实测最大挠曲变形为26mm，数值模拟得到的最大挠曲变形为27mm。实测数据拟合结果与数值模拟结果接近（图3-4）。

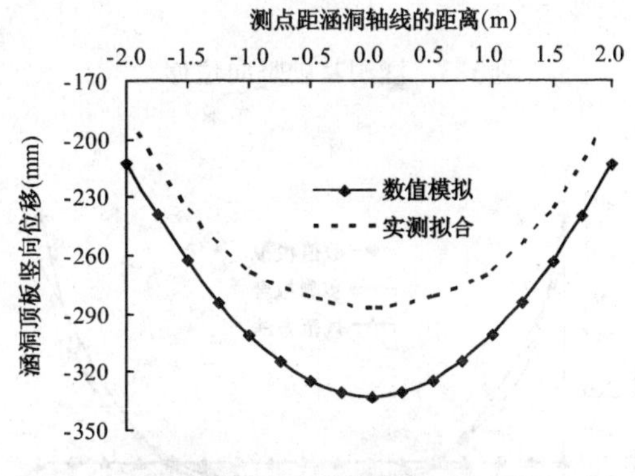

图3-2 涵洞顶板竖向位移

3.2.2 土压力分布规律

涵洞顶板、基础和侧墙的土压力的分布规律如图3-5～图3-7所示。图3-5给出了数值模拟、实测拟合和现行公路桥涵规范3种方法得出的涵顶垂直土压力的对比结果。由现场测试和数值模拟结果可知，涵顶垂直土压力呈非线性分布，在涵顶两侧产生应力集中现象，两侧的土压力远大于填土的自重压力。主要有两方面的原因：（1）涵洞结构形状的影响。盖板涵近似于一个矩形结构，在填土荷载（柔性荷载）的作用下，角点处会产生应力集中现象。（2）涵洞结构本身的刚度差异的影响。在垂直土压力作用下，涵洞盖板两端受到侧墙的影响，刚度明显增大，涵洞顶板产生挠曲变形，顶板上方填土内部产生土拱效应，从而导致跨中附近土压力产生卸载现象。跨中附近实测和数值模拟结果均小于现行公路桥涵规范的计算结果。涵洞基础土压力亦呈非线性分布，如图3-6所示。基底土压力的分布规律与顶板土压力的分布规律基本一致，涵洞顶板和基底的变形规律也正好验证了其土压力的非线性分布规律。

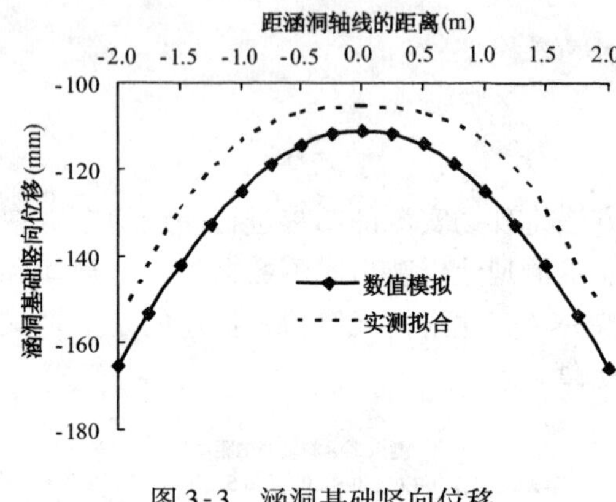

图3-3　涵洞基础竖向位移

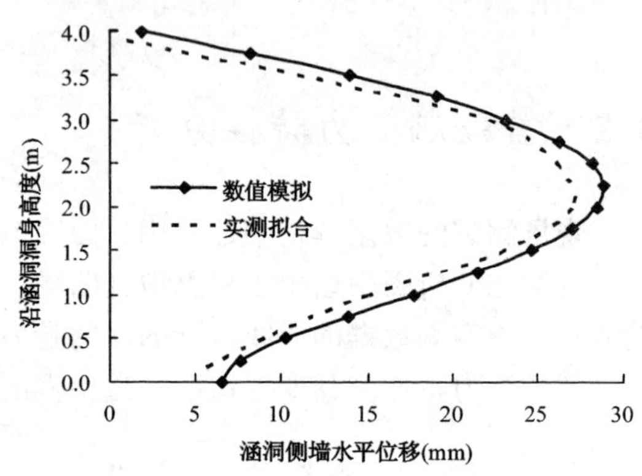

图3-4　涵洞侧墙水平位移

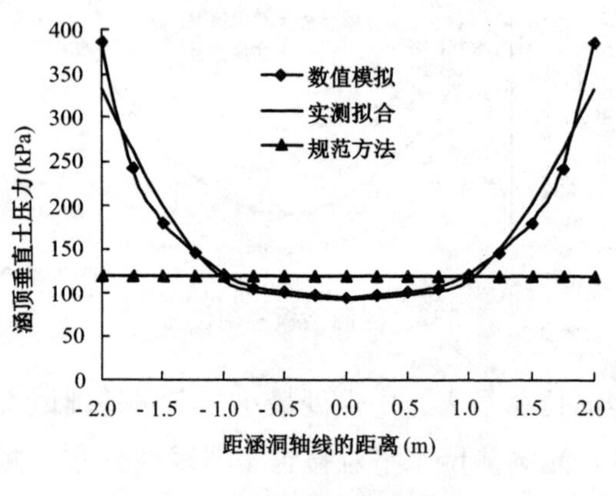

图3-5　涵顶垂直土压力

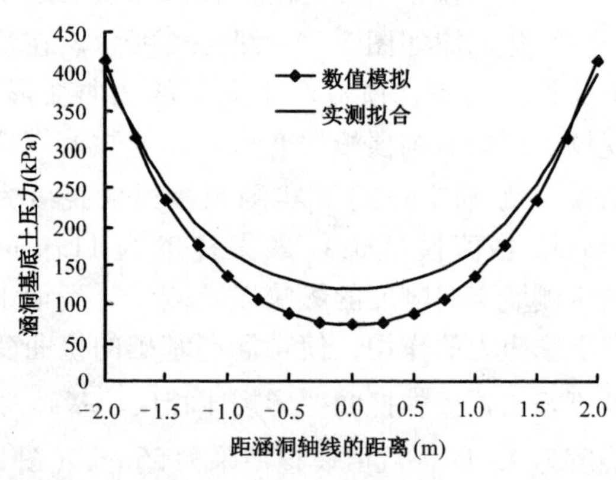

图3-6　涵洞基底土压力

涵洞侧墙的水平土压力分布规律如图3-7所示。涵洞侧墙上所受的水平土压力呈非线性分布。在侧墙上端和下端，由于涵洞顶板和基础的支撑作用，刚度明显大于侧墙中间部位，水平土压力的作用下，侧墙中间位置产生向内的挠曲变形，水平土压力产生卸载效应，从而导致中间位置土压力较小。研究结果表明，在侧墙上部的$7h/8$附近（h为涵洞侧墙高度）受到的水平土压力最小。主要原因有：（1）由于涵洞基础底板的厚度大于顶板厚度，底板在水平土压力作用下的压缩变形量小于顶板，从而导致最小水平土压力位置由中部上移；（2）由于自重应力的影响，水平土压力随埋深递增，单独由自重作用引起的侧墙水平土压力的最小值位于侧墙最上方。因而综合影响的结果导致最小土压力在 $7h/8$ 附近。测试结果与数值模拟结果较为接近。

现行《公路桥涵设计通用规范》（JTG D60—2004）中涵洞受到的竖向土压力和水平土压力计算方法均采用线性理论，计算的土压力均随填土高度呈线性递增，而且没有考虑结构的弯曲变形对土压力的影响，这与实际情况存在差异。在侧墙的土压力计算中，可以将水平土压力近似按折线形分布来考虑，折线的转折点取在涵洞侧墙高度的 $7h/8$ 处。

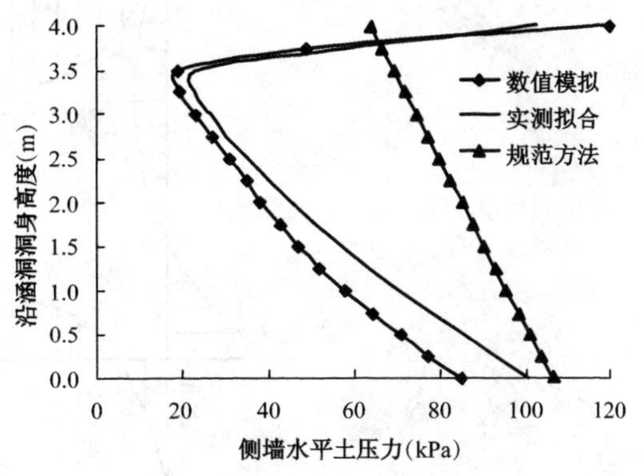

图 3-7　涵洞侧墙水平土压力

3.2.3　涵洞内力分布规律

数值模拟得到涵洞内力分布规律如图 3-8 ~ 图 3-10 所示（$H=6.0$m）。由于涵洞顶板、基础和侧墙的挠曲变形作用，使得涵洞结构的轴力和剪力亦呈非线性分布。最大轴力发生在涵洞侧墙底端，最大剪力发生在涵洞基础底板两端。在填土荷载作用下，涵洞最大弯矩产生在顶板跨中。基底反力作用下，底板也产生较大弯矩，由于侧墙和底板固接，侧墙受到水平土压力作用，使得底板跨中弯矩峰值降低，而在侧墙底部出现较大的负弯矩。涵洞侧墙上部处于简支状态，下部与基础固结，侧墙弯矩包络线出现反弯点，反弯点位置大约在 0.3 倍的侧墙高度处，其最大弯矩出现在侧墙底部。

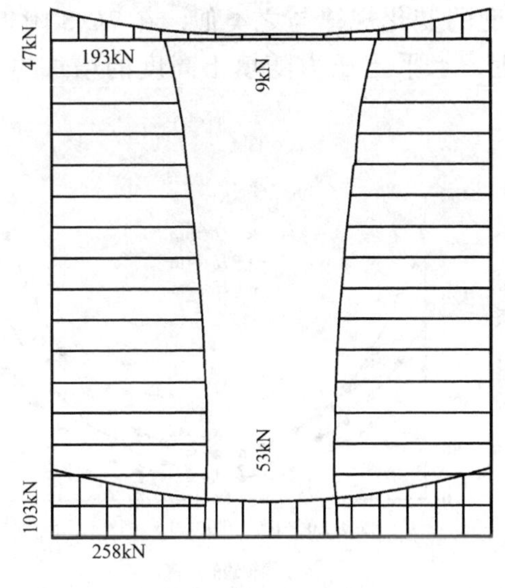

图 3-8　涵洞轴力分布规律

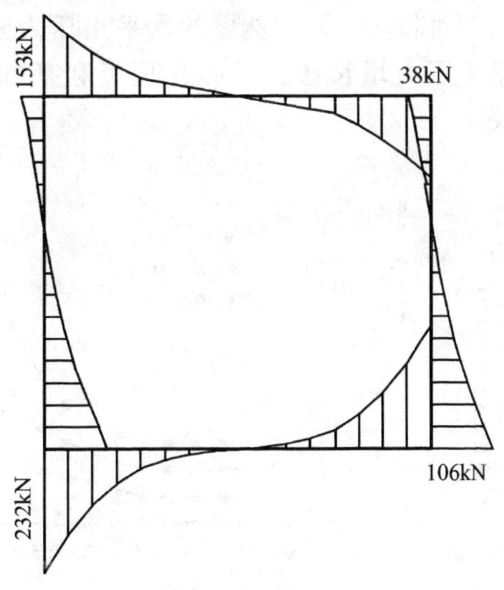

图 3-9　涵洞剪力分布规律

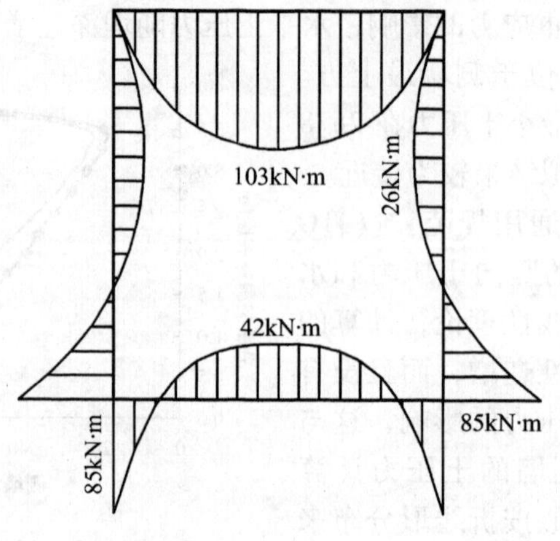

图 3-10　涵洞弯矩分布规律

3.3　盖板涵受力特性的影响因素分析

本节通过数值模拟手段来研究各种物理指标和力学参数对涵洞受力特性的影响。数值计算中，除了所讨论的变量外，其他的基本参数与前文给出的计算参数一致。

3.3.1　填土高度

涵顶垂直土压力、基底土压力和侧墙水平土压力均随填土高度的增加呈非线性增加，如图 3-11 ~ 图 3-13 所示。由于顶板和基础底板两端均产生应力集中，故土压力增长迅速。但在顶板和基础底板的跨中附近，受到顶板或基础底板挠曲变形的影响，其土压力的增长相对较慢。涵洞侧墙的水平土压力随填土高度的变化规律与之类似，在 $7h/8$ 附近，水平土压力增长缓慢，而在顶板和基础底板附近，水平土压力随填土高度的增加迅速增长。

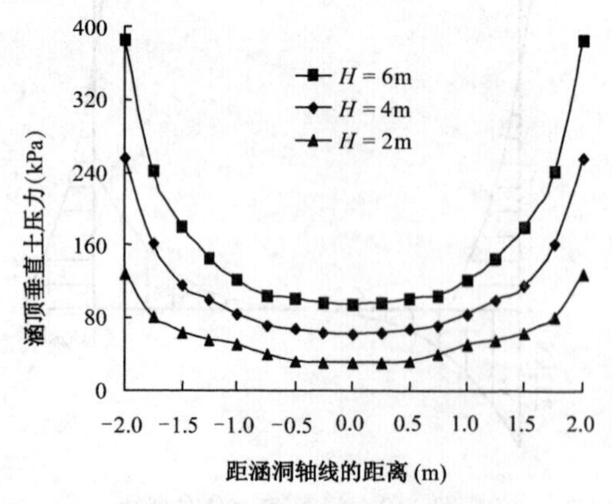

图 3-11　涵顶垂直土压力随填土高度的变化规律

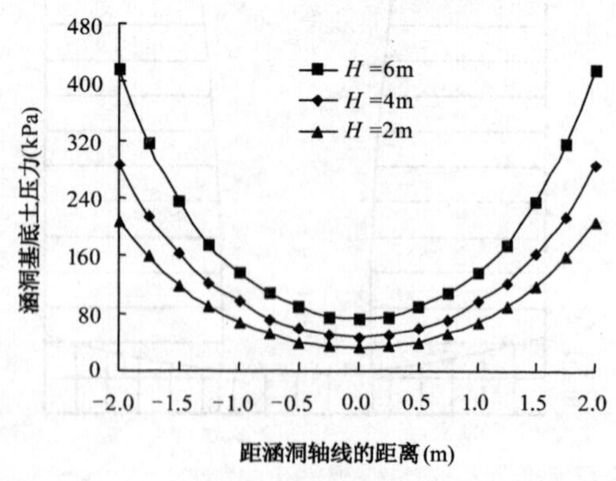

图 3-12　基底土压力随填土高度的变化规律

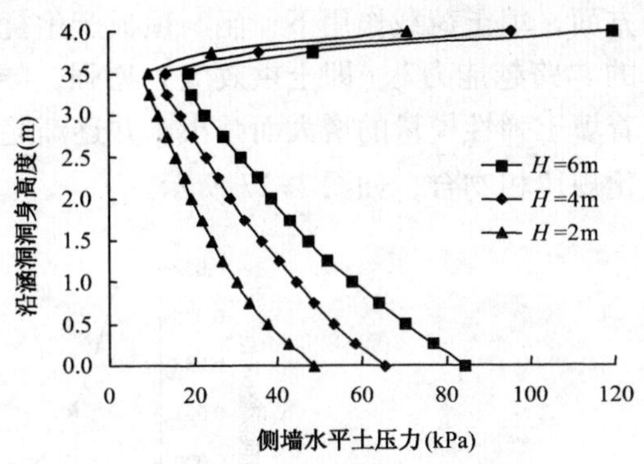

图 3-13 侧墙水平土压力随填土高度的变化规律

3.3.2 填土内摩擦角和黏聚力

涵顶填土高度为6.0m时，顶板最大弯矩和挠跨比随填土内摩擦角和黏聚力的变化规律如图3-14、图3-15所示。计算结果表明，顶板最大弯矩随填土黏聚力和内摩擦角的增大而减小，并逐渐趋于稳定。当内摩擦角较小时，填土的黏聚力对顶板弯矩的影响较大，随着内摩擦角的增大，黏聚力对顶板弯矩的影响越来越小。涵洞顶板的挠跨比也具有相同的变化规律。其主要原因可能为：涵洞顶板在竖向垂直土压力作用下顶板跨中产生较大的弯曲变形，顶板上部的填土内部形成“土拱”，顶板两端应力集中现象加剧，当填土黏聚力和内摩擦角增大时，涵顶填土内的“土拱”效应增强，跨中附近土压力减小，因而涵洞顶板最大弯矩和挠跨比也随之减小。

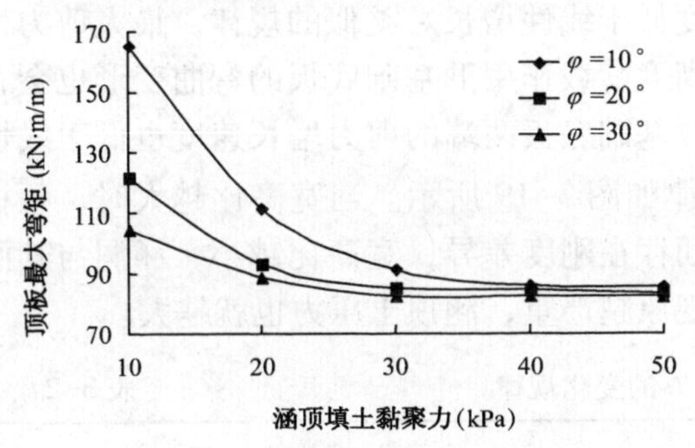

图 3-14 顶板弯矩随填土内摩擦角和黏聚力的变化规律

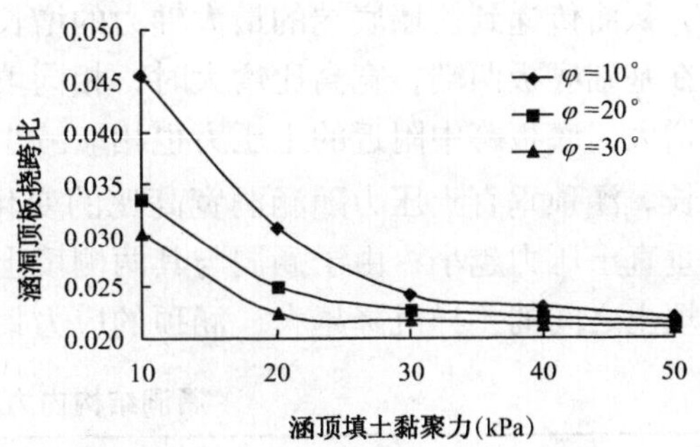

图 3-15 顶板挠跨比随填土内摩擦角和黏聚力的变化规律

3.3.3 填土弹性模量

顶板最大弯矩随涵洞周围填土弹性模量的增大而减小，并逐渐趋于稳定，如图3-16所示。一方面，当涵洞台背填土弹性模量增大时，涵洞与其台背填土之间的差异沉降减小，涵顶以外土柱体对涵顶正上方土柱体的拖拽作用减小，从而使得涵顶的垂直土压力减小，顶板弯矩减小；另一方面，填土荷载作用下，涵洞顶板产生挠曲变形，当涵顶填土弹性模量增大时，涵顶土体的“跨越能力”（即土拱效应）增强，导致涵洞顶板最大弯矩减小。涵洞顶板挠跨比也随着填土弹性模量的增大而减小，并逐渐趋于稳定，这一变化规律正好与涵洞顶板弯矩的变化规律相吻合，如图 3-17 所示。

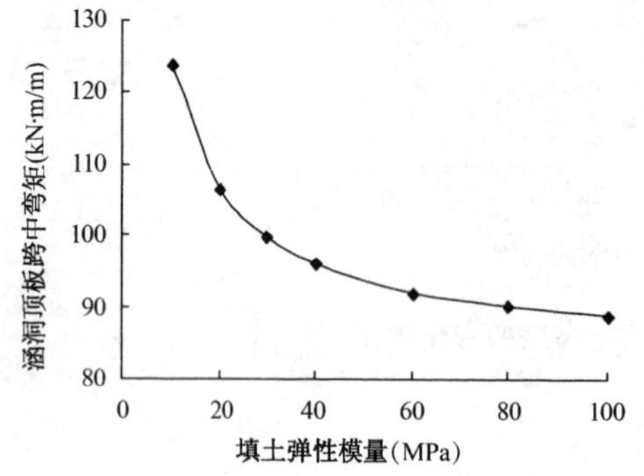

图 3-16 顶板跨中弯矩随填土弹性模量的变化规律

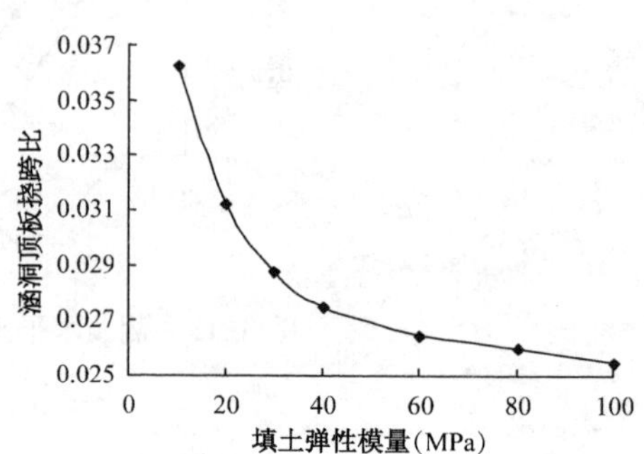

图 3-17 涵洞顶板挠跨比随填土弹性模量的变化规律

3.3.4 涵洞几何尺寸

涵洞结构内力随涵洞宽高比（b/h）的增大呈非线性增加，如表 3-2 所列（填土高度为 6.0m）。涵洞的最大轴力和剪力随宽高比的增加呈减速增长趋势，而顶板最大弯矩则呈加速增长趋势。主要由于宽高比的增大，顶板跨度增大，涵洞顶板弯矩迅速增长，顶板挠跨比的变化规律正好与之相吻合，如图 3-18 所示。最大轴力和剪力则不同，最大轴力发生在侧墙底端，当宽高比增大时，顶板产生较大的挠曲变形，使得顶板跨中垂直土压力减小，从而传递到侧墙底端的最大轴力的增长速度低于线性增长。类似的规律，最大剪力发生在基础底板两端，宽高比增大时，相同填土高度荷载作用下基础底板的弯曲变形也会相应增大，底板跨中附近的土压力也相应减小，故基础底板两端的剪力增长速度也低于线性增长。涵顶垂直土压力随涵洞宽高比的变化规律如图 3-19 所示。当宽高比越大时，顶板的垂直土压力越小；由于涵洞与其两侧填土之间存在刚度差异，宽高比越小，涵洞与其两侧填土之间的差异沉降越大，涵顶的应力集中现象越严重，涵顶土压力也就越大。

涵洞结构内力随 b/h 的变化规律 表 3-2

b/h	M_{max}（kN·m/m）	N_{max}（kN/m）	Q_{max}（kN/m）
0.25	16.13	151.13	125.75
0.50	34.80	197.29	175.73
0.75	59.70	233.35	206.99
1.00	102.70	263.82	234.31
1.25	170.25	294.78	259.80
1.50	271.28	329.33	290.62

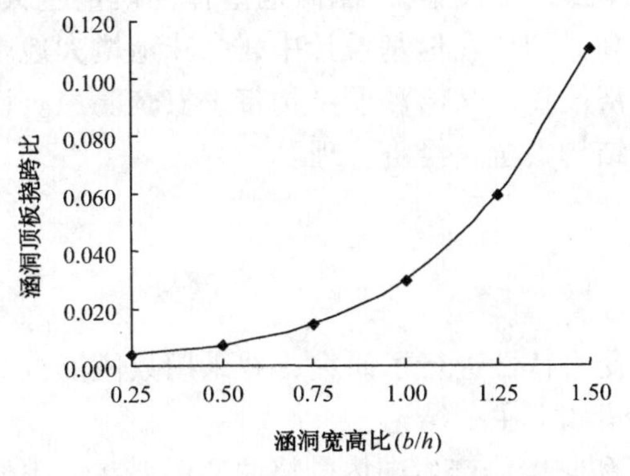

图 3-18　涵洞顶板挠跨比随 b/h 的变化规律

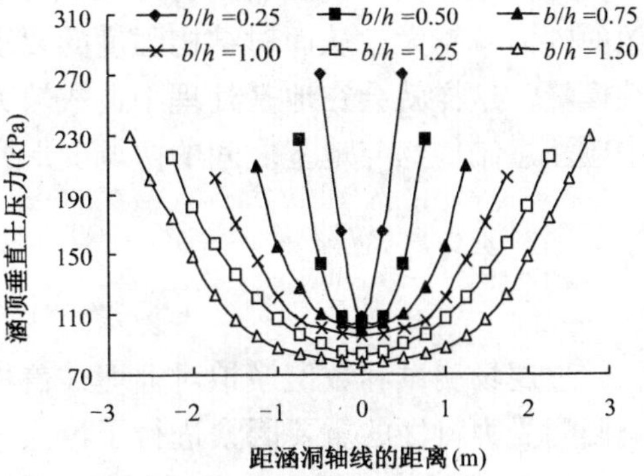

图 3-19　涵顶垂直土压力随 b/h 的变化规律

3.3.5　地基弹性模量

为了便于分析地基弹性模量对涵洞受力特性的影响，数值模拟中假设地基土为各向同性的均质地基，涵顶填土高度为6.0m。涵洞结构内力随地基弹性模量的变化规律如表3-3所列，顶板的挠跨比随地基弹性模量的变化规律如图3-20所示。有限元计算结果表明，涵洞内力及顶板挠跨比均随地基弹性模量的增大而增大，并逐渐趋于稳定，其中地基弹性模量对轴力和剪力的影响比对弯矩的影响更明显，主要原因是涵洞顶板的挠曲变形减小了顶板跨中的竖向土压力。

涵洞结构内力随地基弹性模量的变化规律　　表3-3

E (MPa)	M_{max} (kN·m/m)	N_{max} (kN/m)	Q_{max} (kN/m)
10	102.70	263.82	234.31
20	104.52	287.82	255.90
40	107.39	304.74	270.53
80	107.53	310.24	274.16
160	107.64	313.39	275.98

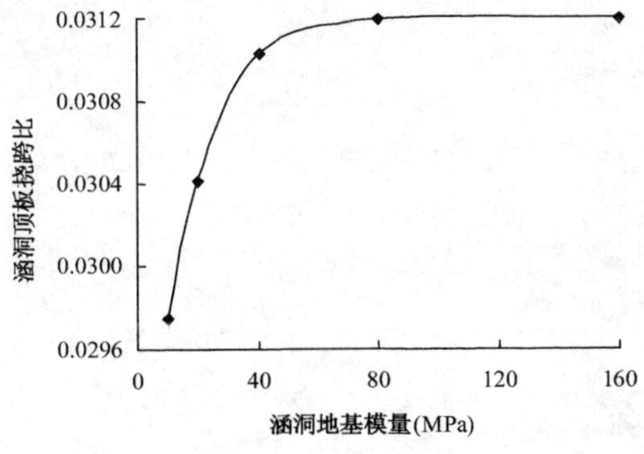

图 3-20　涵洞顶板挠跨比随地基弹性模量变化规律

填土荷载作用下，涵洞的受力状态与一般的建筑结构不同，涵洞地基弹性模量越大，涵洞的内力就越大，从而对结构强度的要求就越高。如果在地基设计中，一味地增大地基弹性模量，这样就会在地基处理中造成较大的经济浪费，又给涵洞结构带来安全隐患。设计中应注意结构物与地基之间的协调变形，做到结构安全，经济合理。

3.4 本章小结

通过现场测试和数值模拟对上埋式盖板涵的受力特性进行了研究，并采用数值模拟对影响涵洞受力特性的重要因素进行了讨论，得出了如下主要结论：

（1）填土荷载作用下，涵洞顶板、基础底板和侧墙均产生向内的挠曲变形，在结构的4个角点附近均产生明显的土压力集中现象，而在顶板和底板跨中附近以及侧墙的$7h/8$附近出现土压力卸载现象。

（2）现场实测和数值模拟结果表明，涵洞顶板的垂直土压力呈非线性分布。顶板两端产生应力集中现象，土压力远大于现行公路桥涵规范方法计算的结果；跨中附近由于顶板的挠曲变形而产生土压力卸载现象，跨中附近的垂直土压力小于规范方法计算的结果。侧墙受到的水平土压力亦呈非线性分布，侧墙顶端附近存在土压力集中现象，除了该处土压力大于规范方法计算的结果，其他部位的水平土压力均小于规范方法计算的结果。

（3）涵洞结构受到的轴力和剪力亦呈非线性分布。最大轴力发生在涵洞侧墙底端，最大剪力发生在涵洞基础底板两端。侧墙弯矩包络线出现反弯点，反弯点位置大约在$0.3h$处，其最大弯矩出现在侧墙底部。整个结构中，顶板跨中弯矩最大，建议设计中将顶板与侧墙固结，既减小顶板跨中弯矩，又能提高结构整体稳定性。

（4）随着填土高度的增加，涵洞顶板和基础底板跨中附近及侧墙$7h/8$附近受到的土压力增长较慢，而在其他位置处土压力增长迅速。设计中应注意结构挠曲变形对结构受力状态的影响。

（5）现行公路桥涵规范土压力的计算方法中没有考虑涵洞结构的挠曲变形，填土弹性模量、黏聚力、内摩擦角、涵洞高宽比、地基弹性模量等因素对结构受力状态的影响，使得计算结果与实际情况存在较大差异。设计中应综合考虑多种因素的影响，力求结构安全，经济合理。

4 高填方刚性涵洞土压力计算方法

4.1 Marston 土压力计算公式及其修正

4.1.1 Marston 土压力计算理论

Marston 土压力计算理论是基于散体材料极限平衡法得到的，由于涵管的存在和较大的刚度导致涵顶土层的不均匀沉降使得涵顶产生土压力集中，在涵顶平面土层的沉降差最大，涵顶向上便逐渐减小，并在涵顶填土上部某一高度 H_e 处减小为零，即存在一均匀沉陷的等沉面[23]。等沉面计算公式：

$$\exp(2fkH_e/D) - 2fkH_e/D = 2fk\alpha\delta + 1 \tag{4-1}$$

当 $H \leqslant H_e$ 时，涵顶土压力为：

$$p = \frac{\gamma D}{2fk}[\exp(2fkH/D) - 1] \tag{4-2}$$

当 $H > H_e$ 时，涵顶土压力为：

$$p = \frac{\gamma D}{2fk}[\exp(2fk/D) - 1] + \gamma(H - H_e)\exp(2fkH_e/D) \tag{4-3}$$

式中 $f = \tan\varphi$；

k——主动土压力系数，$k = \tan^2(45° - \varphi/2)$；

H_e——等沉面高度；

D——涵管跨径；

α——涵管埋入原始底面以下深度系数；

δ——沉陷比。

$\delta = [(\Delta3 + \Delta4) - (\Delta1 + \Delta2)]/\Delta4$，其中 Δ1 为涵管构造物自身垂直变形，Δ2 为涵管以下地基沉降，Δ3 为涵管以外地基沉降，Δ4 为涵管两侧填土在高度 αD 范围内的垂直变形，可取 $\Delta4 \approx \gamma(H - H_e)\alpha D/E_s$，$E_s$ 为填土模量。

4.1.2 修正的 Marston 理论公式

Marston 公式在推导时，外土柱对内土柱的拖拽力是这样决定的：在内土柱中任意深度 z 处作用于 dz 层上的压力 p，根据朗肯土压力理论将 p 乘以主动侧向土压力系数 k 而得到水平向侧压力，再乘以土的摩擦系数 f 而得到作用于 dz 层的拖拽力；其中又略去土的黏聚力。曾国熙教授认为拖拽力即系外土柱对内土柱的作用力，则应将它表示为外土柱对内土柱的主动侧向土压力；同时不应将它的黏聚力略去不计。对 Marston 土压力公式进行修正[24]，曾国熙教授导出涵管土压力计算公式为：

当 $H \leqslant H_e$ 时，涵顶土压力为：

$$p = \gamma H + fk\gamma \frac{H^2}{D} + 2c(1 - 2\sqrt{kf})\frac{H}{D} \tag{4-4}$$

当 $H > H_e$ 时，涵顶土压力为：

$$p = \gamma H + fk\gamma(2H - H_e)\frac{H_e}{D} + 2c(1 - 2\sqrt{kf})\frac{H_e}{D} \tag{4-5}$$

其中 H_e 值与 Marston 公式中的 H_e 值计算方法相同。

4.2 普氏理论土压力计算方法

普氏理论认为深埋岩体中存在很多结理和裂隙，其完整性遭受破坏，岩块间相互嵌入，可将其视为具有一定内聚力的松散体。在岩体中开挖洞室后，洞室围岩会应力重分布并发生破坏，洞室顶部岩体塌落，当这种塌落达到一定程度后，岩体会进入新的平衡状态形成自然平衡拱，作用于洞顶的围岩压力仅为该自然拱内部的岩体自重，其计算公式为[74,75]：

$$p = \gamma h_c = \gamma \alpha_1 / f_P \qquad (H \leqslant h_c, 取\ h_c = H) \tag{4-6}$$

式中 $h_c = \alpha_1 / f_P$；

$\alpha_1 = \alpha + h \cdot \tan(45° - \varphi/2)$，$\alpha$ 为涵洞跨径的一半；

h——涵洞高度；

φ——填土内摩擦角；

γ——填土重度；

f_P——普氏系数。

4.3 耶梅里杨诺夫土压力计算方法

计算涵顶土压力也可以采用以弹性力学微分方程为基础的涵管土压力计算方法，该方法以耶梅里扬诺夫提出的计算方法为代表，计算“胸腔”未夯实的沟埋式涵管垂直土压力。在该计算方法中，将回填土视做弹性体，且回填土密度不随深度变化，垂直土压力沿 x 方向为一抛物线，根据以上假设列出弹性力学平面问题微分方程，并代入边界条件，求出涵管垂直土压力的计算公式：

$$\sigma_z = \frac{1 - \exp\left[\dfrac{-2\eta\tan\varphi_1(1-d)}{1-d/3} \cdot \dfrac{z}{B}\right]}{2\eta\tan\varphi_1}\left(1 - 4d\frac{x^2}{B^2}\right)\gamma B \tag{4-7}$$

式中 φ_1——填土与边坡的摩擦角；

B——槽宽；

d——槽宽上回填土垂直应力的不均匀分布系数，一般取 0.2～0.3；

η——侧应力系数，按下式计算：

$$\eta = \frac{1 - \sqrt{1 - \dfrac{1 + \tan^2\varphi_1}{1 + \tan^2\varphi}}}{1 + 2\tan^2\varphi_1 \sqrt{1 - \dfrac{1 + \tan^2\varphi_1}{1 + \tan^2\varphi}}} \tag{4-8}$$

式中　φ——填土内摩擦角。

采用式（4-7）计算涵顶竖向土压力时，x 轴坐标取为零，z 轴坐标取涵洞填土高度。而后克列恩对“胸腔”已夯实的情况给出了相应的修正公式；同时维诺格拉多夫给出了当槽宽沿深度有变化时的修正公式。

4.4　顾安全土压力计算公式及其修正

4.4.1　顾安全公式

顾安全假定涵顶填土中的应力分布与半无限均质线性变形体内的应力分布相当，将管顶填土假定为半无限弹性体，把涵管看成是条形基础，以附加垂直土压力反作用于填土上，从变形条件出发，以弹性理论为基础，通过沉降差 δ 的弹性理论解反算涵顶附加土压力 $\Delta\sigma_v$[1]，如图 4-1 所示，并得到涵顶垂直土压力计算公式：

$$\sigma_v = \gamma H\left[1 + \frac{(1 + h/2H)hE}{\omega_c B(1 - \mu^2)E_h}\eta\right] \tag{4-9}$$

式中　h——涵洞凸出地面高度；

E——涵顶以上填土的变形模量；

E_h——涵洞两侧同高度 h 填土的变形模量；

μ——涵顶填土的泊松比；

ω_c——与刚性涵洞的长宽比（L/B_1）有关的系数，可查表得到；

η——涵洞截面（包括基础）的外形影响系数，$\eta = B_1/B$，B_1 为截面换算宽度，按地面以上的截面面积 A 与涵洞凸出地面高度 h 之比确定，即 $B_1 = A/h$。

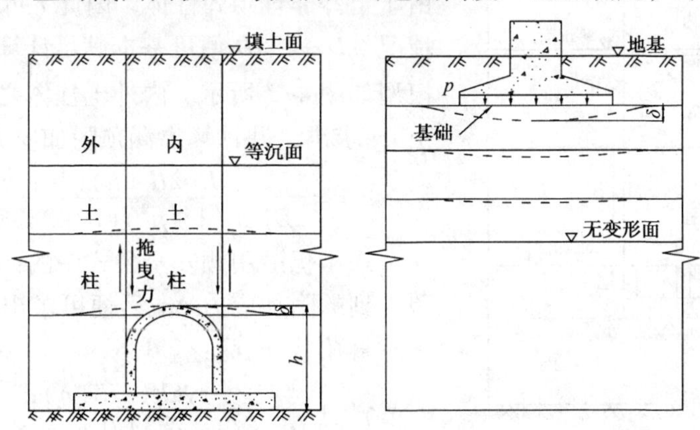

图 4-1　涵顶土压力与条形基础沉降对比示意图

从前面的分析可以看出，现行的土压力计算理论大致可以分为三大类：第一类方法以散体材料极限平衡法为基础，这种计算理论大多都要假设在涵顶填土中产生处于极限平衡状态的滑动面，例如前面提到的 Marston 公式以及曾国熙修正的 Marston 公式，也有很多学者在 Marston 公式的基础上进行了改进，提出更为合理的滑动面假设方案，并且认为在滑动面上土体之间的摩阻力并没有完全发挥，使得该方法的计算理论更为接近实际情况；第二类方法是以弹性理论为基础，将回填土视为各向均匀的弹性体，根据弹性力学的基本方程推出涵洞受到的土压力，这种方法的缺点就是将回填土视为各向均匀的弹性体并不合理，并且在推导过程中忽略了回填土的黏聚力 c 及内摩擦角 φ 对涵顶受到的土压力的影响；第三类方法就是根据大量的现场实测数据得出回归公式或是经验系数，这种方法虽然简单方便，但理论依据不足。

4.4.2 修正顾安全公式

由于涵顶内外土柱体之间的摩擦作用将外土柱体部分填土荷载转移到内土柱体上，从而导致涵顶产生土压力集中，而涵洞台背土体受力小于其上填土荷载 γH，如果仍用土柱体自重荷载计算涵洞台背内土体的沉降，则会得到偏大的差异沉降，使得涵顶土压力的计算结果大于实际值，因此用以下方法计算涵顶垂直土压力更接近实际情况。

首先根据附加应力的定义条件得出下式：

$$\Delta\sigma = \sigma_c - \sigma_s \tag{4-10}$$

式中 σ_s——作用于涵洞胸腔内填土的垂直荷载；

σ_c——作用于涵顶的垂直荷载。

然后再根据涵顶平面竖向力的平衡条件 $\Sigma V=0$ 得出：

$$\gamma H\ (D+2r)\ = D\sigma_c + 2r\sigma_s \tag{4-11}$$

式中 D——涵洞宽度；

r——涵洞对其周体沉陷公式近似求得围路堤填土的影响范围。

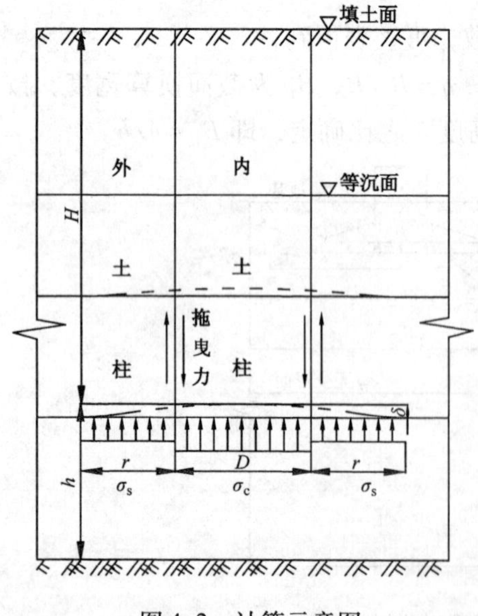

图 4-2 计算示意图

r 可按弹性力学公式中条形荷载作用下半空间，由于土并非理想弹性体，因此 r 可根据具体的土体情况，$D \sim 1.5D$ 便可基本满足计算精度要求，计算模型如图 4-2 所示。内外土柱体之间的沉降差 δ 可由 σ_s 求出，并计算出涵顶附加应力 $\Delta\sigma$ 如下：

$$\Delta\sigma = \frac{\gamma hE(2H+h)(D+2r)\eta}{2D[\omega_c(1-\mu^2)(D+2r)E_h + Eh]} \tag{4-12}$$

式中仍沿用顾安全公式中的计算参数，得出涵顶受到的附加应力 $\Delta\sigma$ 后便可求出作用于涵顶的填土垂直荷载 σ_c 为：

$$\sigma_c = \gamma H + \frac{r\gamma hE(2H+h)\eta}{D[\omega_c(1-\mu^2)(D+2r)E_h + Eh]} \tag{4-13}$$

作用于涵洞胸腔内填土的填土垂直荷载 σ_s 为：

$$\sigma_s = \gamma H - \frac{\gamma h E(2H+h)\eta}{2[\omega_c(1-\mu^2)(D+2r)E_h + Eh]} \tag{4-14}$$

式中涵洞两侧填土变形模量 E_h 是随填土高度变化的，仍沿用原顾安全公式的确定方法，应先由试验测得不同压力下土体的压缩模量，再换算得到不同填土高度下土体的变形模量。

4.5 现行的规范方法及其适用范围

4.5.1 公路桥涵设计通用规范

涵洞竖向土压力的计算目前有三种基本方法：（1）“等沉面”理论；（2）“卸荷拱”理论；（3）“土柱”法。其中“等沉面”理论现在应用得比较广泛，计算结果得到的竖向土压力最大，对于新填土上埋式涵洞与实测结果比较接近；“卸荷拱”理论，由于其形成条件不易满足，只有在沟埋式涵洞或顶管法施工的涵洞可以考虑采用，计算得到的竖向土压力最小；“土柱”法计算方法比较简便，计算结果介于上述两种方法之间，与新填土上埋式涵洞实测结果比较，一般偏小。公路部门自 20 世纪 50 年代以来一直采用“土柱”法计算涵顶土压力。值得注意的是，采用土柱法计算土压力时，涵洞两侧填土必须采用低压缩性填土夯实，否则两侧填土沉降大于涵顶填土沉降将产生较大的附加应力。

《公路桥涵设计通用规范》（JTG D60—2004）涵顶土压力采用土柱法计算理论，计算公式为：

$$p_v = \gamma H \tag{4-15}$$

4.5.2 铁路桥涵设计基本规范

现行《铁路桥涵设计基本规范》（TB 10002.1—2005）涵顶土压力采用集中系数法，其计算公式为：

$$p_v = k\gamma H \tag{4-16}$$

k 根据 H/D 来确定。其中，H 为涵顶上方填土高度；D 为涵顶外部宽度，对于侧墙墙背为倾斜的涵洞，指墙底部的外形宽度，对于圆涵，指外径。k 取值如表 4-1 所列，当填土久经压实时，取 $k=1.0$。

k 取值表　　　　表 4-1

H/D	0.1	0.5	1	2	3	4
k	1.04	1.2	1.4	1.45	1.5	1.45
H/D	5	6	7	8	9	≥10
k	1.4	1.34	1.3	1.25	1.2	1.15

现行《铁路桥涵设计基本规范》（TB 10002.1—2005）中，对于新建铁路上埋式刚性

涵洞的竖向土压力计算，仍然采用马斯顿“等沉面”理论的基本概念。该理论认为在平地或宽谷设置刚性涵洞，由于涵顶填土的沉降小于涵洞两侧相同高度处填土的沉降，故两侧填土的部分重量由摩擦作用传递到涵洞顶部，涵洞顶部所承受的填土压力就大于其上覆土柱的重量。

从国内外一些上埋式涵洞的土压力实测资料看，竖向土压力都大于土柱自重，证明了附加压力的存在。根据涵洞裂缝的调查结果分析，也可以认为按照“等沉面”理论计算竖向土压力比较合适，而按照“卸荷拱”或“土柱”法计算的结果偏小。

规范中在确定竖向土压力系数时采用了马斯顿“等沉面”理论的基本概念，土压力计算式中的 k 值是大于 1.0 的系数。但是实际工程中，涵洞的结构形式不同，仅仅考虑附加压力进行设计，不一定是设计的控制情况。因为一般新填路基完成沉陷的时间需要若干年，在这期间 $k>1.0$，待完成沉陷之后，k 值可能趋于 1.0。

4.5.3 美国公路桥涵设计规范

《美国公路桥涵设计规范》（AASHTO 2010）认为土与结构相互作用的效应取决于涵洞的埋设类型及其两侧填土的压实度。对于上埋式和沟埋式涵洞，涵顶填土荷载可分别按式（4-17）和式（4-18）计算。

$$W_E = gF_e\gamma_s B_c H \times 10^{-9} \quad (4\text{-}17)$$

$$W_E = gF_t\gamma_s B_c H \times 10^{-9} \quad (4\text{-}18)$$

式中 B_c——管外直径（mm）；

H——填土高度（mm）；

γ_s——回填土密度（kg/m^3）；

F_e、F_t——上埋式涵洞与沟埋式涵洞的土与结构相互作用系数，由式（4-19）、式（4-20）计算得到。

$$F_e = 1 + 0.20\frac{H}{B_c} \quad (4\text{-}19)$$

$$F_t = \frac{C_d B_d^2}{HB_c} \leqslant F_e \quad (4\text{-}20)$$

式中 B_d——槽的水平宽度；

C_d——荷载系数，按式（4-21）计算。

$$C_d = \frac{1 - e^{-2fk\frac{H}{B_d}}}{2fk} \quad (4\text{-}21)$$

式中 $f=\tan\varphi$；

$k=\tan^2(45° - \varphi/z)$；

φ——回填土的内摩擦角。

规范中规定，对于上埋式涵洞，当涵管两侧填土压实时，涵顶土压力系数不超过 1.15，当涵管两侧填土没有压实时，涵顶土压力系数不超过 1.40；对于沟埋式涵洞，槽宽度超过涵管在横槽向水平尺寸 300mm 时，F_t 不应超过上埋式涵洞的土压力系数。

4.6 实测结果回归分析

根据高填方涵顶、基底及涵顶外侧和基底外侧土压力随填土荷载的非线性变化规律，通过现场实测结果的非线性回归分析，给出了能够反映涵顶非线性土压力和土拱效应的回归计算公式[76]。

非线性回归数学模型：

$$\hat{\sigma} = \hat{\alpha}\gamma H^{\hat{\beta}} \tag{4-22}$$

非线性回归样本空间如表 4-2 所列。

回归分析样本空间 表 4-2

H (m)	0	4.2	5.9	7.4	8.9	9.9	10.8	—	—	—
$\hat{\sigma}$ (MPa)	0.000	0.093	0.154	0.205	0.216	0.239	0.258	—	—	—
H (m)	0	3.8	5.5	7.0	8.5	9.5	10.4	13.2	13.6	14.0
$\hat{\sigma}$ (MPa)	0.000	0.079	0.138	0.177	0.201	0.214	0.247	0.323	0.332	0.341
H (m)	14.4	14.8	15.2	15.6	16.0	16.4	16.8	17.2	17.6	17.8
$\hat{\sigma}$ (MPa)	0.350	0.350	0.359	0.368	0.370	0.405	0.413	0.420	0.423	0.426
H (m)	0	3.8	5.5	7.0	8.5	9.5	10.4	13.2	13.6	14.0
$\hat{\sigma}$ (MPa)	0.000	0.078	0.136	0.185	0.206	0.224	0.263	0.370	0.383	0.393
H (m)	14.4	14.8	15.2	15.6	16.0	16.4	16.8	17.2	17.6	17.8
$\hat{\sigma}$ (MPa)	0.406	0.409	0.422	0.433	0.435	0.477	0.489	0.496	0.498	0.502

由回归分析得到涵顶非线性土压力计算公式：

$$\hat{\sigma} = 0.9524\gamma H^{1.1148} \quad (H \leqslant 18\text{m},\ R = 0.9972) \tag{4-23}$$

相关指数为：

$$R^2 = 1 - \sum_{i=1}^{n}(\sigma_i - \hat{\sigma}_i)^2 \Big/ \sum_{i=1}^{n}(\sigma_i - \bar{\sigma}_i)^2 \tag{4-24}$$

由 R 值可知涵顶非线性土压力回归效果很好。

4.7 理论方法计算结果与试验结果对比分析

将现场实测数据与公路、铁路桥涵设计规范及目前常用的涵顶土压力计算理论的计算结果相互对比分析，如图 4-3 和图 4-4 所示，计算参数取值如下：涵洞高 7.5m，宽 7.5m，弹性模量取 30GPa，填土弹性模量取 30MPa，泊松比 0.35，黏聚力为 2.5kPa，内摩擦角 25°。

由对比分析结果可知，对于宽敞沟谷设涵和上埋式涵洞，特别是在填土较高的情况下，采用公路桥涵设计规范（土柱法）和普氏洞室土压力理论计算涵顶土压力明显小于实测土压力值，是不安全的，特别是普式理论只适用于在散体材料中埋深达到一定厚度时计算开挖洞室受到的竖直土压力，而高填方涵洞并不是在已有的高填方路堤中开挖洞室，因此在计算高填方涵顶土压力时不能使用。而Marston公式计算得到的土压力值会随填土高度的增加急剧增大，问题主要出在涵顶内外土柱体之间的不均匀沉降能否产生一个处于极限平衡状态的滑动面，或是如果能够产生处于极限平衡状态的滑动面，该滑动面的实际形状应如何确定，因此Marston公式仍需不断修正；曾国熙教授提出的对Marston公式的修正方法虽然考虑到了填土的黏聚力作用，较Marston公式更为合理，但对于处于极限平衡状态的滑动面的基本假设并没有提出新的修正。美国公路桥涵设计规范中上埋式涵洞涵顶土压力的计算公式类似于我国铁路桥涵设计规范中提出的计算公式，都是采用经验系数法，不同之处在于：在美国公路桥涵设计规范中，土与结构相互作用系数会随涵顶填土高度的增加不断增加，而我国铁路桥涵设计规范中该系数在增大到一定值后又会逐渐减小。顾安全公式计算得出的涵顶土压力值在填土达到一定高度后会逐渐趋于稳定，这与现场原位试验以及数值模拟得到的涵顶土压力随填土高度的变化趋势是相符合的，但顾安全公式采用条形荷载作用下半空间无限弹性体的沉降计算公式来反推涵顶土层附加压力，因此只有在涵顶填土高度较大时，其变形受力情况才会与弹性半空间无限体接近，并且填土高度越大，计算结果越接近实测值；而在填土高度较低时，由于填土并非理想弹性体，并且公式忽略了填土的内摩擦角以及黏聚力对涵顶土压力的影响，土压力集中系数会出现峰值，与现场实测结果存在一些偏差。

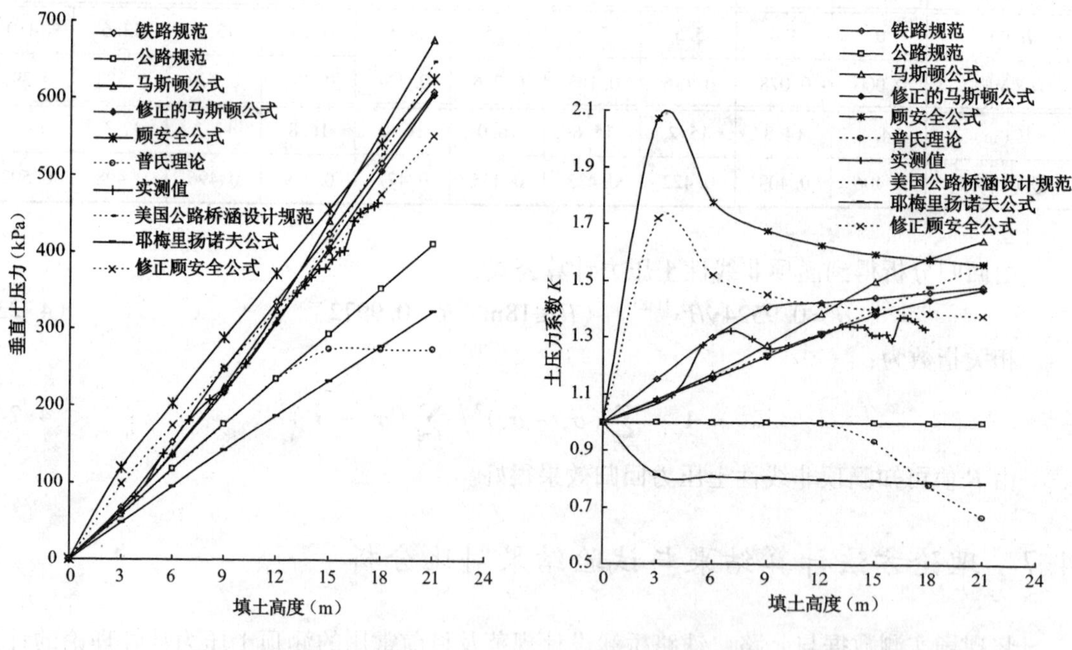

图4-3　涵顶土压力对比分析　　　　图4-4　涵顶土压力系数对比分析

而对于沟埋式涵洞，从数值模拟的结果来看涵顶同样会出现土压力集中现象，只是土压力集中系数较小，且随填土高度增加很快就趋于稳定。从图4-3、图4-4中可以看出以弹性力学平衡微分方程出发的耶梅里扬诺夫计算公式得出的计算结果明显小于线性土压力值，是不安全的，并且该方法没有规定适用于该公式的沟槽宽度范围，计算复杂，因此在实际的设计中很少采用。

高填方涵洞涵顶土压力值影响因素很多，现行的很多涵顶土压力计算方法都是在各种假设的基础上推导得出的，与实际情况出入很大。因此现在还很难用一个统一的表达式反映出各因素对涵顶土压力的影响，设计者应该根据不同的边界条件、涵洞洞型尺寸以及填土类型选择较符合实际情况的涵顶土压力计算理论，以免导致在涵洞设计中造成经济浪费或影响结构安全。

5 山区沟谷箱涵受力性状及竖向土压力计算方法

5.1 概述

钢筋混凝土箱形涵洞在高等级公路和铁路工程中的应用非常广泛。从涵洞的埋设方式上看，主要有上埋式、沟埋式和梯形沟谷设涵三种涵洞，如图 5-1 所示。

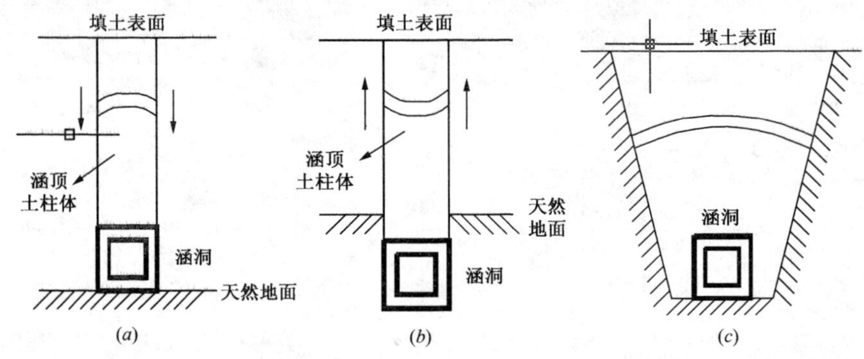

图 5-1 涵洞埋设示意图

（*a*）上埋式涵洞；（*b*）沟埋式涵洞；（*c*）梯形沟谷涵洞

上埋式涵洞的涵顶在天然地面以上，由于钢筋混凝土涵洞的刚度大于两侧填土的刚度，使得涵顶土柱体的沉降小于其两侧土柱体的沉降，从而导致涵顶产生应力集中[1,44]。沟埋式涵洞的涵顶在天然地面以下，由于两侧土体的压缩量小于涵顶正上方填土压缩量，涵洞上方土体的部分荷载由于内外土柱体的摩擦作用而传递到外侧土体上，涵顶受到的荷载小于上覆土体的自重压力[21,77]。在山区地形中，梯形沟谷设涵非常普遍。涵洞埋设于天然梯形沟谷中，其受力性状有别于上埋式和沟埋式涵洞，涵—土作用机制变得更为复杂。

在涵洞土压力计算理论方面，Marston 等[23]开创了涵管土压力计算理论的先河，其研究成果表明，涵管受到的土压力不仅与填土高度有关，还与涵管的埋设方式有关。Spangler[27,78]在 Marston 土压力理论的基础上发展了涵管的土压力计算理论，并提出了等沉面的概念。

针对上埋式涵洞，Spangler[79]对 2 个刚性涵管进行了现场监测，涵顶填料分别为轻质填土和碎石土，涵顶填土高度与涵管的宽度比 H_m/b_c 分别为 6.0 和 4.6，得到的涵顶土压力系数分别为 1.9 和 1.5（涵顶土压力系数定义为涵顶实际土压力与涵顶填土自重引起的压力的比值）。此后，他又对 7 个钢筋混凝土箱形涵洞进行监测，H_m/b_c 在 1.8 ~ 5.5 之间，土压力系数从 1.2 ~ 1.5。Trollope 等[80]对一个马蹄形刚性涵洞的 8 个部位进行监测，得到的土压力系数从 1.5 ~ 3.2。Dasgupta 等[19]、Bennett 等[3]、Kim 等[37]也对上埋式涵洞的土压力进行了测试，得出的土压力系数均大于1.0。顾安全等[1,20]将影响涵顶垂直土压力的各种因素归结到涵顶平面内外土柱体的沉降差这一变量上，基于刚性地基和弹性半空间无限体假设，推得计算上埋式涵洞垂直土压力的计算式。郑俊杰等[22]在顾安全公式的基础上，考虑了涵顶土拱效应对涵洞台背土体应力的影响，对顾安全公式进行了修正。笔者也曾对上埋式刚性涵洞（拱涵及盖板涵）的受力状态等进行了相应的研究，并得出了类似的结论[45~47,56]。

对于沟埋式涵洞，也有诸多学者对此开展了研究工作。Vaslestad 等[57]对沟埋式涵洞进行现场测试，得出涵顶中心处的土压力系数为0.63。杨锡武等[42]基于刚性地基假设，通过模型试验研究了沟埋式涵洞的受力状态随填土高度的变化规律。试验中 H_m/b_c 从1.8增大到13.5，土压力系数从0.91减小到0.39。Kim 等[37]的研究结果表明，沟埋式涵洞顶部的土压力系数小于1.0，并且随着 H_m/b_c 的增大而减小。李永刚等[77]基于刚性地基假设推导了沟埋式涵洞垂直土压力理论计算式，当 H_m/b_c 从1.0增大到10.0，土压力系数从0.96减小到0.33。McAffee 等[81]、McGuigan 等[82]采用离心模型试验和数值模拟对沟埋式箱形涵洞进行研究，得出涵顶中心处的土压力系数为0.28。根据上述研究成果可知，上埋式涵洞涵顶的土压力系数大于1.0，而沟埋式涵洞涵顶的土压力系数小于1.0。

现行的规范中，我国的《公路桥涵设计通用规范》[9]采用线性土压力计算理论来计算涵顶的土压力，即认为涵顶土压力等于填土自重引起的压力，而且没有区分涵洞的埋设方式。我国目前最新的《公路涵洞设计细则》[8]采用与《铁路桥涵设计基本规范》[10]相同的经验系数法计算涵顶的土压力。该方法虽然使用方便，但也没有考虑涵洞的埋设方式，而且土压力系数均大于1.0。加拿大的公路桥涵设计规范[83]中也只给出了上埋式箱形涵洞的土压力计算方法。美国的公路桥涵设计规范[69]中给出了上埋式和沟埋式涵洞的土压力计算方法，涵顶土压力为土压力系数乘以涵顶填土自重压力。对上埋式涵洞，土压力系数大于1.0，而沟埋式小于1.0。

然而，对于梯形沟谷设涵时，涵顶的土压力不同于上埋式和沟埋式涵洞。目前并没有相关的理论可以用来指导该类涵洞的设计。为了明确梯形沟谷设涵时涵—土体系的作用机制和箱涵顶部土压力计算方法，本章将对梯形沟谷埋设的箱形涵洞的受力状态开展研究，以期为实际工程的设计和施工提供理论依据。

5.2 沟谷箱涵受力特性

首先根据现场测试结果分析沟谷设涵时箱形涵洞结构的受力状态，然后利用现场测试结果验证数值模拟结果的正确性。由于现场试验的局限性，箱涵顶部填土内的应力分布状态很难通过试验完全反映出来。因而再利用数值模拟方法对沟谷设涵的实际工程进行数值模拟，分析涵土体系的应力状态及其影响因素，进而得出涵顶填土内部土拱的分布规律和各因素对涵洞受力特性的影响规律。

5.2.1 测点布置及试验结果分析

1. 测点布置

现场测试的涵洞工程为埋设于山区梯形沟谷的一座现浇的钢筋混凝土箱形涵洞。沟谷-涵洞-路基示意图如图5-2（*a*）、图5-2（*b*）所示。现场测试段涵洞配筋图如图5-2（*c*）所示。涵洞宽度为10.0m，高度为8.0m，边墙为变厚度设计，边墙顶部及顶板厚度为1.0m，边墙底部及底板厚度为1.2m。梯形沟谷边坡坡角为45°左右，试验段沟谷底部宽度为20.0m。涵洞周围填土为混合碎石的黏性土，清除地表土层，涵洞建于风化岩层上，涵洞基底设置1.0m厚的水泥、碎石、砂垫层作为找平层。涵顶上部填土分层填筑，每层厚度约0.5m，工期约5天。

选取涵洞在路肩和中部的两个截面为测试断面，如图5-2（*b*）中截面A和B。在涵洞各测试截面的顶部埋设5个振弦式土压力盒，其中1号和5号埋设于涵顶两侧，2号和4号埋设于涵顶平面边墙以内位置处，3号埋设于涵顶中央位置处。为了保证土压力盒测量数据精准，土压力盒基坑填砂整平，埋设后露出土压力盒顶面，然后快速浇灌水泥浆，待水泥浆初凝之后，采用中砂覆盖进行保护（厚度不小于10cm），以防填土中大粒径石块导致土压力集中，然后再进行路基填筑。

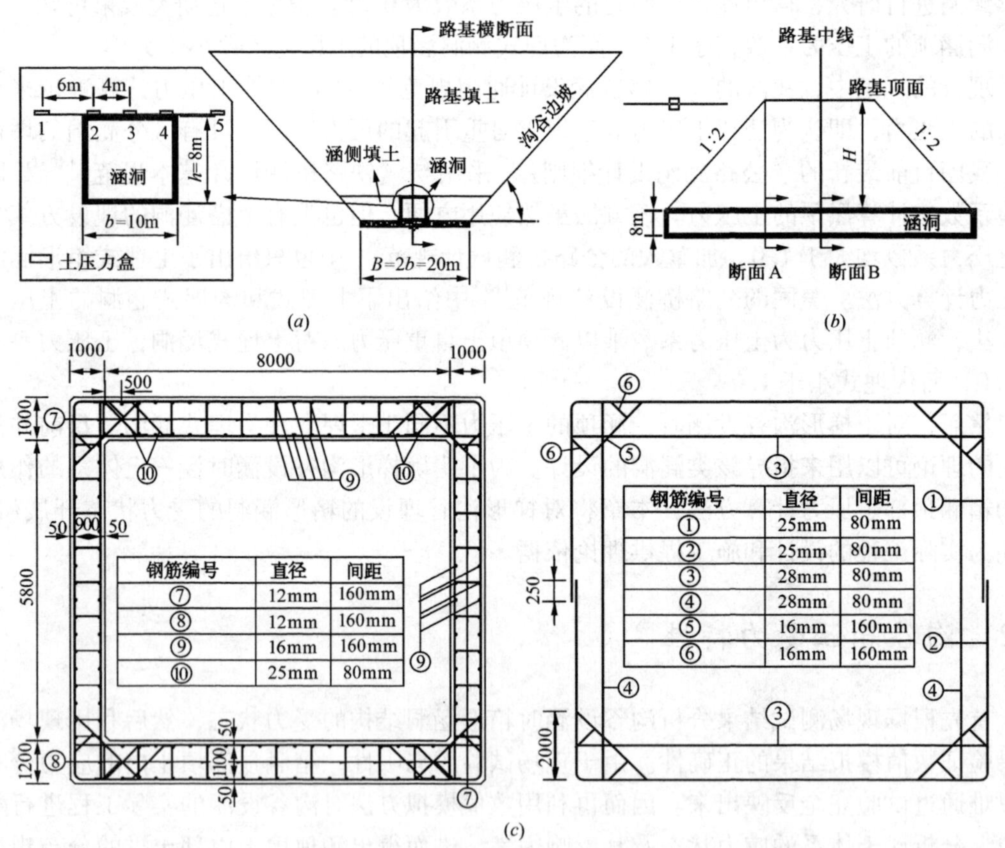

钢筋编号	直径	间距
⑦	12mm	160mm
⑧	12mm	160mm
⑨	16mm	160mm
⑩	25mm	80mm

钢筋编号	直径	间距
①	25mm	80mm
②	25mm	80mm
③	28mm	80mm
④	28mm	80mm
⑤	16mm	160mm
⑥	16mm	160mm

(c)

图5-2　沟谷-涵洞-路基示意图

（*a*）梯形沟谷横断面；（*b*）路基断面图；（*c*）涵洞配筋图

2. 测试结果分析

涵洞在路肩截面A和中部截面B测得的涵顶平面处的土压力如图5-3所示。从图5-3

中可知，涵顶土压力以及涵顶外侧相同标高处的土压力均随着填土高度的增大呈非线性增加。土压力盒2号和4号测量的土压力远大于相同标高处的填土自重压力，土压力盒3号测得的结果接近于填土自重压力。同时埋设于涵顶的三个土压力盒中，3号测得的土压力小于2号和4号测得的土压力，主要原因可能是涵洞侧墙的刚度较大和涵洞顶板的挠曲变形共同作用的结果。涵顶外侧土压力盒（1号和5号）测得的土压力均小于相同标高处填土自重压力。测量结果表明，对于沟谷设涵的涵洞工程，涵顶也可能产生土压力集中现象，尤其是在涵洞顶板的两端部位。

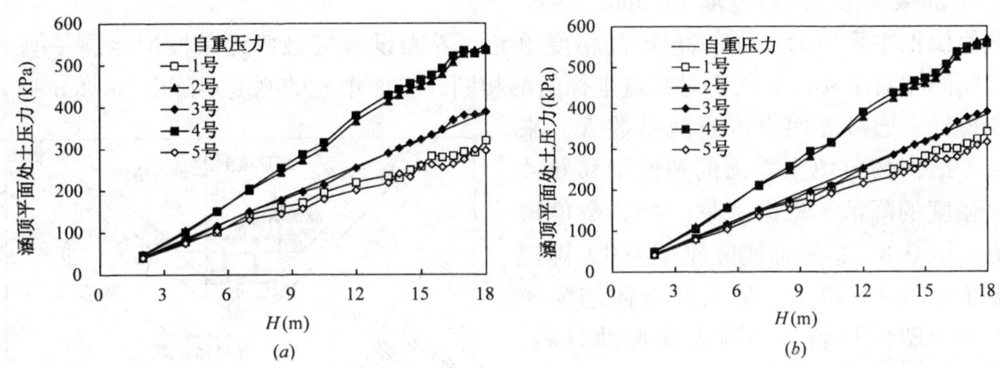

图5-3　涵顶平面垂直土压力随填土高度的变化规律

(*a*) 截面A处土压力随填土高度变化规律；(*b*) 截面B处土压力随填土高度变化规律

在截面A和截面B处，土压力系数（k_{VEPC}）随涵顶填土高度 H 的变化规律如图5-4所示，在涵洞正上方，k_{VEPC}是指试验测得涵顶土压力的平均值（2号、3号和4号的平均值）与相应填土高度下填土自重的比值；相应的，在涵顶两侧，k_{VEPC}是指试验测得涵顶外侧土压力的平均值（1号和5号的平均值）与相应填土高度下填土自重的比值。从图5-4（*a*）可以看出，涵顶土压力系数大于1.0，首先随着填土高度的增加而增大，然后随填土高度增加略有减小。涵顶两侧相同标高处土压力系数小于1.0，其变化规律正好与涵顶土压力系数的规律相反。

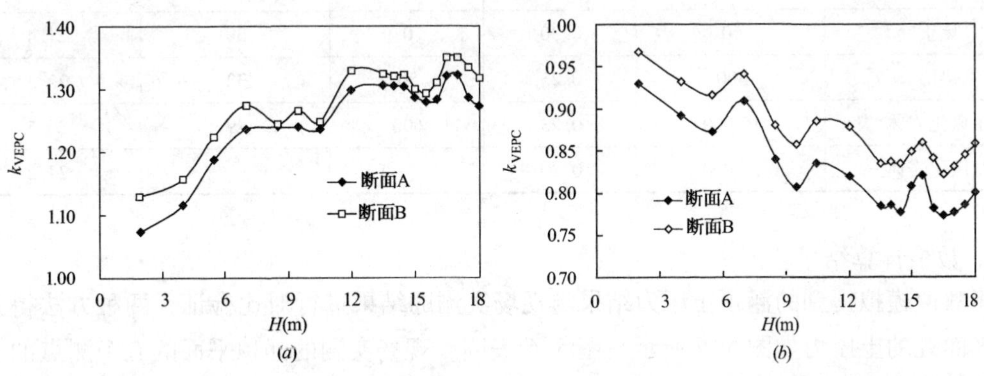

图5-4　土压力系数（k_{VEPC}）随填土高度（H）的变化规律

(*a*) 涵顶土压力系数随填土高度变化规律；(*b*) 涵顶平面处涵侧填土土压力系数随填土高度变化规律

5.2.2 数值建模及计算结果分析

1. 数值建模

通过计算机仿真分析对上述的沟谷箱形涵洞的截面 B 进行模拟，数值模拟为平面应变问题。数值模拟中取沟谷两侧的坡角均为45°，沟谷底部宽度为20.0m。涵顶填土为含碎石黏性土，涵洞基底设置1.0m厚的水泥、碎石、砂垫层作为找平层。强风化层厚度取5.0m，下部微风化岩层厚度取15.0m。

数值模拟中采用15节点三角形高精度单元，界面设置接触单元来模拟涵洞—填土—岩体之间的相对滑移。界面5对节点坐标两两相同，界面单元的刚度矩阵由 Newton - Cotes 积分点得到。通过界面强度折减系数 R_{inter} 来反映由于结构物与填土界面的塑性滑移导致接触面强度的降低。根据文献[74]，数值模拟中 R_{inter} 取0.8，接触面实际厚度为0，虚拟厚度因子取0.1。填土、垫层及岩体均为摩尔—库仑弹塑性材料，涵洞为线弹性材料。模型两侧仅约束水平位移，模型底部同时约束水平和竖向位移。实际工程中，没有地下水的影响，因而计算模型中不考虑排水固结的影响。数值模拟中加载过程为：涵顶平面以下的填土为一次性加载，涵顶平面以上的填土采用分步加载方案，每次加载0.5m。为了拓展研究，能够更好反映涵顶土拱效应和涵洞结构的受力特性，数值模拟中填土高度大于实际填土高度，最大填土高度达到32.0m。数值模型如图5-5所示，数值模拟参数通过现场原位测试和室内试验得到，主要参数如表5-1所列。

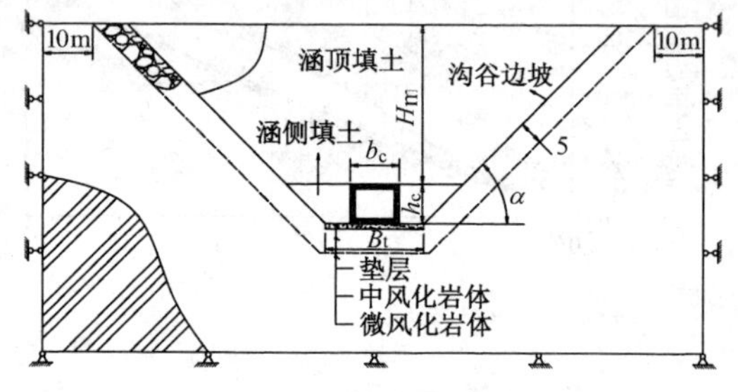

图5-5 数值模型

数值模拟参数表 表5-1

参数	弹性模量（MPa）	泊松比	黏聚力（kPa）	内摩擦角（°）	重度（kN/m³）
涵洞	30 000	0.20	—	—	25.0
填土	60	0.30	0	30	21.4
垫层	300	0.25	50	32	22.5
中风化岩体	15 000	0.23	600	29	26.5
微风化岩体	26 000	0.20	—	—	27.2

2. 数值计算结果验证

将数值模拟得到的涵顶土压力结果与现场实测的结果进行对比验证，两种方法得到的涵顶平面处的土压力如图5-6所示。图5-6表明，现场实测的涵顶平面的五个测点的土压力与数值模拟的结果相差均在10%以内，其变化趋势也完全一致。由此可知数值模拟结果与现场实测结果吻合，因而可以运用该数值方法对涵洞结构的受力状态和影响因素进行拓展分析。

3. 土拱效应分析

箱涵顶部填土内的最大主应力分布规律如图5-7所示（$H_m/B_c=3.2$）。图5-7表明，涵顶填土内部最大主应力的分布规律不同于自重应力的分布规律。最大主应力在涵洞顶板的两端和边坡上产生应力集中现象，涵顶上方填土内部主应力分布类似于拱形。由于涵洞与它两侧填土之间的刚度差异使得涵顶土体的沉降小于两侧填土的沉降，涵洞正上方的土体阻碍其两侧土体的沉降，因而涵顶产生应力集中。此外，由于两侧边坡对涵洞与边坡之间的填土也有支撑和摩擦作用，阻碍其相对向下运动，因而，在涵顶与任意一侧的沟谷边坡之间均形成土拱（土拱1）。另外，由于涵顶填土荷载的作用，使得涵洞顶板产生挠曲变形，顶板中心产生挠曲卸载效应。涵顶正上方的较小范围内会形成另外一个土拱，拱脚正好落在涵洞顶板的两端（土拱2）。随着挠曲变形的增大，顶板中心处的土压力不断向两端转移，导致涵洞顶板两端产生严重的应力集中现象。因此，3个连续的土拱在涵顶平面产生，从而导致箱涵顶部的应力集中。

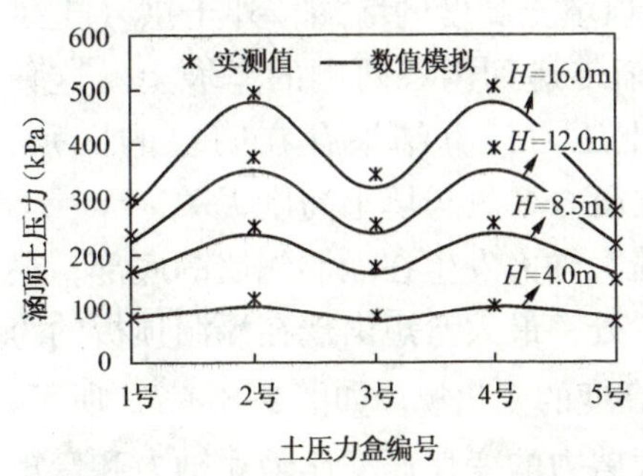

图5-6 数值模拟结果与实测结果对比

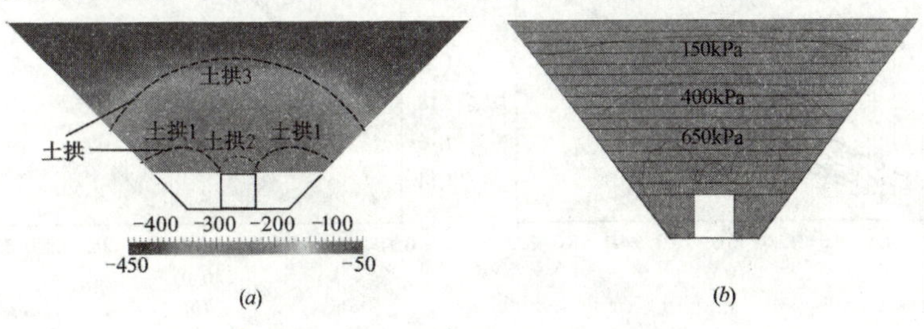

图5-7 涵顶填土内部最大主应力分布规律

（*a*）应力云图；（*b*）应力等值线图

然而，随着填土高度的增大，沟谷胸腔内的填土受到两侧边坡的支撑和摩擦作用会越来越强烈。当填土达到一定高度后（填土的临界高度H_0），一个新的土拱（土拱3）在此前的3个连续土拱（土拱1和土拱2）的上部形成，其拱脚直接落在两侧的沟谷边坡上。因而，当填土高度继续增大时，大部分荷载将会通过上层土拱（土拱3）直接传递到沟谷边坡上，从而减小涵顶的应力集中。

4. 涵洞受力特性分析

梯形沟谷涵洞的受力特性随着填土高度的变化而变化，下面将对涵顶土压力、基底压力、涵洞结构的内力和变形特性分别进行分析。

涵顶和基底平均土压力随填土高度的变化规律如图5-8（*a*）所示。从图5-8（*a*）中可知，涵顶和基底土压力均比现行的《公路桥涵设计通用规范》（JTG D60—2004）计算的结果要大（γH为规范方法计算的涵顶平均土压力，$\gamma H+P_C$为规范方法计算的基底平均土压力，P_C为涵洞自重产生的均布压力）。而且这种差异随着填土高度的增加而逐渐增大。由此可知，现行《公路桥涵设计通用规范》方法在一定程度上低估了涵顶和基底的土压力。

涵顶土压力系数随涵顶填土高度的变化规律如图5-8（*b*）所示。总体上看，涵顶土压力系数大于1.0，这表明涵顶产生了土压力集中现象。此外，涵顶土压力系数随涵顶填土高度的增加呈现先增后减的变化趋势。这说明随着涵顶填土高度的增加，外土拱（土拱3）产生的土拱效应逐渐增强，它将更多的填土荷载逐渐传递到沟谷两侧的岸坡上。这种变化规律与Bennett et al（2005）得出的上埋式涵洞土压力计算结果存在明显的区别，Bennett et al（2005）的研究结果表明上埋式涵洞涵顶土压力系数与填土高度无关。

此外，数值模拟结果还发现，该条件下涵洞结构的最大轴力发生在涵洞侧墙的底部，最大剪力出现在涵洞基础底板的两端靠近侧墙内侧边缘位置处，最大弯矩出现在涵洞顶板的跨中，如图5-8（*c*）所示。涵洞结构最大内力随涵顶填土高度的变化规律如图5-8（*d*）所示。结构内力均随填土高度的增加近似呈线性增大，但是最大剪力的变化速率比最大轴力和弯矩要缓慢。涵洞顶板和底板的最大变形均发生在跨中，顶板产生向下的挠曲变形，底板产生向上的挠曲变形。顶板和底板的挠跨比随涵顶填土高度的变化规律如图5-8（*e*）所示。由图5-8（*e*）可知，顶板和底板挠跨比均随着涵顶填土高度的增加而增大。但是由于地基和填土刚度对顶板和底板的影响存在差异，导致顶板挠跨比的变化速率比底板大。

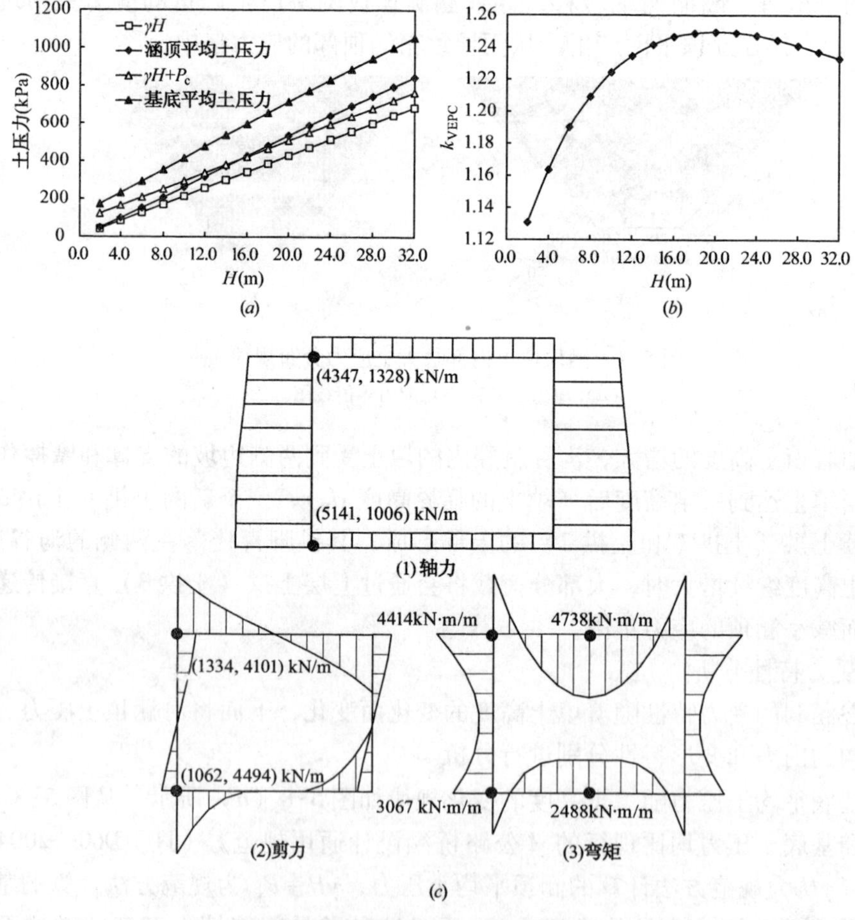

图5-8　涵洞受力性状变化规律（一）

（*a*）涵顶和基底土压力变化规律；（*b*）涵顶土压力系数；

（*c*）涵洞结构内力分布图（$H=32$m）

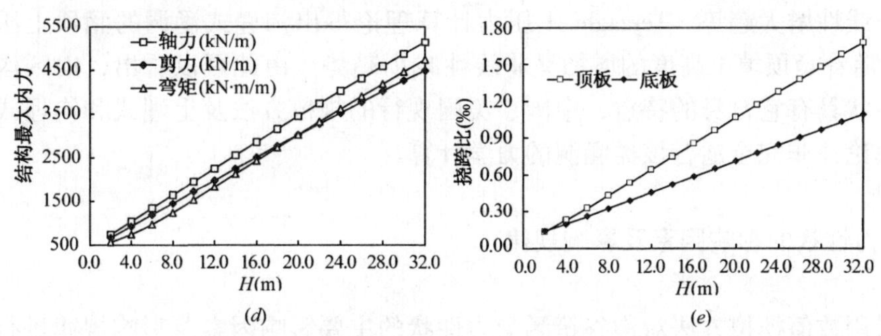

图5-8 涵洞受力性状变化规律（二）

（*d*）结构最大内力随填土高度变化规律；（*e*）挠跨比随填土高度变化规律

为了反映梯形沟谷设涵情况下涵洞结构受力性状与上埋式和沟埋式涵洞的差异，现将沟谷涵洞数值模拟和现场实测的结果与现有的理论计算方法进行对比分析。图5-9中给出了中国现行的《公路桥涵设计通用规范》（JTG D60—2004），美国公路交通部现行的桥涵设计规范（AASHTO—2010），Marston土压力计算理论，Terzaghi土压力计算理论等方法计算得到的涵顶上压力系数与数值模拟和现场实测结果。

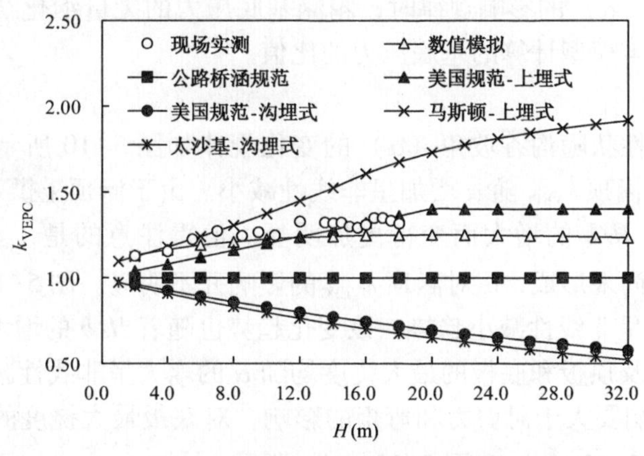

图5-9 不同方法计算结果对比

从图5-9可知，数值模拟结果与现场测试结果比较接近，二者均显示梯形沟谷箱涵涵顶土压力系数首先随涵顶填土高度的增加而增大，然后随着填土增加而逐渐减小。然而，这一变化趋势与规范方法和经典理论方法得到的上埋式和沟埋式涵洞的土压力系数的变化规律存在较大差异。中国现行《公路桥涵设计通用规范》得出的涵顶土压力系数与涵顶填土高度无关，无论是上埋式还是沟埋式涵洞，其涵顶土压力系数均为1.0。美国公路交通部现行的桥涵设计规范（AASHTO—2010）得出上埋式涵洞的涵顶土压力系数大于1.0，且随着填土高度的增加呈线性增大，然后趋于某一常数值，当涵洞两侧填土压实时，涵顶土压力系数不超过1.15，当填土没有压实时，涵顶土压力系数不超过1.40；该规范得出的沟埋式涵洞的涵顶土压力系数小于1.0，且随着涵顶填土高度的增加呈非线性减小趋势。Marston土压力计算理论得出上埋式涵洞的涵顶土压力系数大于1.0，且随着涵顶填土高度的增加呈非线性增大趋势。Terzaghi 土压力计算理论得出沟埋式涵洞的涵顶土压力系数小于1.0，且随着涵顶填土高度的增加呈非线性减小趋势。由此可以看出，山区沟谷箱形涵洞的受力性状具有它自身的特点，中国、美国现行的规范方法及上埋式和沟埋式涵洞的土压力计算理论并非完全适合该类涵洞的力学计算。

5.2.3 受力性状的影响因素及影响规律

本节采用数值模拟方法对沟谷箱涵受力性状的主要影响因素及影响规律进行分析。这些影响因素主要包括沟谷边坡的坡角（α）、沟谷底部宽度（B）、涵洞的结构尺寸（涵洞高度 h 和宽度 b）、涵侧填土的刚度（E_f），以及涵顶填土高度（H）。涵洞受力性状方面主要包括涵顶土压力系数、基底压力、结构最大内力（轴力、剪力和弯矩），以及箱涵顶板和底板最大挠曲变形。在进行受力性状的影响因素研究时，数值模型的边界条件和加载条件以及材料参数和本构模型与上一节数值模拟的条件完全相同。

为了便于直观分析，除涵顶土压力系数（k_{VEPC}）之外的其他变量都被无量纲化，无量纲化的基本模型即现场实际工程的数值模型。也就是说，将变化模型（改变计算参数）的某一变量计算结果与基本模型的同一变量计算结果的比值作为该变量的无量纲化结果。例如，在分析沟谷坡角（α）的影响规律时，箱涵基底压力的无量纲化结果即为任一坡角时计算的基地压力与基本模型计算的基底压力的比值。

1. 沟谷坡角

箱涵结构的受力性状随沟谷坡角（α）的变化规律如图 5-10 所示。图 5-10（*a*）显示，当 H/b 一定时，涵顶 k_{VEPC} 随 α 增加呈非线性减小。由于涵顶土拱效应的作用，α 对涵顶 k_{VEPC} 的影响会随着 H/b 的增大而变得更加明显。值得注意的是，当 H/b 小于 0.8 时，由于涵顶的土拱可能尚未形成，α 对涵顶 k_{VEPC} 的影响并不明显。图 5-10（*b*）显示箱涵基底压力随着 α 的增大呈非线性减小趋势，该变化趋势也随着 H/b 的增大而更加明显。箱涵结构的最大内力，以及顶板和底板的最大挠度均随 α 的增大呈非线性减小趋势。计算结果表明，α 对轴力的影响要大于对剪力和弯矩的影响，对底板最大挠度的影响大于对顶板最大挠度的影响，如图 5-10（*c*）和图 5-10（*d*）所示。

2. 沟谷宽度

箱涵结构的受力性状随沟谷宽度（B）的变化规律如图 5-11 所示。图 5-11（*a*）显示，当 H/b 一定时，涵顶 k_{VEPC} 随 B/b 增加呈非线性增大，涵顶 k_{VEPC} 的增幅逐渐减小。B/b 对涵顶 k_{VEPC} 的影响会随着 H/b 的增加而更加明显。当 B/b 增大时，涵洞的埋设形式趋于上埋式涵洞；相反的，当 B/b 减小时，涵洞的埋设形式趋于沟埋式涵洞。B/b 对箱涵基底压力的影响规律如图 5-11（*b*）所示。H/b 一定时，箱涵基底压力随 B/b 增加而增大，并逐渐趋于稳定。涵顶填土高度越大，B/b 对箱涵基底压力的影响越明显。相应的，箱涵结构的最大内力也随着 B/b 的增加而增大，且逐渐趋于稳定，如图 5-11（*c*）所示。当 B/b 从 1.0 增大到 5.0，箱涵最大轴力、最大剪力和最大弯矩分别增加了 21%、18% 和 15%。图 5-11（*d*）显示，涵顶填土高度一定时，箱涵顶板和底板最大挠度随 B/b 的增加而逐渐增大到某一稳定值，且 B/b 对底板的影响大于对顶板的影响。

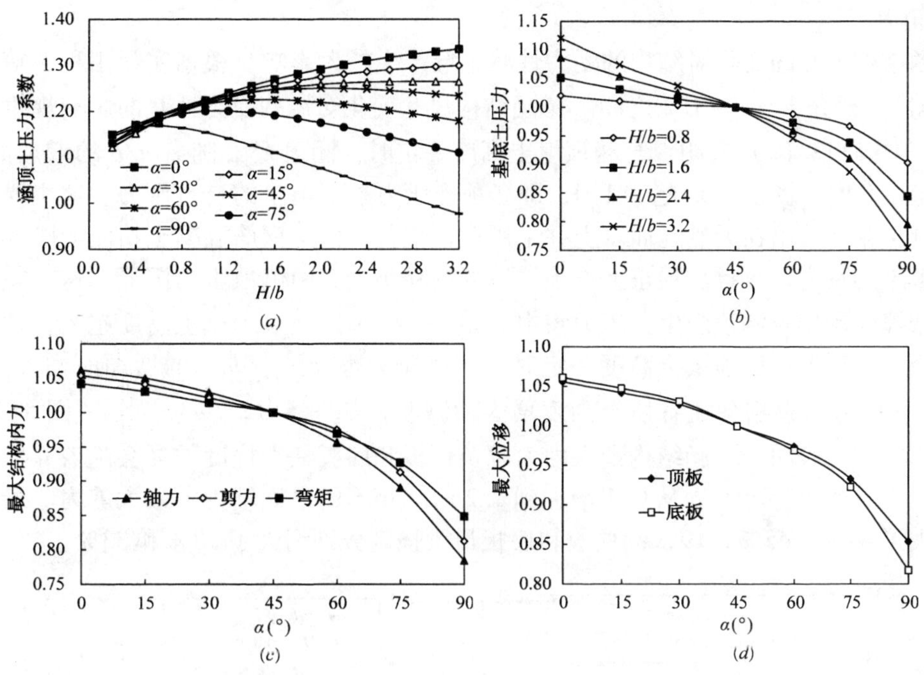

图 5-10 沟谷坡角对涵洞工作性状的影响规律

（*a*）涵顶土压力系数变化规律；（*b*）基底土压力变化规律；（*c*）最大结构内力变化规律（$H/b=3.0$）；（*d*）涵洞顶板和底板最大位移（$H/b=3.0$）

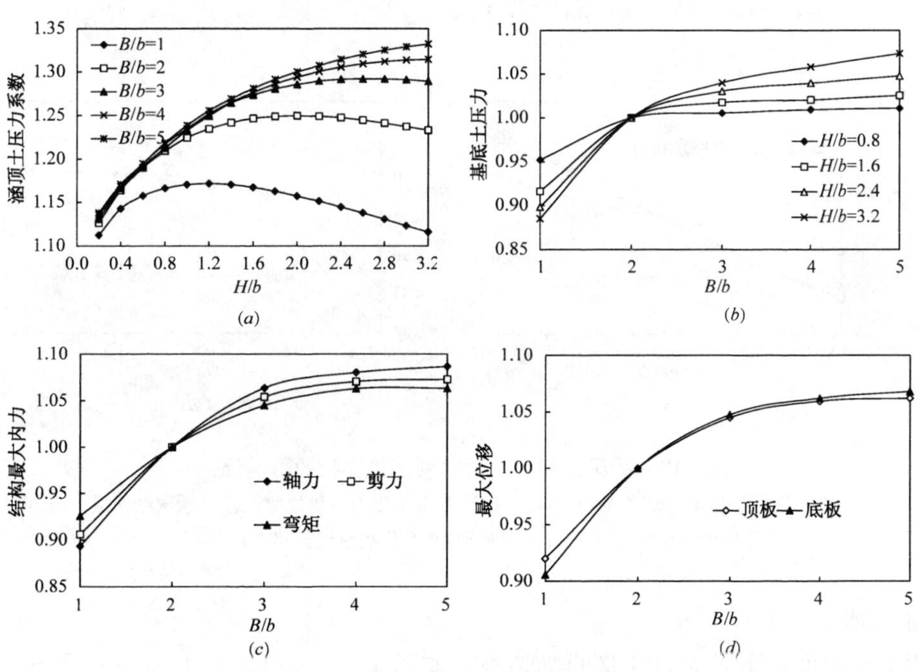

图 5-11 沟谷宽度对涵洞工作性状的影响规律

（*a*）涵顶土压力系数变化规律（$\alpha=45°$）；（*b*）基底土压力变化规律；（*c*）涵洞结构最大内力变化规律（$H/b=3.0$）；（*d*）涵洞顶板和底板最大位移（$H/b=3.0$）

3. 箱涵尺寸

箱涵结构尺寸的变化对结构的受力性状也会产生较大影响。根据实际工程，箱涵高宽比（h/b）一般介于0.4～1.2之间。箱涵结构尺寸变化对结构受力性状的影响规律如图5-12所示。图5-12（a）表明，当涵顶填土高度一定时，涵顶k_{VEPC}随着h/b的增加而增大，当h/b趋于0时，涵顶k_{VEPC}趋于1.0，即涵顶土压力趋于填土的自重压力。这主要是因为钢筋混凝土箱涵凸出在天然地面以上并采用填土覆盖，由于钢筋混凝土箱涵的刚度远大于其两侧填土的刚度，导致涵顶正上方土柱体的沉降小于其两侧填土的沉降，这种差异沉降引起的摩擦作用使得涵顶产生土压力集中。图5-12（a）还显示填土高度越大，这种影响效果越明显。同理，涵顶填土高度一定时，基底压力也会随着h/b的增加而增大，但是，h/b对基底压力的影响会随着填土高度增大而减小，如图5-12（b）所示。图5-12（c）和图5-12（d）表明，箱涵结构最大内力以及顶板和底板最大挠度同样会随着h/b的增加而增大。当$H/b=3.0$，h/b从0.4增加到1.2时，箱涵的最大轴力、最大剪力、最大弯矩分别增大了44%、45%、19%；顶板和底板最大挠度分别增大了18%和33%。

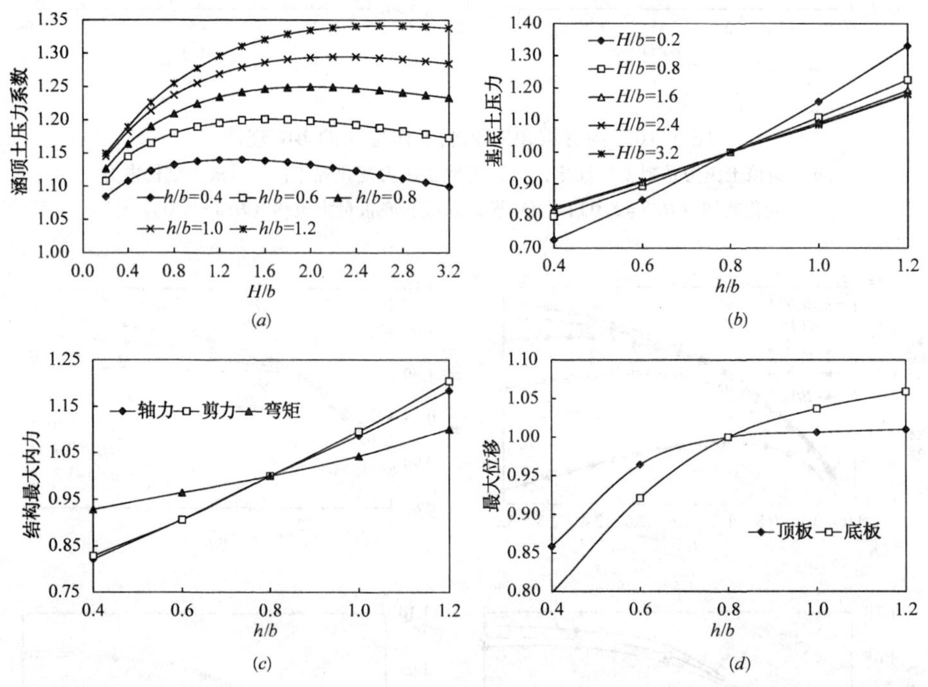

图5-12　涵洞几何尺寸对涵洞工作性状的影响规律

（a）涵顶土压力系数变化规律（$a=45°$）；（b）基底土压力变化规律；（c）涵洞结构最大内力变化规律（$H/b=3.0$）；（d）涵洞顶板和底板最大位移（$H/b=3.0$）

4. 涵侧填土刚度

涵侧填土刚度对箱涵受力性状的影响规律如图5-13所示。由于钢筋混凝土箱涵与其两侧填土之间的刚度差异使得涵洞的压缩量小于两侧填土的压缩量，因而涵顶产生土压力集中。涵土刚度差异越大，涵顶土压力集中现象越严重。从图5-13（a）可知，涵顶k_{VEPC}随着E_c/E_f的增加呈非线性增大（E_c和E_f分别为涵洞和涵洞两侧填土的弹性模量）。当E_f

趋于 E_c 时，对于上埋式或沟埋式涵洞，涵顶 k_{VEPC} 趋于 1.0。从本节数值模拟结果来看，当 $H/b \leqslant 3.2$ 时，E_c/E_f 对涵顶 k_{VEPC} 的影响随着涵顶填土高度的增加而更加明显。但是，涵顶填土高度本身对涵顶 k_{VEPC} 的影响逐渐减弱。E_c/E_f 对箱涵基底压力的影响规律如图 5-13（b）所示。箱涵基底压力随着 E_c/E_f 的增加呈非线性增大，并逐渐趋于稳定。E_c/E_f 对箱涵基底压力的影响随着涵顶填土高度的增加而逐渐减弱。箱涵结构最大内力以及箱涵顶板和底板最大挠度均随着 E_c/E_f 的增加呈非线性增大，增幅逐渐减小，如图 5-13（a）和图 5-13（b）所示。当 E_c/E_f 从 60 增大到 1000 时，箱涵最大轴力、最大剪力和最大弯矩分别增加了 58%、47%、25%。E_c/E_f 对轴力的影响大于对弯矩和剪力的影响，对底板挠度的影响大于对顶板挠度的影响。

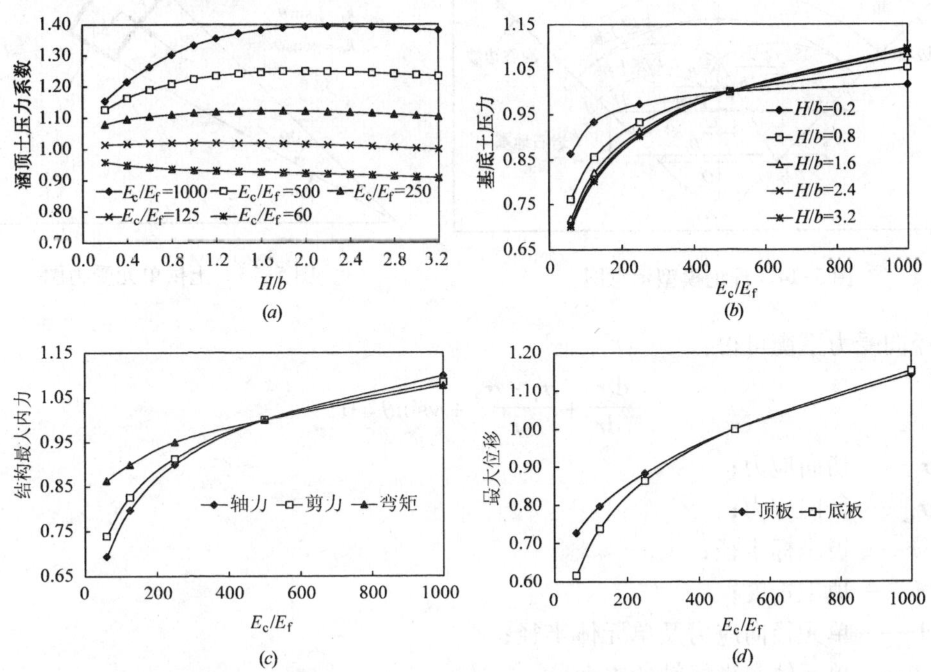

图 5-13 涵侧填土刚度对涵洞工作性状的影响规律

（a）涵顶土压力系数变化规律（$a=45°$）；（b）基底土压力变化规律；（c）涵洞结构最大内力变化规律（$H/b=3.0$）；（d）涵洞顶板和底板最大位移（$H/b=3.0$）

5.3 涵顶土压力计算方法

在数值模拟结果的基础上建立理论模型，推导梯形沟谷设涵时涵顶竖向土压力的计算式。将理论结果和数值模拟结果与现场实测数据进行对比，来验证理论方法的正确性。

5.3.1 理论模型建立

根据数值模拟得出的填土内部的土拱分布规律建立二维土拱理论模型，如图 5-14 所示。该模型满足如下假设：

（1）涵顶正上方的中间土拱区域为被动土压力核心区域，假设其为一个弹性的等腰三角形土体（$\Delta BCB'$），其两侧土拱的拱脚刚好落在该等腰三角形的两腰上；

（2）满足被动土压力极限平衡状态，即拱脚处于塑性状态，三角形底角为 $45° + \varphi/2$；

（3）箱涵顶部填土内的土拱形态为圆弧形；

（4）切向应力为最大主应力，径向应力为最小主应力。

取任意的土拱单元体为对象进行受力分析，如图 5-15 所示。

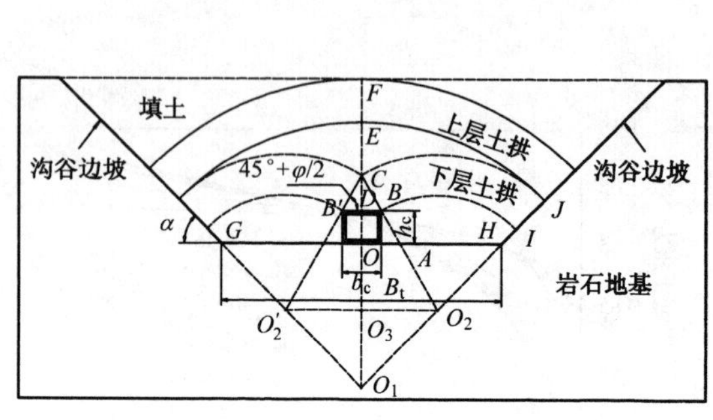

图 5-14　理论模型示意图

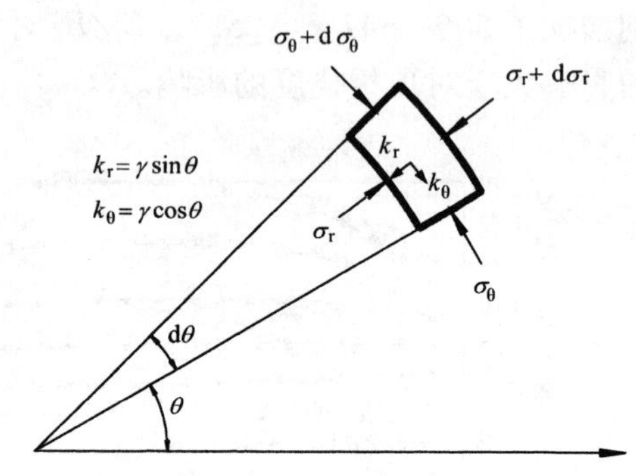

图 5-15　土拱单元受力图

由径向受力平衡可得：

$$\frac{d\sigma_r}{dr} + \frac{\sigma_r - \sigma_\theta}{r} + \gamma\sin\theta = 0 \tag{5-1}$$

式中　σ_θ——切向应力；

σ_r——径向应力；

r——极坐标半径；

γ——填土重度；

$d\sigma_r$、dr——单元径向应力及单元体半径；

θ——单元体与坐标轴的夹角。

切向应力 σ_θ 与径向应力 σ_r 之间满足：

$$\sigma_\theta = k_p\sigma_r \tag{5-2}$$

式中　k_p——侧压力系数；

$$k_p = \frac{1+\sin\varphi}{1-\sin\varphi}, \theta \in [\alpha, 180° - \alpha];$$

φ——填土内摩擦角；

α——沟谷坡脚。

求解方程(5-1) 可得：

$$\sigma_r = c_0 \cdot r^{(k_p - 1)} + \frac{r \cdot \gamma\sin\theta}{k_p - 2} \tag{5-3}$$

式中　c_0——积分常数。

对土拱 3，$\theta \in [\alpha, 180° - \alpha]$；对于土拱 1，$\theta \in [\alpha, 180° - 45° - \varphi/2]$，$\alpha$ 为沟谷边坡坡角，实际工程中天然沟谷边坡坡角一般为 5°～75°。

5.3.2 涵顶土压力计算

由前述图5-14分析可知，当填土高度低于E点时，不能形成上层拱圈，此时涵顶土压力按照上埋式涵洞的土压力计算理论进行计算。当填土高度高于E点时（即大于填土的临界高度H_0时），按照本文的梯形沟谷设涵的土压力计算理论进行分析。

由几何条件可得：

$$\overline{OO_3}=x=\frac{(B_t-b_c)/2\cdot\tan(45°+\varphi/2)\cdot\tan\alpha-h_c\tan\alpha}{\tan(45°+\varphi/2)+\tan\alpha} \tag{5-4}$$

式中 B_t——沟谷底宽；

b_c、h_c——涵洞宽度及高度。

$$\overline{O_2O_3}=y=\frac{B_t/2\cdot\tan\alpha-x}{\tan\alpha} \tag{5-5}$$

$$r_B=\overline{O_2B}=\frac{x+h_c}{\sin(45°+\varphi/2)} \tag{5-6}$$

$$r_C=\overline{O_2C}=\frac{y}{\cos(45°+\varphi/2)} \tag{5-7}$$

$$r_E=\overline{O_1E}=\overline{O_1J}=\overline{O_1O_2}+\overline{O_2C}=\frac{y}{\cos\alpha}+\frac{y}{\cos(45°+\varphi/2)} \tag{5-8}$$

$$\overline{EC}=\left[\frac{y}{\cos\alpha}+\frac{y}{\cos(45°+\varphi/2)}\right]-\left[\frac{B_t}{2}\tan\alpha+h_c+\frac{b_c}{2}\tan(45°+\varphi/2)\right] \tag{5-9}$$

填土的临界高度H_0可由下式确定：

$$H_0=\overline{O_1E}-\overline{O_1O}-h_c=\frac{y}{\cos\alpha}+\frac{y}{\cos(45°+\varphi/2)}-\frac{B_t}{2}\tan\alpha-h_c \tag{5-10}$$

针对上层拱圈的受力状态，在拱圈最高点处的土压力为0，即：

$$\sigma_r(H_m)=0 \tag{5-11}$$

式中 H_m——填土的最大高度。

最高点处$r_F=B_t/2\cdot\tan\alpha+h_c+H_m$，$\theta=90°$，带入式（5-11）得到积分常数：

$$c=c_1=\gamma/(2-k_p)\cdot(B_t/2\cdot\tan\alpha+h_c+H_m)^{(2-k_p)} \tag{5-12}$$

式中 c——积分常数。

由式（5-3）和式（5-12）得到上层拱圈中任意一点的径向应力的解为：

$$\sigma_{r-outer}=\frac{\gamma}{2-k_p}\cdot[(B_t/2\cdot\tan\alpha+h_c+H_m)^{(2-k_p)}\cdot r^{(k_p-1)}-r\cdot\sin\theta] \tag{5-13}$$

式中 $\sigma_{r-outer}$——上层拱圈中任意一点的径向应力；

γ——填土重度；

c_1——积分常数；

B_t——沟谷底宽；

h_c——涵洞高度；

H_m——最大填土高度。

联立式（5-4）、式（5-5）、式（5-8）、式（5-12）和式（5-13）可得E点的径向

应力为：

$$\sigma_{rE}=\frac{\gamma}{2-k_p}\cdot\left(\frac{B_t}{2}\cdot\tan\alpha+h_c+H_m\right)^{(2-k_p)}\cdot$$

$$\left[\frac{1}{2}\cdot\left(B_t-\frac{(B_t-b_c)\cdot\tan(45^\circ+\varphi/2)-2h_c}{\tan(45^\circ+\varphi/2)+\tan\alpha}\right)\cdot\left(\frac{1}{\cos(45^\circ+\varphi/2)}+\frac{1}{\cos\alpha}\right)\right]^{(k_p-1)}$$

$$+\frac{\gamma}{k_p-2}\cdot\left[\frac{1}{2}\cdot\left(B_t-\frac{(B_t-b_c)\cdot\tan(45^\circ+\varphi/2)-2h_c}{\tan(45^\circ+\varphi/2)+\tan\alpha}\right)\cdot\left(\frac{1}{\cos(45^\circ+\varphi/2)}+\frac{1}{\cos\alpha}\right)\right] \tag{5-14}$$

式中　σ_{rE}——E 点的径向应力。

由 E 点计算 C 点的径向应力为：

$$\sigma_{rC}=(\sigma_{rE}+\gamma\cdot\overline{EC})\cdot\cos(45^\circ-\varphi/2) \tag{5-15}$$

式中　σ_{rC}——C 点的径向应力。

同时 C 点又在下层拱圈 O_2 上，由下层拱圈径向平衡方程可得 C 点的径向应力为：

$$\sigma_{rC}=c_2\cdot r_C^{(k_p-1)}+\frac{r_C\cdot\gamma\sin(180^\circ-45^\circ-\varphi/2)}{k_p-2} \tag{5-16}$$

联立式（5-15）、式（5-16）和式（5-4）、式（5-5）、式（5-7）、式（5-9）可得积分常数：

$$c_2=(\sigma_{rE}+\gamma\cdot\overline{EC})\cdot\sin(45^\circ+\varphi/2)\cdot r_C^{(1-k_p)}-\frac{\gamma\cdot\sin(45^\circ+\varphi/2)}{k_p-2}\cdot r_C^{(2-k_p)} \tag{5-17}$$

由式（5-3）和式（5-17）可得到下层拱圈中任意一点的径向应力为：

$$\sigma_{r-inner}=\left[(\sigma_{rE}+\gamma\cdot\overline{EC})\cdot\sin(45^\circ+\varphi/2)\cdot r_C^{(1-k_p)}-\frac{\gamma\cdot\sin(45^\circ+\varphi/2)}{k_p-2}\cdot r_C^{(2-k_p)}\right]\cdot r^{(k_p-1)}+\frac{\gamma\sin\theta}{k_p-2}\cdot r \tag{5-18}$$

式中　$\sigma_{r-inner}$——下层拱圈中任意一点的径向应力。

根据下层拱圈径向应力平衡，由式（5-18）和式（5-4）、式（5-6）可得 B 点径向应力 σ_{rB} 为：

$$\sigma_{rB}=\sigma_{rB'}=\left[(\sigma_{rE}+\gamma\cdot\overline{EC})\cdot\sin(45^\circ+\varphi/2)\cdot r_C^{(1-k_p)}-\frac{\gamma\cdot\sin(45^\circ+\varphi/2)}{k_p-2}\cdot r_C^{(2-k_p)}\right]\cdot r_B^{(k_p-1)}+\frac{r_B\cdot\gamma\sin(180^\circ-45^\circ-\varphi/2)}{k_p-2} \tag{5-19}$$

式中　σ_{rB}——B 点的径向应力。

对箱涵顶部被动土压力区的三角形进行受力分析，三角形的两腰$\overline{BC}$和$\overline{B'C}$上分别受到下层土拱拱脚的环向垂直压应力和径向摩擦力。其中环向应力如图 5-16 所示。

$$\sigma_{\theta C}=k_p\cdot\sigma_{rC} \tag{5-20}$$

式中　$\sigma_{\theta C}$——C 点的环向垂直压应力；

σ_{rC}——C 点的径向应力；

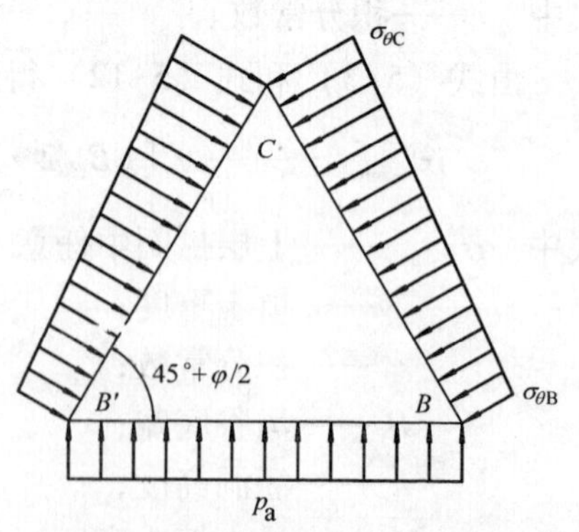

图 5-16　涵顶被动土压力区受力图

k_p——侧压力系数。

$$\sigma_{\theta B}=k_p\cdot\sigma_{rB} \tag{5-21}$$

式中 $\sigma_{\theta B}$——B 点的环向垂直压应力；

σ_{rB}——B 点的径向应力。

C 点的摩擦力为：

$$\sigma_{fc}=R_{inter}\cdot\sigma_{\theta C}\cdot\tan\varphi-\sigma_{rC} \tag{5-22}$$

式中 σ_{fc}——C 点的摩擦力；

R_{inter}——界面强度折减系数；

φ——填土内摩擦角。

B 点的摩擦力为：

$$\sigma_{fB}=R_{inter}\cdot\sigma_{\theta B}\cdot\tan\varphi-\sigma_{rB} \tag{5-23}$$

式中 σ_{fB} 为 B 点的摩擦力。

极限平衡状态下，界面强度折减系数 R_{inter} 可根据填土性质取 0.5 ~ 1.0[28]。由三角形区域土体受力平衡可得箱涵顶部的平均土压力 p_a 为：

$$p_a=[(\sigma_{\theta C}+\sigma_{\theta B})\cdot\cos(45°+\varphi/2)+(\sigma_{fC}+\sigma_{fB})\cdot\sin(45°+\varphi/2)]/[2\cdot\cos(45°+\varphi/2)] \tag{5-24}$$

式中 p_a——箱顶的平均土压力。

箱涵顶部的垂直土压力系数 k 为：

$$k=p_a/(\gamma H) \tag{5-25}$$

式中 k——涵顶垂直土压力系数；

p_a——箱顶的平均土压力；

γ——填土重度；

H——填土高度。

5.3.3 理论结果的验证

将理论方法计算得到的涵顶土压力系数与现场实测得到的土压力系数和数值模拟的结果进行对比以验证理论方法的正确性。实际工程中，涵洞尺寸及梯形沟谷几何参数与前述的数值模拟中的参数相同。由于实际工程的需要，现场最大填土高度为20m。数值模拟、现场实测及理论方法得到的土压力系数见表5-2。

涵顶土压力对比 表5-2

数值模拟		现场实测		理论计算	
p（kPa）	k	p（kPa）	k	p（kPa）	k
556	1.30	573	1.34	616	1.44

数值模拟结果比实测结果偏小3%，理论结果比实测结果偏大7%。为进一步验证在较大的填土高度下该理论方法的正确性，将理论计算得到的土压力系数与数值模拟的结果

进行对比分析，如图 5-17 所示。理论方法得到的土压力系数与数值模拟的结果一致，均随 H_m/b_c 的增大呈非线性减小，且二者之间的差异也逐渐减小，最大偏差小于10%。由此说明，该理论方法可用于指导该类涵洞的设计。

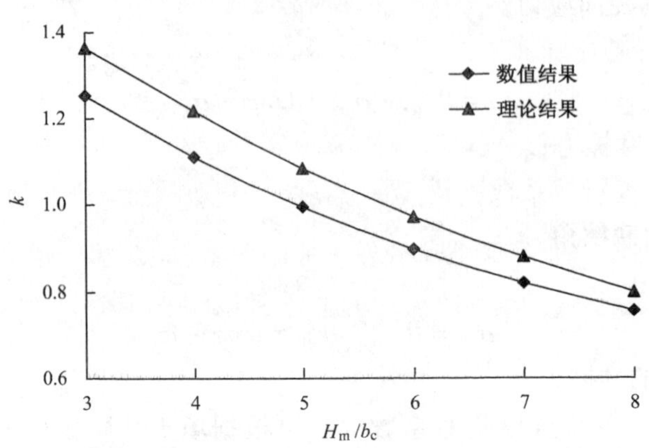

图 5-17　土压力系数理论值与数值模拟结果对比

5.4　本章小结

梯形沟谷设涵在山区公路和铁路建设中的应用非常广泛。然而，目前的规范中尚无梯形沟谷设涵的设计方法。现有的研究工作主要针对上埋式和沟埋式涵洞，对天然梯形沟谷埋设涵洞时的涵洞受力性状的研究甚少。本章通过现场测试、数值模拟得出梯形沟谷设涵时，钢筋混凝土箱涵的受力性状及涵顶填土内的应力状态和土拱的分布规律。对箱涵结构受力性状的影响因素及影响规律进行了分析，并在此基础上建立理论模型，推导涵洞土压力理论计算式，验证理论方法的正确性。

研究结果发现，梯形沟谷埋设箱涵时，箱涵结构的受力性状不同于上埋式和沟埋式涵洞。当涵顶填土高度到达临界高度时，填土内部会形成上、下两层土拱。下层土拱效应使箱涵顶部产生土压力集中现象，上层土拱效应会减小箱涵顶部的土压力集中。涵顶土压力的大小取决于涵顶的填土高度、沟谷坡角、沟谷宽度、涵洞的几何尺寸及填土的性质。

当填土较低时，由于涵顶产生土压力集中，涵顶土压力系数一般大于 1.0，且随着填土高度的增加而增大。但是，当填土达到一定高度后，外层土拱逐渐形成，外层土拱将荷载逐渐传递到沟谷边坡上，涵顶土压力系数将会随着填土高度的增加而逐渐减小，而且涵顶土压力系数可能小于 1.0。对于沟谷设涵，涵顶土压力系数随着涵顶填土高度增加呈现先增后减的变化规律。而对于上埋式（或沟埋式）涵洞，涵洞土压力系数通常大于（或小于）1.0，且一般随着填土高度的增大而逐渐增大（减小），并趋于稳定。因而现行规范中针对上埋式或沟埋式涵洞的土压力计算方法并不完全适合山区沟谷涵洞。

第 6 章　高填方刚性涵洞减载机理及土压力计算方法

由于涵洞与其两侧填土之间的刚度差异会引起涵顶土压力集中，由此造成的涵洞结构病害非常普遍[7,18]。工程中采用在涵顶铺设柔性材料的方法来减小涵顶土压力[64]。

然而，采用减载措施后涵洞的受力性状变得更为复杂。Vaslestad et al 结合实际工程对圆形管线和矩形涵洞周围的土压力进行了连续观测，得出了土压力的分布规律，验证了涵管顶部铺设柔性填料的减载效果[57]。Dancygier et al 通过在涵顶设置柔性垫层来减小涵洞受到的土压力，采用数值模拟研究了柔性垫层对土压力的影响[58]。Sun et al 分析了轻质土工塑料泡沫在高填方涵洞中的减载效果，结合数值模拟分析了土工塑料泡沫的铺设位置对涵洞结构内力的影响[61,62]。Kang et al 利用平面有限元方法分析了用于减载的柔性填料的几何尺寸等因素对深埋刚性管道的受力状态和变形特性的影响[65]。王晓谋、顾安全等采用理论分析和实验手段研究了高填方涵洞采用 EPS 板减载的效果，并建立了简明的 EPS 板减荷设计方法[63,64]。马强等通过数值模拟研究了中松侧实、柔性填料、先填后挖法等减载措施对涵顶土压力集中的影响[84]。

上述研究工作推动了减载条件下高填方涵洞垂直土压力计算理论的发展。但其计算模型中没有考虑由于减载措施而引起的涵侧竖向土压力的变化，导致涵顶平面内、外填土体沉降差的计算值与实际情况存在差异，从而使涵顶土压力计算结果存在偏差。

6.1　刚性涵洞减载机理分析

刚性涵洞减载机理如图 6-1 所示。图中 K_S 为涵顶柔性减载填料的刚度，其他参数含义与第 2 章图 2-1 相同。非减载条件下刚性涵洞-土体-地基及基础的共同工作机理已经在第 2 章 2.1 节进行了详细的描述，在此不再赘述。

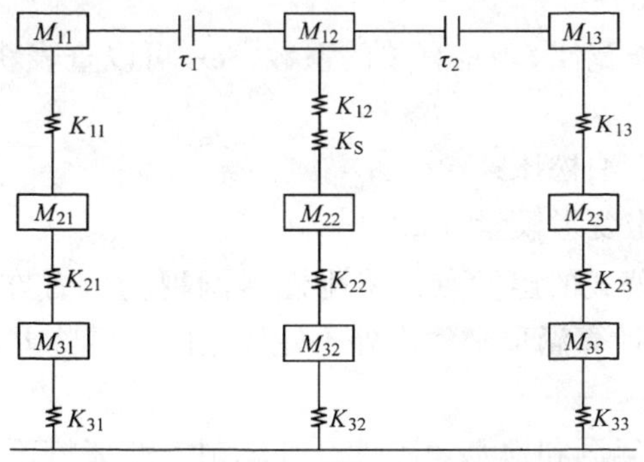

图 6-1　刚性涵洞减载机制示意图

采取减载措施后，即在涵顶铺设柔性减载填料，由于柔性填料的刚度 K_S 远小于涵侧

上方填土的刚度 K_{11}、K_{13}，在上部填土荷载作用下，从而使得涵顶内土柱的沉降量大于外土柱的沉降量。涵顶内外土柱的沉降差导致内外土柱剪切力 τ_1 和 τ_2 反向，使得涵顶内土柱土体荷载转移到外土柱上，从而达到减小涵顶垂直土压力的目的。采取减载措施后，涵顶受到的垂直土压力为：

$$p' = M_{12}g - \tau_1 - \tau_2 \tag{6-1}$$

由此可以看出，采取减载措施后，涵顶受到的土压力小于其上覆土体自重。

6.2 减载条件下刚性涵洞土压力计算方法

6.2.1 垂直土压力计算模型理论分析

目前减载条件下高填方刚性涵洞涵顶土压力计算主要采用的是顾安全、王晓谋教授提出的计算模型[1,63]。假定涵顶填土为半无限均质线弹性体，涵洞及地基为刚性。采用减载措施后，涵顶受到的垂直土压力由三部分组成：（1）涵顶填土自重压力 γH；（2）刚性涵洞凸出地面引起的附加土压力为 $\Delta\sigma_{v1}$；（3）涵顶上部柔性填料卸除的涵顶土压力为 $-\Delta\sigma_{v2}$。则涵顶垂直土压力 σ_v 为：

$$\sigma_v = \gamma H + \Delta\sigma_{v1} - \Delta\sigma_{v2} \tag{6-2}$$

式中 γ——填土重度（kN/m^3）；

H——涵顶填土高度（m）。

并将影响 $\Delta\sigma_{v1}$ 和 $\Delta\sigma_{v2}$ 的因素归结为涵顶平面内外土柱体的沉降差 δ_1 和 δ_2，δ_1 为涵洞—土体之间的刚度差异引起的沉降差，使得刚性涵洞顶部产生土压力集中；δ_2 为柔性填料与填土之间的刚度差异引起的沉降差，使得涵顶产生土压力扩散。

假定刚性涵洞为倒置在弹性地基上的刚性基础，根据弹性力学中刚性条形基础沉降计算方法推得[1]：

$$\delta_1 = \frac{\Delta\sigma_{v1}\omega_c D(1-\mu^2)}{E} \tag{6-3}$$

式中 D——涵洞宽度（m）；

ω_c——与刚性涵洞长宽比 L/D_1 有关的系数，ω_c 可以查表获得[63]，D_1 为截面换算宽度（m）；

μ——涵顶以上填土泊松比；

E——涵顶以上填土变形模量（kPa）。

式（6-3）为顾安全公式的出发点，将刚性涵洞视为倒置在弹性地基上的刚性基础，利用地基沉降计算方法来计算涵顶平面内外土柱体之间的沉降差，并以此来确定涵顶的附加压力。

此外，该模型中假设涵洞和地基为刚性，则涵洞柔性填料顶面同高度涵洞两侧填土的压缩变形由其自重压力及其上方填土的压力引起，δ_1 还可按式（6-4）计算：

$$\delta_1 = \frac{1}{E_h}\gamma\left(H + \frac{h+h_p}{2}\right)(h+h_p) \tag{6-4}$$

式中　h——涵洞凸出地面高度（m）；

h_p——涵顶柔性填料的厚度（m）；

E_h——与涵洞柔性填料顶面同高度涵洞两侧填土的变形模量（kPa）。

由式（6-3）和式（6-4）联立可得，即：

$$\Delta\sigma_{v1}=\frac{\gamma\left(H+\frac{h+h_p}{2}\right)(h+h_p)E}{\omega_c D(1-\mu^2)E_h} \tag{6-5}$$

根据文献[1]中的理论模型，同样可以得出 $\Delta\sigma_{v2}$ 与 δ_2 的关系与式（6-3）类似，即：

$$\delta_2=\frac{\Delta\sigma_{v2}\omega_c D(1-\mu^2)}{E} \tag{6-6}$$

事实上，δ_2 为涵顶柔性填料在涵顶压力 σ_v 作用下产生的压缩变形，故 δ_2 可由下式求得，即：

$$\delta_2=\frac{\sigma_v h_p}{E_p} \tag{6-7}$$

式中　E_p——柔性填料的变形模量（kPa）。

由式（6-6）和式（6-7）联立可得 $\Delta\sigma_{v2}$，即：

$$\Delta\sigma_{v2}=\frac{\sigma_v h_p E}{\omega_c D(1-\mu^2)E_p} \tag{6-8}$$

叠加式（6-2）、式（6-5）与式（6-8）即可得出减载条件下涵顶垂直土压力为：

$$\sigma_v=\frac{\omega_c D(1-\mu^2)E_h E_p+\left(1+\frac{h+h_p}{2H}\right)(h+h_p)EE_p}{\omega_c D(1-\mu^2)E_h E_p+h_p EE_h}\gamma H \tag{6-9}$$

由于涵顶正上方的填土（即内土柱体）与其周围填土（即外土柱体）之间的摩擦剪切作用使得内土柱体荷载向外土柱体转移，从而降低了涵顶正上方的土压力，却导致涵顶平面处涵洞两侧填土受到的土压力增大，即附加土压力。而上述理论分析中没有考虑附加土压力的影响，即在计算涵顶平面的沉降差时忽视了附加压力引起涵侧填土的压缩变形。因而上述式（6-5）和式（6-8）分别计算得出的 $\Delta\sigma_{V1}$ 和 $\Delta\sigma_{V2}$ 与实际情况存在差异，下文中将考虑上述因素的影响，对该计算模型进行完善。

6.2.2　改进的垂直土压力计算方法

基于顾安全提出的计算模型的同样假定条件来建立改进的模型，计算模型如图6-2所示。所不同的是将“涵顶填土（内、外土柱体）-涵顶柔性填料-刚性涵洞”看做一个整体系统，涵顶平面的差异沉降是由涵顶土压力与同一平面处涵顶两侧填土的压力之差引起的。σ_p 为柔性填料顶面的垂直土压力，

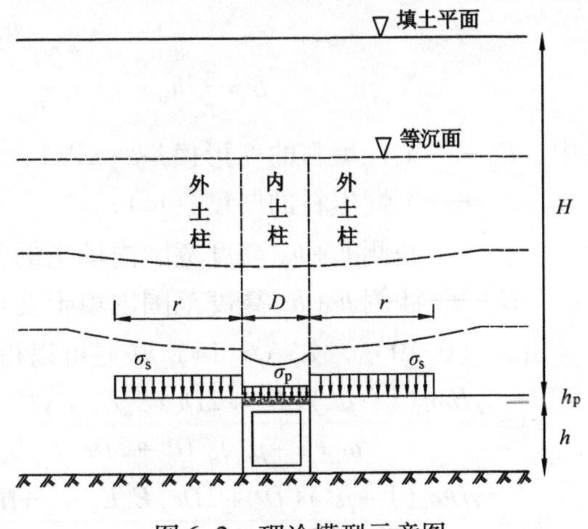

图6-2　理论模型示意图

由于柔性填料重量很小可以忽略不计，则 σ_p 即为涵顶垂直土压力。σ_s 为与柔性填料顶面同高的两侧平面上填土受到的垂直土压力，两者之差为：

$$\Delta\sigma_v=\sigma_s-\sigma_p \tag{6-10}$$

由于涵顶柔性填料的减载作用，$\sigma_p<\sigma_s$，柔性填料顶面内、外土柱体沉降差为负，其绝对值采用与式（6-3）相同的计算理论得出。将刚性涵洞视为倒置在弹性地基上的刚性基础，根据弹性力学中刚性条形基础沉降计算方法同样可以推得：

$$\delta=\frac{\Delta\sigma_v\omega_c D(1-\mu^2)}{E} \tag{6-11}$$

在柔性填料顶面处，涵顶内土柱体的摩擦作用对其两侧填土垂直土压力的影响半径为 r，根据涵顶平面填土竖向受力平衡条件可得：

$$\gamma H(D+2r)=D\sigma_p+2r\sigma_s \tag{6-12}$$

式中 r——涵洞对其周围路堤填土的影响范围（m）。

涵洞对其周围路堤填土的影响范围 r，可按条形荷载作用下半空间弹性体沉陷公式求得[85]，计算公式如下：

$$\begin{cases}\delta(x)=\dfrac{1}{\pi E}(F_{ki}+C)\\ F_{ki}=-2\dfrac{x}{D}\ln\left(\dfrac{\dfrac{2x}{D}+1}{\dfrac{2x}{D}-1}\right)-\ln\left(\dfrac{4x^2}{D^2}-1\right)\\ C=2\left(\ln\dfrac{r}{D}+1+\ln2\right)\end{cases} \tag{6-13}$$

式中 δ（x）——条形荷载边缘处沉陷的分布函数；

D——条形荷载作用宽度（涵洞宽度）（m）；

x——沉陷计算点至条形荷载中心的距离（m）。

在理论上 r 为无穷大，但通过计算发现，距离条形荷载边缘 $2D$ 范围外，其沉陷与条形荷载中心处沉陷的比值不到10%。

忽略刚性涵洞的压缩变形，则柔性填料顶面内、外土柱沉降差 δ 为：

$$\delta=\frac{\sigma_p}{E_p}h_p-\frac{\sigma_s+\gamma_k\dfrac{h_p+h}{2}}{E_k}(h_p+h) \tag{6-14}$$

式中 E_p——柔性填料的变形模量（kPa）；

h_p——柔性填料的厚度（m）；

γ_k——涵侧 $h+h_p$ 高度范围内填土的重度（kN/m^3）；

E_k——涵侧 $h+h_p$ 高度范围内填土变形模量平均值（kPa）。

由式（6-10）~式（6-14）联立可以得到改进的垂直土压力计算式为：

$$\sigma_s=\frac{\gamma H\omega_c(1-\mu^2)(D^2+2Dr)E_pE_k+\gamma H(D+2r)h_pEE_k-0.5\gamma_kD(h_p+h)^2E_pE}{\omega_c(1-\mu^2)(D^2+2Dr)E_pE_k+D(h_p+h)E_pE+2rh_pEE_k} \tag{6-15}$$

$$\sigma_p=\frac{\gamma H\omega_c(1-\mu^2)(D^2+2Dr)E_pE_k+[\gamma H(D+2r)+\gamma_kr(h_p+h)](h_p+h)E_pE}{\omega_c(1-\mu^2)(D^2+2Dr)E_pE_k+D(h_p+h)E_pE+2rh_pEE_k} \tag{6-16}$$

根据式（6-13）的计算分析结果，取 $r=2D$ 便可满足工程精度要求，因而式（6-15）、式（6-16）变为：

$$\sigma_s=\frac{5\gamma HD\omega_c(1-\mu^2)E_pE_k+5\gamma Hh_pEE_k-0.5\gamma_k(h_p+h)^2E_pE}{5D\omega_c(1-\mu^2)E_pE_k+(h_p+h)E_pE+4h_pEE_k} \tag{6-17}$$

$$\sigma_p=\frac{5\gamma HD\omega_c(1-\mu^2)E_pE_k+[5\gamma H+2\gamma_k(h_p+h)](h_p+h)E_pE}{5D\omega_c(1-\mu^2)E_pE_k+(h_p+h)E_pE+4h_pEE_k} \tag{6-18}$$

相应的垂直土压力系数为：

$$\begin{cases}k_s=\dfrac{\sigma_s}{\gamma H}\\ k_p=\dfrac{\sigma_p}{\gamma H}\end{cases} \tag{6-19}$$

6.2.3 计算结果对比分析

采用有限元软件PLAXIS对减载条件下涵洞-土体体系的受力状态进行数值模拟，将有限元计算结果与理论计算结果进行对比验证，数值模型如图6-3所示。涵洞高 H 为5.5m，宽 D 为5.8m，模型宽度为10D。柔性填料厚度为0.3m，铺满涵顶。模型左右两侧施加水平位移约束，模型底部施加水平和竖向位移约束。模型网格划分时，填土采用15节点三角形高精度单元，涵洞周围单元进行加密，涵洞采用梁单元，涵—土之间的界面接触采用相应的5节点接触单元，模型及网格划分如图6-3所示。模拟最大填土高度24m，分层填筑，每一层填土厚度为1m。填土采用M-C模型，地基为刚性，涵洞和柔性填料采用理想线弹性模型，计算参数如表6-1所列。

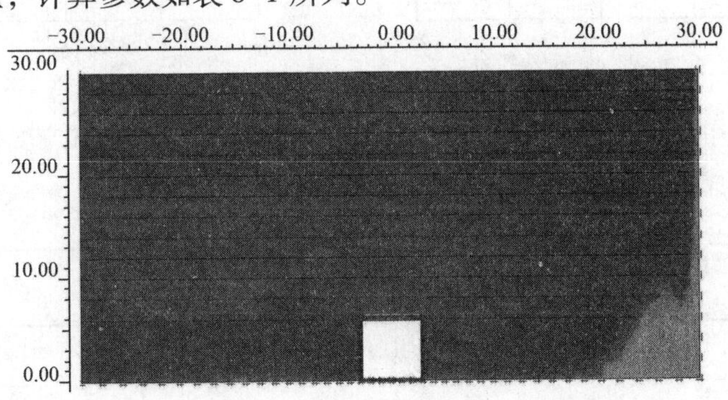

图6-3 数值模型及网格划分

材料参数 表6-1

材料	γ（kN/m³）	E（E_k，E_p）（MPa）	μ	c（kPa）	φ（°）
填土	21.0*	15.80*	0.30	15	25
柔性填料	0.3	0.15	0.10	—	—
涵洞	25.0	30000.00	0.17	—	—

注：*表示涵顶填土与涵侧填土重度相同，变形模量相同。

改进理论方法计算得到的涵顶土压力系数 k_p 与原有的理论方法和数值模拟得到的结果如图6-4所示。图6-4显示涵顶土压力系数随着填土高度的增大呈非线性减小的变化趋势，随着填土高度的增大涵顶土压力系数显著降低，表明柔性填料减载效果明显；当涵顶填土高度继续增大时，涵顶土压力系数趋于稳定。改进的理论方法得到的规律与原有理论和数值模拟得出的规律完全一致，在计算结果上，改进的方法得出的涵顶土压力系数比原有的理论方法得出的结果大，且与数值模拟结果更加接近，由此验证了理论方法的合理性。此外，将改进的理论方法计算结果与现有文献[86]中实测的结果进行比较，计算数据如表6-2所列。从表6-2可以看出，改进理论方法计算结果与现场实测结果更为接近，且二者均大于原有的理论方法得出的结果。

研究还发现，柔性填料顶面处涵洞两侧填土受到的垂直土压力大于其上部填土的自重压力。为了便于分析，将 σ_s 除以填土自重压力得到涵侧土压力系数 k_s，k_s 随填土高度 H 的增加呈非线性增大，且 k_s 是大于1.0的，如图6-5所示。现有的计算理论认为两侧填土受到的垂直土压力等于其上部填土自重压力，从而得出的柔性填料顶面处内、外土柱沉降差比实际偏大，高估了柔性材料的减载效果，导致得到的涵顶垂直土压力比实际值偏小，计算结果偏于危险，不利于涵洞结构设计。

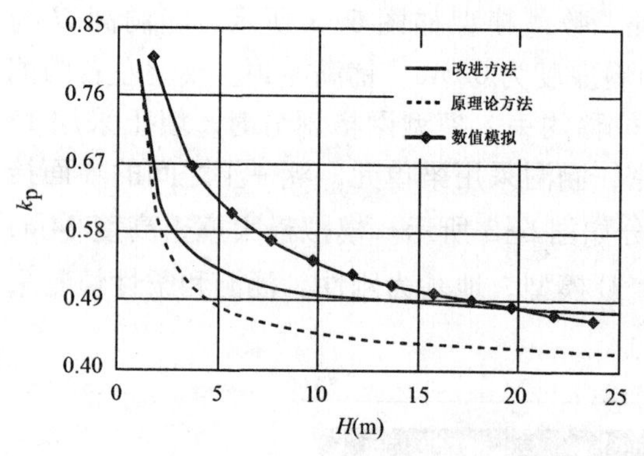

图6-4　k_p 随 H 的变化规律

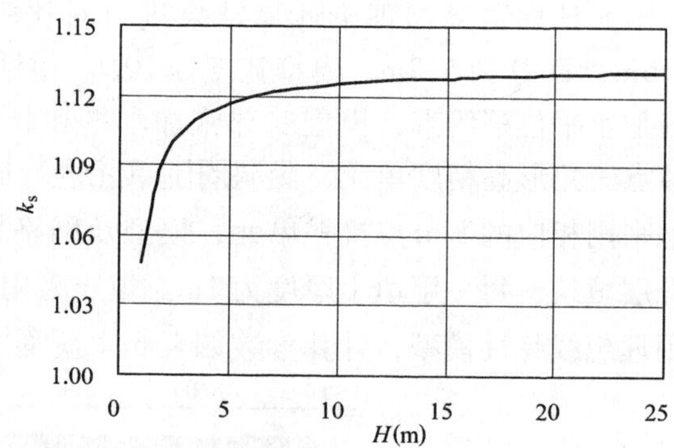

图6-5　k_s 随填土高度 H 的变化规律

改进方法与实测结果对比　　**表6-2**

填土高度	$H=9.6$m		$H=14.5$m	
变　量	σ_P	k_P	σ_P	k_P
实测值[86]	118	0.59	150	0.49
改进方法	101	0.50	148	0.49
原理论方法	90	0.45	132	0.44

6.2.4　土压力影响因素及影响规律分析

根据理论推导的计算式分析涵顶填土变形模量 E，涵洞两侧填土变形模量 E_k，柔性填

料的变形模量 E_p，以及柔性填料的厚度 h_p 对涵顶土压力的影响。为了便于分析，将涵顶土压力除以 γH 变成涵顶土压力系数 k_p，讨论柔性填料的减载效果及 k_p 随各影响因素的变化规律。各计算参数的基本值与现场测试及数值模拟参数相同，$D = 5.8$m，$h = 5.5$m，$E = E_k = 15.8$MPa，$E_p = 0.15$MPa，$h_p = 0.3$m。在讨论某一变量的影响时，其他参数取基本值。

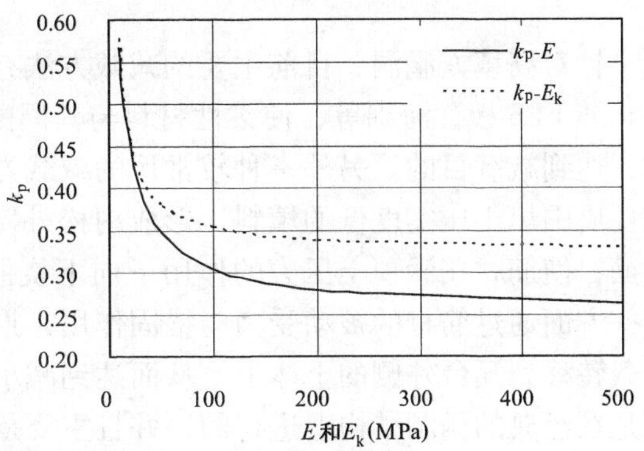

图 6-6　k_p 随 E 和 E_k 的变化规律

1. 填土变形模量的影响

涵顶土压力系数随涵顶填土和涵侧填土变形模量的变化规律如图 6-6 所示。图 6-6 表明涵顶土压力系数随着涵顶和涵侧填土变形模量的增大呈非线性减小趋势，当填土模量继续增大，涵顶土压力系数趋于稳定。此外，研究发现，涵顶填土的变形模量 E 对涵顶土压力的影响大于涵侧填土变形模量 E_k 的影响。但是从图 6-5 可以看出，实际工程中，填土模量不宜取值过大，建议取 30 ~ 50MPa。

2. 柔性填料变形模量的影响

涵顶土压力系数 k_p 随柔性填料变形模量 E_p 的变化规律如图 6-7 所示。计算结果表明涵顶土压力系数随柔性填料变形模量的增大呈非线性增加的趋势，并最终趋于稳定值。当该模量较小时，涵顶土压力系数小于 1.0，涵顶填土内部产生土拱效应，柔性填料起到减载作用。当柔性填料变形模量增大时，涵顶土压力系数迅速增加，且大于 1.0，此时，涵顶产生土压力集中现象。由此建议实际工程中，应该尽量降低减载材料的变形模量，从而达到减载目的。

3. 柔性填料厚度的影响

涵顶土压力系数 k_p 随柔性填料厚度 h_p 的变化规律如图 6-8 所示。图 6-8 表明涵顶土压力系数随柔性填料厚度的增大呈非线性减小趋势，且变化幅度逐渐减小。根据计算结果，实际工程中柔性填料厚度取值不宜过大，当填土高度为 10 ~ 30m 时，建议柔性填料的厚度取 0.20 ~ 0.30m。

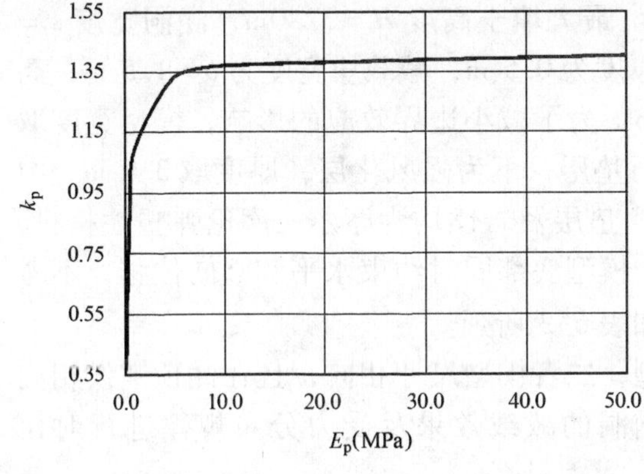

图 6-7　k_p 随 E_p 的变化规律

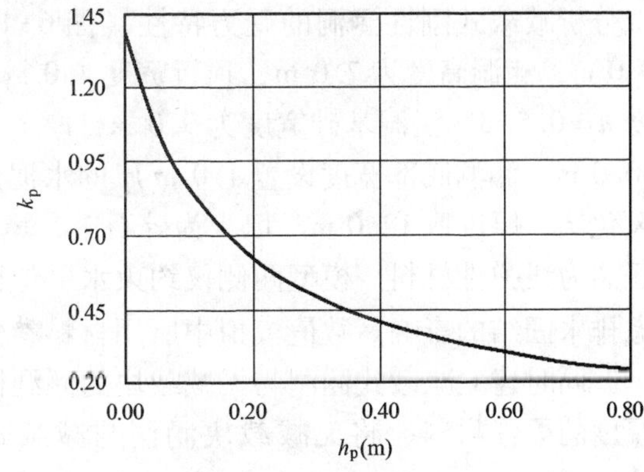

图 6-8　k_p 随 h_p 的变化规律

6.3 新型减载式刚性涵洞受力特性分析

针对高填方涵洞，目前主要的减载方法有，在涵顶铺设一定宽度和厚度的轻质柔性材料，如EPS板、海绵等，使柔性材料与其周围填土形成沉降差，从而在涵洞上方形成卸荷拱，达到减载目的。另外一种较常用的减载方法是，在涵洞上方一定高度和宽度范围内铺设比周围填土压实度低的填料，形成内松外实的“减载孔”，然后在“减载孔”上方分层加筋，使筋材在涵顶土压力的作用下向下挠曲变形。一方面通过涵顶上方形成的卸荷拱，另一方面通过筋材的被动受力与锚固作用，形成一个竖直向上的“提兜力”，把涵顶土体荷载转移到涵台外侧的土体上，从而达到减小涵顶土压力的目的。目前常用的减载措施主要是在经典的涵洞结构上进行的，并且主要是用于减小涵顶土压力，在减小涵顶土压力的同时反而增大了涵洞侧墙的弯矩。本节通过改变涵洞结构，设计成减载式涵洞（以上埋式盖板涵为例），从而达到减载目的，同时使涵洞结构受力更加合理。通过数值模拟和理论分析研究减载式钢筋混凝土盖板涵的减载效果以及涵洞在荷载作用下的变形规律和受力特性，以期为实际工程设计和施工提供参考。

6.3.1 减载式刚性涵洞结构

减载式刚性涵洞结构如图6-9所示。在一般盖板涵结构的基础上，在涵洞侧墙正上方设置减载块，在浇筑涵洞侧墙时，同时浇筑减载块，使减载块与涵洞侧墙成为一整体结构。减载块与涵洞顶板形成一个开口空腔（即减载孔），减载孔内铺设轻质柔性材料，由此构成一个减载式涵洞结构。

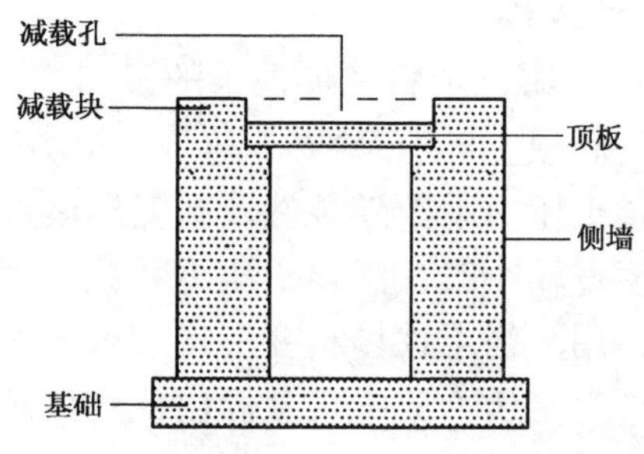

图6-9 减载式涵洞结构示意图

6.3.2 减载式涵洞受力特性数值模拟

建立二维有限差分数值分析模型，通过数值模拟分析减载式刚性涵洞的受力特性（图6-10）。最大填土高度 $H=32.0$m，涵洞宽度 $s=7.0$ m，涵洞高度为7.0 m，顶板宽度4.0 m，厚度为0.5 m，减载块宽度为 $b=1.5$ m，高度 $h=0.5$ m，涵洞基础宽度为9.0 m，厚1.5 m。为了减小边界效应的影响，模型宽度取60.0 m，涵洞底部宽度设置1.0 m厚的水泥砂石垫层，下为强风化层，厚度取3.0 m，中风化层，厚度取12.0 m。填土为碎石土，填土、垫层及岩体均为摩尔—库伦弹塑性材料，涵洞为线弹性材料。模型两侧仅约束水平位移，模型底部同时约束水平和竖向位移，不考虑排水固结的影响。数值模拟中所用材料参数如表6-3所列。

同时建立减载式涵洞与无减载块的涵洞模型，二者模型尺寸相同，且在涵顶铺设相同厚度的柔性材料，将无减载块涵洞与减载式涵洞的减载效果及受力分布规律进行对比分析。

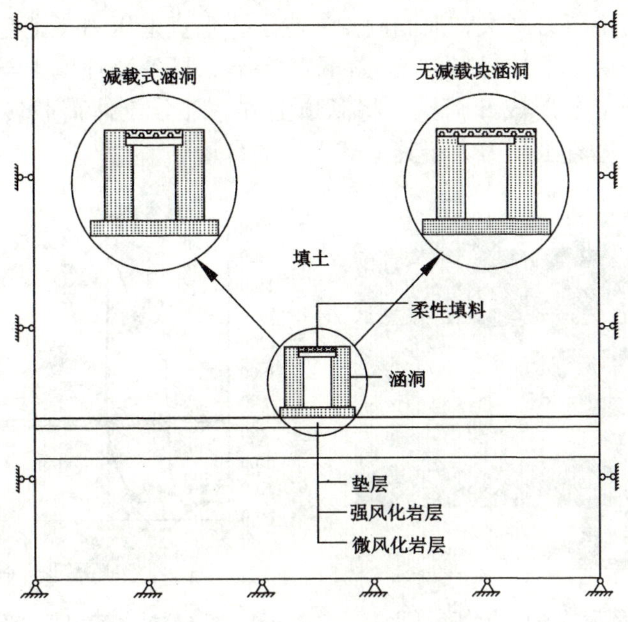

图 6-10　数值分析模型示意图

材 料 参 数　　　　表 6-3

参　数	E（MPa）	V	c（kPa）	φ（°）	γ（kN/m³）
涵　洞	30000	0.2	—	—	25
减载孔填料	0.2	0.4	0	18	16
填　土	60	0.3	0	30	21.4
垫　层	300	0.25	50	32	22.5
强风化岩体	15000	0.23	600	29	26.5
微风化岩体	26000	0.2	—	—	27.2

减载式涵洞填土内的最大主应力分布规律如图 6-11 所示。从图中可以看出最大主应力集中在减载块上，涵洞顶部最大主应力比两侧同等高度填土内的最大主应力小，在涵顶上方填土内最大主应力分布类似于拱形。

根据模型的对称性，取涵洞轴线右侧与涵顶同一水平面上的垂直土压力分布规律进行分析，如图 6-12 所示。对于减载式刚性涵洞，在距离涵洞中轴线 0～2m 范围内，即涵洞顶板正上方范围内，土体荷载小于土体自重的；在 2～3.5m 范围内，即减载块正上方，土压力远远大于上部土体自重，在距涵洞轴线大于 3.5m 的同一水平面上的土压力变化范围较小，小于上部填土自重。对于减载式刚性涵洞，由于减载块与柔性材料的刚度差异，涵顶填土与减载块产生沉降差，在涵顶上方形成稳定土拱，将涵顶上部大部分土体荷载都转移到减载块上，又由于减载块与填土之间的刚度差异，涵洞台背上的一部分土体荷载也转移到减载块上。而对于没有设置减载块的涵洞，在离涵洞中轴线 0～3.5m 范围内涵顶土压力小于其上部土体自重，而在涵洞台背外侧的土压力大于其上部土体自重，靠近涵洞侧墙水平距离越近，垂直土压力越大，离涵洞侧墙越远，垂直土压力逐渐趋近于土体自重。对于无减载块的涵洞，由于柔性材料与填土的刚度差异，导致涵顶填土与涵洞台背填土产生沉降差，从而在涵顶上方形成卸荷拱，将涵顶上方一部分土体荷载转移到涵洞台背填土上，所以涵洞台背上垂直土压力大于其上部土体的自重。

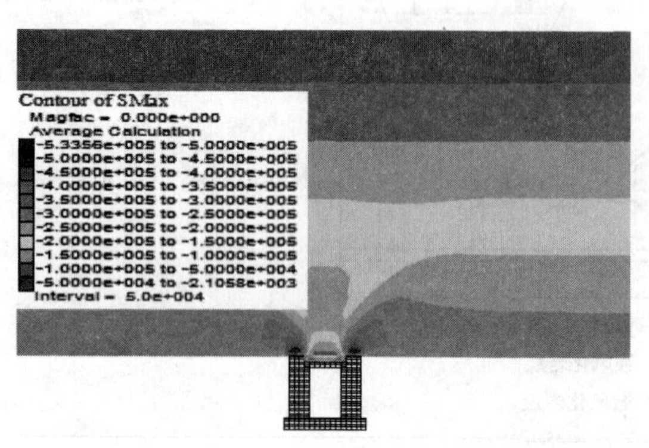

图 6-11　涵顶填土内部最大主应力分布（Pa）

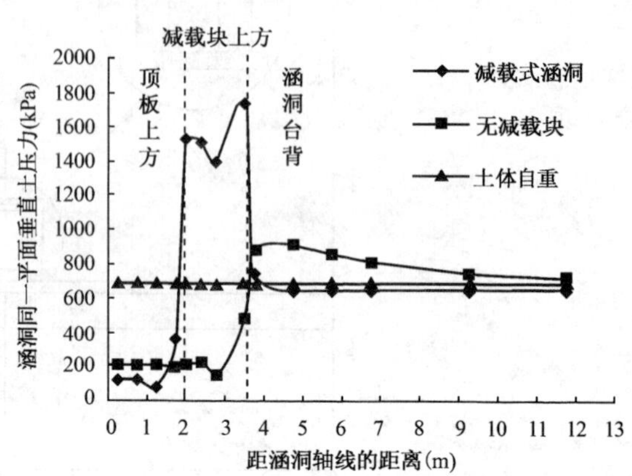

图 6-12　涵顶同一平面垂直土压力

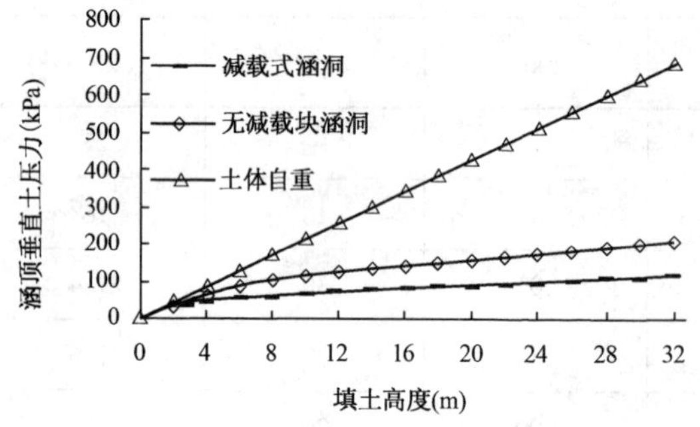

图 6-13　涵顶中心处垂直土压力

涵洞顶板跨中位置垂直土压力随填土高度的变化规律如图 6-13 所示。对于减载式涵洞和无减载块的涵洞，在涵顶铺设轻质柔性材料均可以减小涵顶垂直土压力，达到减载目的，且随着填土高度增大，减载效果更加明显。当填土高度较小时，减载式涵洞顶部土体内未形成完整的土拱形态，减载效果不明显，涵顶垂直土压力略小于填土自重。随着填土高度增大，涵顶填土内形成稳定土拱，减载效果明显，大幅降低了涵顶垂直土压力。

此外，研究表明减载式涵洞比无减载块的涵洞减载效果好，且随着填土高度的增加，减载效果差异也逐渐增大。填土高度为 32m 时，减载式涵洞比无减载块涵洞的减载效果提高约 40%。

研究表明，由于减载式涵洞将涵顶土体荷载转移到减载块上，与无减载块涵洞结构相比，减载式涵洞侧墙受到的垂直土压力较大，涵洞侧墙压缩量增加，顶板竖向位移也增大。当填土高度 $H=32.0$m，涵顶铺设厚度为 0.5m 柔性材料时，减载式涵洞的顶板比无减载块涵洞的顶板整体竖向位移大 30%。但是，与无减载块涵洞相比，减载式涵洞结构能够将更多的涵顶填土荷载转移到减载块上，提高了减载效果，使涵顶土压力减小，顶板的挠曲变形也减小。上述条件下，减载式涵洞顶板最大挠度比无减载块涵洞顶板最大挠度减小 71%。

涵洞侧墙水平位移沿涵洞侧墙高度呈非线性变化，如图 6-14 所示。在涵洞侧墙中点附近涵洞侧墙水平位移达到最大值，由于侧墙顶端和底端受到顶板和基础的影响，在两端处水平位移较小，减载块水平位移方向与侧墙相反。由于侧墙所受水平土压力比减载块大，顶板的支撑作用，使得减载块水平位移方向与侧墙相反。与无减载块涵洞相比，由于设置了减载块，涵洞侧墙与减载块为一整体结构，减载块上受到的水平压力会减小涵洞侧墙的挠曲变形。同时，涵洞台背上一部分填土荷载也转移到减载块上，使涵洞台背填土所受水平土压力减小，因而作用在侧墙的水平土压力也会减小，从而使涵洞侧墙水平位移进一步减小。

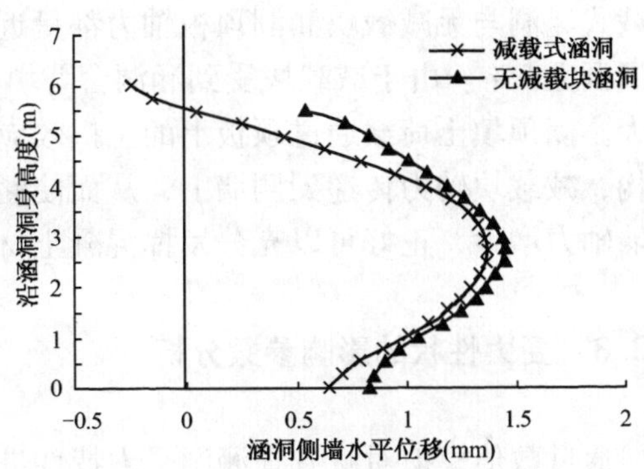

图 6-14　涵洞侧墙水平位移

数值模拟所得涵洞结构的内力分布如图 6-15 ~ 图 6-18 所示。填土作用下顶板最大弯矩产生在跨中位置，顶板剪力呈近线性分布，顶板跨中位置剪力最小，最大剪力产生在顶板两端，即顶板与侧墙接触处。填土高度为 32m 时，减载式涵洞的顶板所受最大弯矩和最大剪力比无减载块涵洞均减小 37%。涵洞侧墙与顶板接触点处于简支状态，而侧墙底端与基础固结，侧墙弯矩出现反弯点，反弯点位置大约在 0.3 倍的侧墙高度处。对于减载式涵洞结构，在涵洞侧墙与顶板接触点会出现第二个反弯点。涵洞侧墙最大弯矩均产生在侧墙底部，减载式涵洞侧墙最大弯矩要比无减载块涵洞侧墙减小 11%。涵洞侧墙最大剪力均发生在涵洞侧墙底端，减载式涵洞侧墙最大剪力比无减载块涵洞侧墙减小 9%。减载式涵洞顶板、侧墙轴力都大于无减载块涵洞结构。

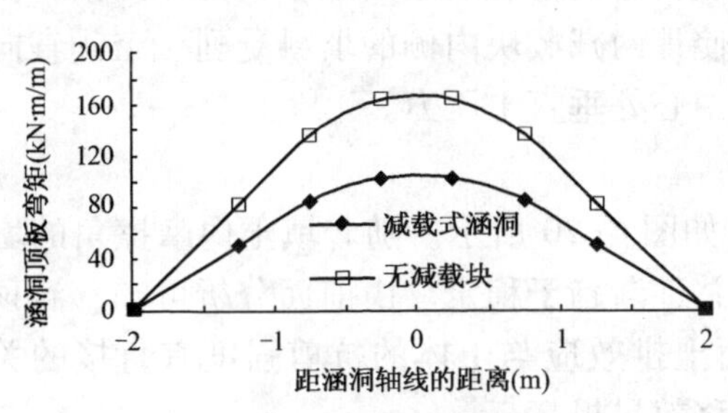

图 6-15　涵洞顶板弯矩分布

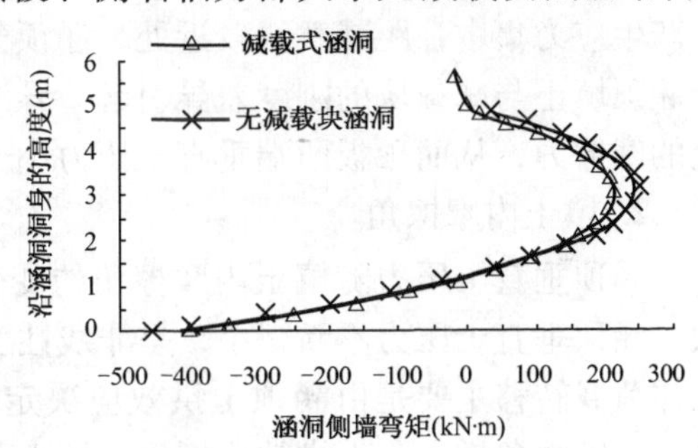

图 6-16　涵洞侧墙弯矩分布

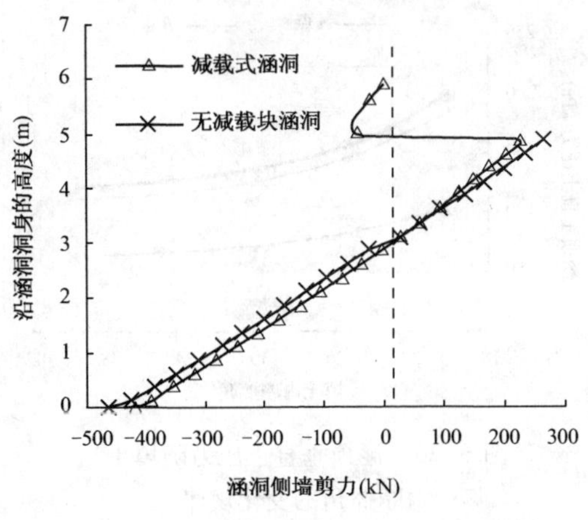

图 6-17　涵洞侧墙剪力分布

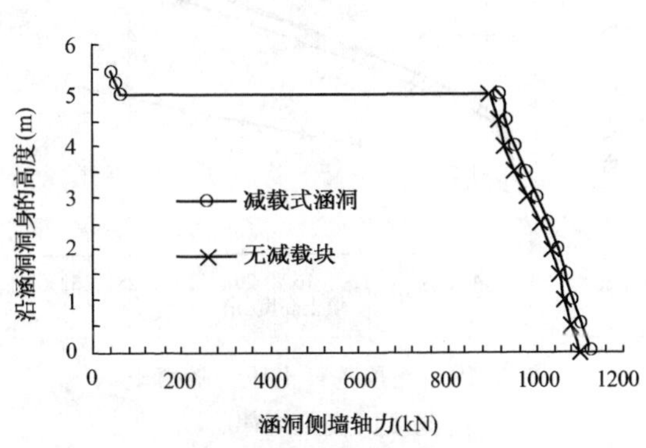

图 6-18　涵洞侧墙轴力分布

减载式涵洞与无减载块涵洞顶板轴力都呈近线性分布，减载式涵洞顶板最大轴力比无减载块涵洞大5%。由于减载块受到涵洞台背填土作用的水平土压力，使减载式涵洞顶板轴力增大。涵顶填土荷载通过顶板上的土拱效应转移到减载块上，减载块与涵洞侧墙为一整体结构，减载块轴力传递到侧墙上，从而使涵洞侧墙所受轴力增大3%。减载式涵洞顶板和侧墙轴力增大，正好可以充分发挥混凝土材料抗压强度高的优点。

6.3.3 受力性状的影响参数分析

通过数值模拟对减载式涵洞受力特性进行影响因素分析，探讨各参数的影响规律。分析除了填土高度之外的其他影响参数时，涵顶填土高度均为32m（即数值分析中的最大填土高度）。

1. 填土高度

在涵洞顶板上取 *A*、*B*、*C*、*D* 四个点分析涵顶垂直土压力随填土高度的变化规律如图6-19所示，其中，*A* 点位于顶板跨中位置，*B* 点位于顶板3/8跨位置，*C* 点位于顶板1/4跨位置，*D* 点位于顶板1/8跨位置。当涵顶填土较低时，涵顶垂直土压力增长迅速，当填土较高时，土压力增长相对缓慢。总体上涵顶土压力随填土高度呈非线性增长。涵顶轴线处 *A* 点垂直土压力增长较快，顶板两端处垂直土压力增长相对缓慢。

一方面，由于在涵顶上方产生的土拱效应将涵顶土体荷载转移到减载块上，在减载块上产生应力集中，距减载块较近处，涵顶土体荷载转移到减载块上的越多；另一方面，由于涵顶填土与减载块的刚度差异引起差异沉降，使得两减载块内侧的填料受到一个竖直向上的摩擦力，从而顶板两端垂直土压力小于涵顶中心处垂直土压力。

2. 填土内摩擦角

涵顶垂直土压力随填土内摩擦角的变化规律如图6-20所示。随着填土内摩擦角的增大，涵顶垂直土压力不断减小，呈非线性变化，并逐渐趋于稳定。由前面分析可知，涵顶土体荷载转移主要是由涵顶土拱效应决定的，而土拱效应与土体的抗剪强度有直接的关系，内摩擦角增大，土拱效应增强，填土荷载转移效果提高。

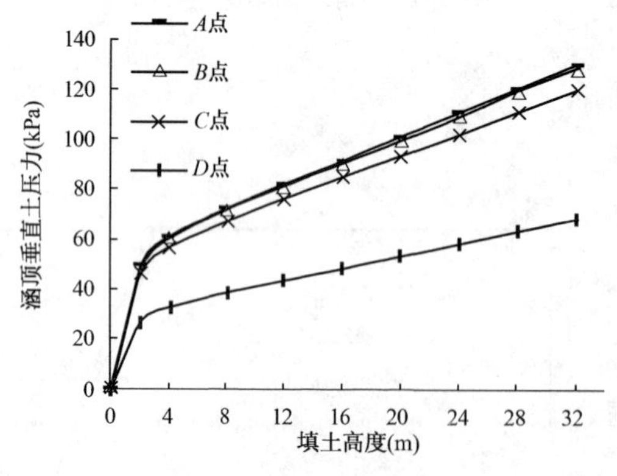

图6-19 涵顶垂直土压力随填土高度的变化规律

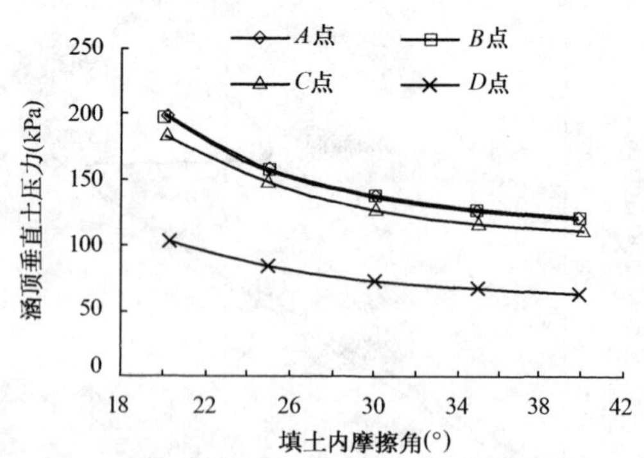

图6-20 涵顶垂直土压力随填土内摩擦角的变化规律

3. 减载块高度

涵顶中心处垂直土压力随减载块高度与涵洞宽度 s 比值的变化规律如图 6-21 所示。涵顶垂直土压力随减载块高度的增大而减小，当减载块大约为 0.2 倍的涵洞宽度，涵顶垂直土压力有增大的趋势。随着减载块高度的增大，减载孔内填筑的柔性材料的厚度也增大，涵顶填土与减载块的沉降差也增大，涵顶上方土拱将更多填土荷载转移到减载块上，使得涵顶土压力减小，而土拱承受的荷载增大。当土拱内土体颗粒间剪应力达到抗剪强度时，土拱效应发挥到最大限度，涵顶垂直土压力趋于稳定。从涵顶土压力变化趋势可知，当减载块高度等于 0.1 倍涵洞跨度时，涵顶中心处垂直土压力减小 36%，此后，变化幅值较小，实际工程中建议减载块高度取涵洞宽度 s 的 1/10～1/5 之间。

4. 减载孔与减载块宽度比

涵洞顶板上平均垂直土压力随减载孔与减载块宽度比[$(s-2b)/b$]的变化规律如图 6-22 所示。当减载孔与减载块宽度比为 0 时，即未采取减载措施时，涵洞顶板上平均垂直土压力为 858kPa。在涵洞侧墙设置减载块，涵顶填土内形成以减载块为拱脚的土拱，从而可以大幅减小涵顶平均土压力。随着减载孔与减载块宽度比值增大，土拱跨度增大，土拱上承担土体荷载增大，土拱内土体颗粒间剪切力更易达到抗剪强度极限，土拱效应减弱，使得转移到减载块上的土体荷载逐渐减小，使得涵顶平均垂直土压力增大。从图 6-22 可以看出，涵洞顶板平均土压力随着减载孔与减载块宽度比值的增大而增大，增幅逐渐减小。为了充分发挥减载式涵洞的减载效果，同时考虑施工成本，实际工程中建议减载孔与减载块宽度比设计为 2.5～4.5 之间。

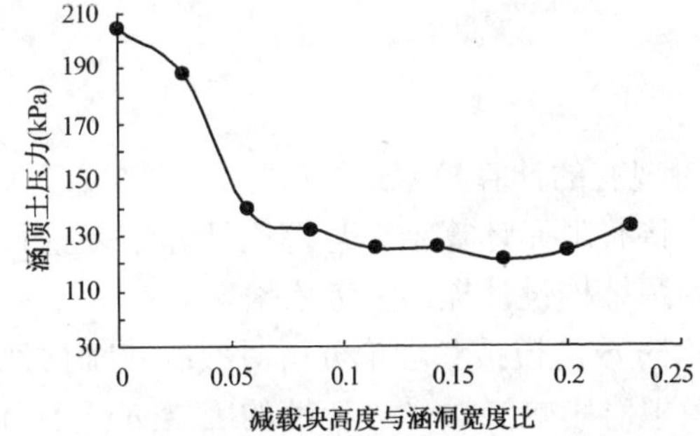

图 6-21　涵顶垂直土压力随减载块高度与涵洞宽度比的变化规律

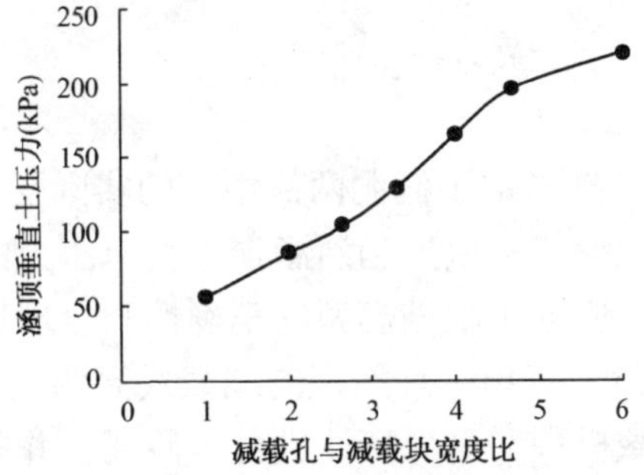

图 6-22　涵顶土压力随减载块与减载孔宽度比的变化规律

5. 轻质柔性材料弹性模量

涵顶垂直土压力随减载孔内轻质柔性材料弹性模量的变化规律如图 6-23 所示。随着轻质柔性材料弹性模量的增大，涵顶垂直土压力迅速增大，并逐渐趋于稳定。由于柔性材料弹性模量增大，柔性材料与涵洞减载块沉降差减小，土拱效应减弱，涵顶土体荷载转移到减载块上的荷载也减小，使涵顶垂直土压力增大。当柔性材料弹性模量大于一定值后，柔性材料沉降量比涵洞台背填土沉

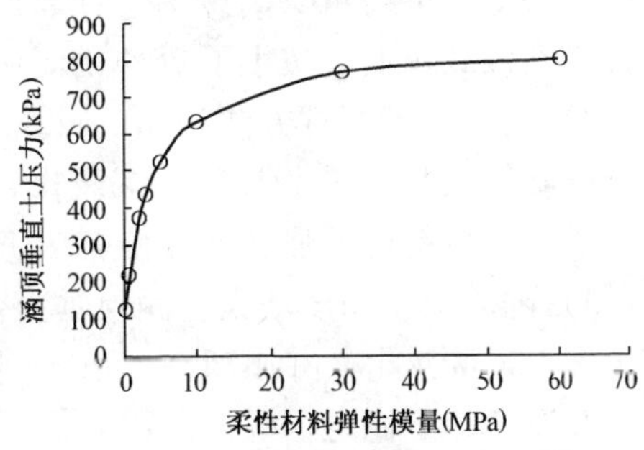

图 6-23　涵顶土压力随柔性材料弹性模量的变化规律

降量小，导致涵洞台背填土荷载转移到涵顶，在涵顶产生应力集中，使得涵顶垂直土压力大于土体自重。

6.3.4 减载式涵洞受力性状讨论

对于一般减载措施的涵洞，在涵顶上一定范围内铺设相应厚度和宽度的柔性材料，由于柔性填料与填土之间的刚度差异导致涵顶产生一定的应力扩散作用，在涵顶形成卸荷拱，将涵顶土压力转移到涵台外侧土体。根据土压力理论分析可知，涵台外侧土体竖向土压力增大，使得涵洞侧墙所受水平土压力也增大。

对于减载式涵洞，减载块的刚度远大于涵洞台背填土和减载孔内柔性材料的刚度。当填土达到一定高度，减载块与柔性材料产生较大沉降差，使得涵顶上方填土颗粒间产生摩擦作用，在涵顶形成“土拱”，将涵顶填土荷载转移至减载块上，从而减小涵洞顶板的土压力，达到减小涵顶垂直土压力的目的。一方面，由于减载块与涵洞外侧填土的刚度差异，在减载块上产生应力集中，涵洞台背部分填土荷载转移到减载块上，从而减小了涵洞台背填土上的土压力，涵洞侧墙上所受水平土压力也随之减小。通过增大侧墙的轴力充分发挥混凝土材料的抗压性能的优点。另一方面，减载块与涵洞侧墙为一整体结构，由于减载块受到水平土压力作用，会明显改善涵洞侧墙弯矩和剪力分布。因而减载式刚性涵洞可以达到减小涵顶土压力，同时减小涵洞侧墙所受土压力，从而减小涵洞侧墙所受弯矩和剪力，使得涵洞结构受力更加合理。

6.4 本章小结

（1）考虑了涵洞两侧填土的实际受力状态，对现有的计算模型进行改进，推得减载条件下上埋式高填方涵洞涵顶垂直土压力的计算式，将有限元计算结果与理论计算结果进行对比，验证了改进模型的正确性和合理性，可为涵洞结构设计提供参考依据。

（2）提出一种新型的减载式涵洞结构形式。通过数值模拟和理论分析对减载式刚性涵洞减载机理和受力特性进行了研究，并采用数值模拟对影响涵洞受力特性的因素进行了讨论，得到如下结论：

1）与一般减载方法相比，减载式涵洞可以将更多的涵顶土体荷载转移到减载块上，减载效果提高了约40%，同时，在靠近涵洞侧墙处，减载式涵洞台背上的一部分填土荷载也转移到减载块上，减小了28%的涵洞台背上的填土荷载。

2）与一般的减载方法相比，减载式涵洞顶板最大剪力和最大弯矩均减小37%，同时涵洞侧墙最大弯矩减小11%，减载式涵洞顶板和侧墙轴力均比无减载块涵洞大，可以充分发挥混凝土材料抗压强度高的特点，使涵洞结构受力更加合理。

3）随着填土高度增大，涵顶垂直土压力逐渐增大；随着填土内摩擦角增大，涵顶垂直土压力逐渐减小，并逐渐趋于稳定；随着填土减载块高度增大，涵顶垂直土压力逐渐减小，并逐渐趋于稳定，根据参数分析，实际工程中建议减载块高度取涵洞宽度的1/10左右；随着减载孔与减载块宽度比增大，涵顶垂直土压力增大，为了充分发挥减载式涵洞减载效果，建议减载孔与减载块宽度比设计在2.5～4.5之间；随着轻质柔性材料弹性模量的增大，涵顶垂直土压力迅速增大，甚至在涵顶产生应力集中，并最终趋近于大于土体自重的数值。设计中可以综合考虑各种因素的影响，达到预期减载的同时，使得结构受力更加合理。

第7章　高填方刚性涵洞工作性状的时间效应

7.1　工作性状时间效应研究现状

高填方产生的荷载较大，采取减载措施不仅可以减小涵顶垂直土压力，节约工程成本，同时也促进了高填方涵洞的广泛应用。国内外学者对减载措施进行了研究，并且取得了一定的成果。顾安全等[1,20,64]通过在涵（管）顶铺设柔性填料进行现场试验，通过试验研究证明了在涵顶铺设柔性材料的减载效果。白冰[87]通过数值模拟分析了EPS板减载条件下高填方涵管周围土压力分布，验证了EPS板的减载效果。王晓谋等[63]通过室内试验研究了用海绵作为柔性材料的减载效果，并推导出减载条件下计算涵顶土压力的计算式。在国外，Vaslestad J. et al[57,88]通过对管涵和涵洞周围土压力的连续观测，得出土压力分布规律，并验证了涵（管）顶铺设柔性材料的减载效果。Dancygier A. N. et al[58]通过数值模拟研究了在涵顶铺设柔性垫层涵顶填土内部的土拱效应及柔性垫层对土压力的影响。Sun L. et al[62]分析了轻质土工塑料泡沫在高填方涵洞减载中的工程应用，并结合数值模拟研究了土工塑料泡沫铺设位置对涵洞结构内力的影响。Lee[89]研究了涵顶采用废旧轮胎作为柔性填料的减载效果。

上述研究工作解决了高填方刚性涵洞涵顶荷载过大造成的结构病害这一施工应用问题。然而，采取减载措施之后，涵洞-土体之间相互作用机理变得更为复杂，涵洞结构受力状态随时间的变化而变化。Taylor[90]利用含有秸秆的轻质土铺设在涵顶进行现场减载试验，并对涵顶垂直土压力进行了连续七年的观测，结果显示涵顶垂直土压力仅约为上覆土柱自重压力的50%。Hansen[91]对利用锯末或碎木片作为减载材料的多处管涵进行调研，这些管涵均已工作2~10年，采取减载措施的管涵未出现裂缝，由此得出该减载措施的长期有效性。Vaslestad J et al[57,88,92]研究了铺设EPS板的涵洞长期受力特性及柔性材料的长期减载效果，得出EPS板的长期减载效果比较稳定。Sun et al[93]对采用EPS板进行减载的涵洞进行了5年的观测，结果表明，最终的涵顶垂直土压力约为未采取减载措施的10%。这些研究为采取减载措施的涵洞长期工作性状的研究奠定了基础。

涵洞一般在路堤下，使用年限较长。但是用于现场监测土压力和沉降等相关的仪器设备长期埋于地下易被锈蚀，造成观测结果失真，所以在现场很难进行长时间的观测。因而，为了进一步明确减载措施下高填方涵洞长期工作性状，结合现场试验成果，通过理论分析和数值模拟手段来探讨涵洞工作性状的时间效应问题具有重要意义。

7.2 时间效应的理论分析

7.2.1 时间效应理论模型

通过分析减载措施的减载机理，根据柔性材料、填土材料的时间依存性模型，建立高填方涵洞减载工作性状时间效应的理论模型。

由于涵洞材料与填土材料之间的刚度差异，导致在涵顶产生应力集中，使得涵顶垂直土压力大于其上部土体自重。通过在涵顶上铺设一定厚度的柔性材料，降低涵洞与填土之间的刚度差异，使得涵顶上方内土柱沉降大于涵洞两侧外土柱的沉降，从而在涵顶上方形成卸荷拱将涵顶内土柱荷载转移到涵洞两侧外土柱上，从而减小了涵顶垂直土压力，达到减载的目的。由减载机理分析可知，土拱效应的实质是土体颗粒间的摩擦力（或剪切力）形成的，涵顶内外土柱的沉降差是形成土拱效应将涵顶土体荷载转移到外土柱的必要条件。当内外土柱沉降差随时间改变时，土拱效应也会发生变化，涵顶垂直土压力也会随时间而改变，沉降差随时间的变化会引起涵洞工作性状随时间而改变。内外土柱沉降差随时间的变化规律主要与柔性材料、填土、地基及涵洞材料的蠕变性质有关。

根据上述分析，涵洞工作性状的时间效应模型如图 7-1 所示。图中 M_{11}、M_{12}、M_{13} 为涵顶填土的质量，M_{22} 为涵洞的质量，M_{21}、M_{23} 为涵洞两侧填土的质量，M_{31}、M_{32}、M_{33} 为地基的质量。C_f 为路堤填土的蠕变模型，C_s 为减载所采用的柔性材料的蠕变模型，C_C 为涵洞材料的蠕变模型（由于高填方涵洞多采用混凝土材料，涵洞材料假设为虎克弹性体），C_g 为地基的蠕变模型，τ_i 表示涵顶内外土柱之间的摩擦力（或剪切力）。根据图 7-1 进行分析，假设地基为刚体，则由于柔性材料与填土的蠕变性质，同一水平面上的柔性材料与填土的沉降量都将随着时间发生变化，在同一时间段内，若柔性材料的沉降量与同一水平面上涵洞两侧填土的沉降量都不发生变化，且内外土柱相对运动的趋势不发生变化（即内外土柱土体颗粒间剪切力不变），土拱效应随着时间不发生变化，涵顶垂直土压力不变；若涵洞两侧填土沉降量随时间无较大变化，而柔性材料沉降量随时间逐渐增大，内外土柱之间的沉降差随时间逐渐增大，土拱效应随时间的增长而逐渐增强，将更多的内土柱土体荷载转移到外土柱上，涵顶垂直土压力将随着时间而逐渐减小；当涵洞两侧填土的沉降量也随时间逐渐增大，若柔性材料的沉降量小于涵洞两侧填土的沉降量，或内外土柱之间相对运动趋势减小时（即内外土柱土颗

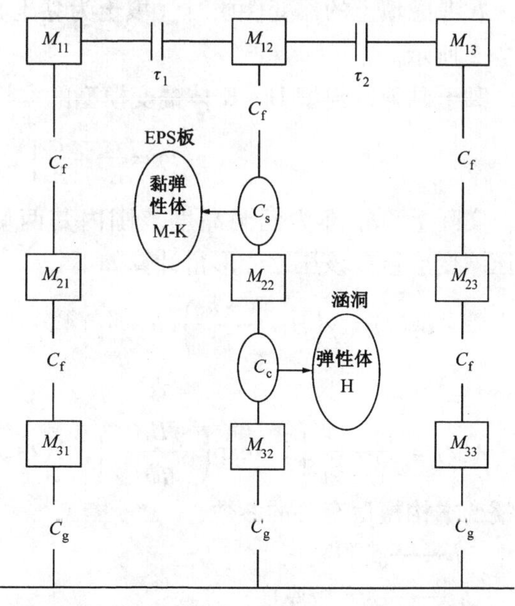

图 7-1 涵洞减载工作性状的时间效应模型

粒间剪切力减小)，土拱效应将随着时间的变化而逐渐减弱，由内土柱转移到外土柱的土体荷载减小，涵顶垂直土压力将随着时间而增大。

7.2.2 考虑时间效应的涵顶土压力计算方法

假设涵洞与地基均为刚性的，涵顶填土内应力分布与半无限均质弹性变形体内的应力分布相似，涵顶垂直土压力均匀分布。在涵顶平面处，将涵顶垂直土压力分为三部分[63]：(1) 涵顶平面土体自重 γH；(2) 由于涵洞凸出天然地面，涵洞与其周围填土的刚度差异引起的涵顶应力集中，使得涵顶垂直土压力大于上覆土体自重的这部分土压力 $\Delta\sigma_{v1}$；(3) 采取减载措施后，由于内外土柱沉降差形成土拱效应，将涵顶垂直土压力转移到涵洞台背的这部分土压力 $-\Delta\sigma_{v2}$。

则涵顶垂直土压力 σ_v 为：

$$\sigma_v = \gamma H + \Delta\sigma_{v1} - \Delta\sigma_{v2} \tag{7-1}$$

假设刚性涵洞与路基填土之间的相互作用类似于条形基础下的半无限空间，根据刚性条形基础沉降公式，并考虑时间效应，可得出附加土压力 $\Delta\sigma_{v1}$ 与土体压缩变形量 δ_1 (t) 的关系如下：

$$\delta_1(t) = \frac{\Delta\sigma_{v1}\omega_c D(1-\mu^2)}{E} \tag{7-2}$$

式中 δ_1 (t) ——涵洞高度范围内其两侧填土的压缩变形量，该变量与时间有关；

ω_c——与刚性涵洞长宽比 I/D_1 有关的系数[1]，D_1 为截面换算宽度 (m)；

D——涵洞宽度 (m)；

μ——填土泊松比；

E——涵顶填土平均变形模量。

在考虑填土的蠕变性质时 (填土为黏土)，假设黏土蠕变本构模型为 $H-K$ 体[94]，如图 7-2 所示。

黏土黏弹性模型 H－K 体蠕变模型的本构方程为：

$$\varepsilon(t) = \frac{\sigma}{E_1} + \frac{\sigma}{E_2}\left[1 - \exp\left(\frac{-E_2 t}{\eta_2}\right)\right] \tag{7-3}$$

实际上，δ_1 亦为涵洞高度范围内其两侧填土的压缩变形量，该压缩变形量计算如下：

$$\delta_1(t) = \gamma\left(H + \frac{h+h_p}{2}\right)(h+h_p)A \tag{7-4}$$

$A(t) = \dfrac{1}{E_h} + \dfrac{1}{E_{h2}}\left[1 - \exp\left(\dfrac{-E_{h2}t}{\eta_{h2}}\right)\right]$，$A(t)$ 为与填土蠕变本构模型有关的参数；

式中 h——涵洞高度；

h_p——EPS 板厚度；

E_{h2}——开尔文体(K)弹性元件弹性模量；

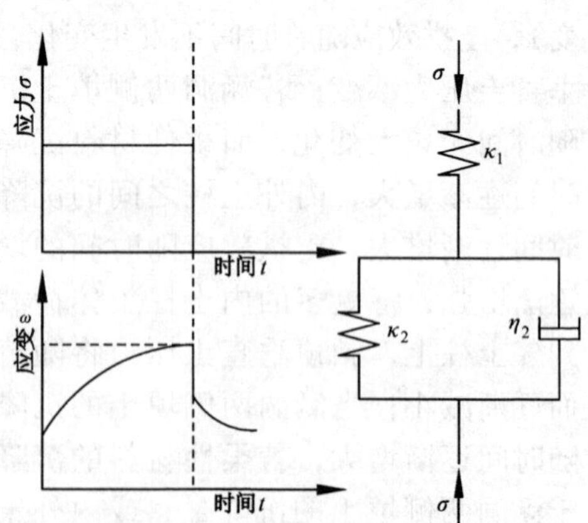

图 7-2 黏土黏弹性蠕变模型 (H－K 体)

η_{h2}——开尔文体(K)黏性元件黏滞系数。

由式(7-2)和式(7-4)可得：

$$\Delta\sigma_{v1} = \gamma\left(H + \frac{h + h_p}{2}\right)(h + h_p)\frac{AE}{\omega_c D(1 - \mu^2)} \tag{7-5}$$

当不考虑填土的蠕变性质时（填土为密实砂土），上式中 A 可以表示为：

$$A(0) = \frac{1}{E_h} \tag{7-6}$$

式中　E_h——涵洞高度范围内两侧填土的平均变形模量，计算方法可参照文献[1]。

用聚苯乙烯泡沫塑料板（EPS 板）作为柔性减载材料，其减载效果在工程实例中已经得到了验证。根据室内试验数据和预测的 EPS 板长期蠕变过程，黏弹性（M－K 体）蠕变模型能够较好地描述 EPS 的长期蠕变性能[95,96]。EPS 板的黏弹性蠕变模型如图 7-3 所示。

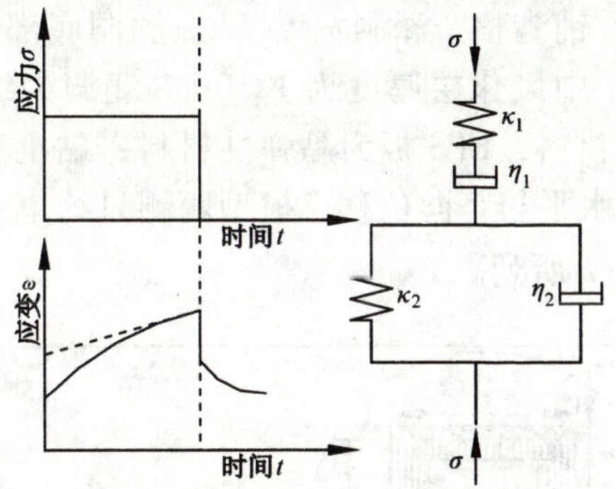

图 7-3　EPS 板黏弹性蠕变模型（M－K 体）

EPS 板黏弹性蠕变模型的本构方程为：

$$\varepsilon(t) = \frac{\sigma}{E_1} + \frac{\sigma t}{\eta_1} + \frac{\sigma}{E_2}\left[1 - \exp\left(\frac{-E_2 t}{\eta_2}\right)\right] \tag{7-7}$$

同理，根据刚性条形基础沉降公式，在 $\Delta\sigma_{v2}$ 的作用下，并考虑时间效应可得采取减载措施后，$\Delta\sigma_{v2}$ 与 EPS 板压缩变形量 $\delta_2(t)$ 的关系为：

$$\delta_2(t) = \frac{\Delta\sigma_{v2}\omega_c D(1 - \mu^2)}{E} \tag{7-8}$$

而 $\delta_2(t)$ 又等于 EPS 板在涵顶垂直土压力 σ_v 作用下的压缩变形量，结合 EPS 板黏弹性模型本构关系可得：

$$\delta_2(t) = \sigma_v h_p\left\{\frac{1}{E_1} + \frac{t}{\eta_1} + \frac{1}{E_2}\left[1 - \exp\left(\frac{-E_2 t}{\eta_2}\right)\right]\right\} \tag{7-9}$$

令 $B(t) = \left\{\frac{1}{E_1} + \frac{t}{\eta_1} + \frac{1}{E_2}\left[1 - \exp\left(\frac{-E_2 t}{\eta_2}\right)\right]\right\}$

式中　E_1——减载材料弹性模量；

η_1——马克斯韦尔体(M)黏滞系数；

E_2——开尔文体(K)弹性元件弹性模量；

η_2——开尔文体(K)黏滞系数。

由式(7-8)和式(7-9)可得：

$$\Delta\sigma_{v2} = \frac{\sigma_v E B h_p}{w_c D(1-\mu^2)} \tag{7-10}$$

由式（7-1）、式（7-5）、式（7-10）可得涵顶垂直土压力为：

$$\sigma_v = \frac{\left(1+\frac{h+h_p}{2H}\right)(h+h_p)AE+\omega_c D(1-\mu^2)}{\omega_c D(1-\mu^2)+EBh_p}\gamma H \tag{7-11}$$

7.3 时间效应数值模拟

建立二维的盖板涵数值模拟模型如图7-4所示。涵洞宽度 s 为7.0m，高度 h 为6.5m，侧墙宽度为1.5m，顶板宽度为5m，厚度为0.75m，涵洞基础宽度 L 为9 m，厚度为1.5m，EPS板厚度为0.5m，铺满整个涵洞宽度7m。涵洞底部设置1.0m砂石垫层，其下为强风化层，厚度取3.0m，中风化层厚度为12.0m。涵洞为线弹性材料，砂土、垫层及岩层均为摩尔—库伦弹塑性材料，EPS板为黏弹性材料，黏土为黏弹塑性材料。模型宽度取90m，模型底部同时约束水平与竖向位移，模型两侧只约束水平位移，数值模拟所选用的材料参数如表7-1和表7-2所列。

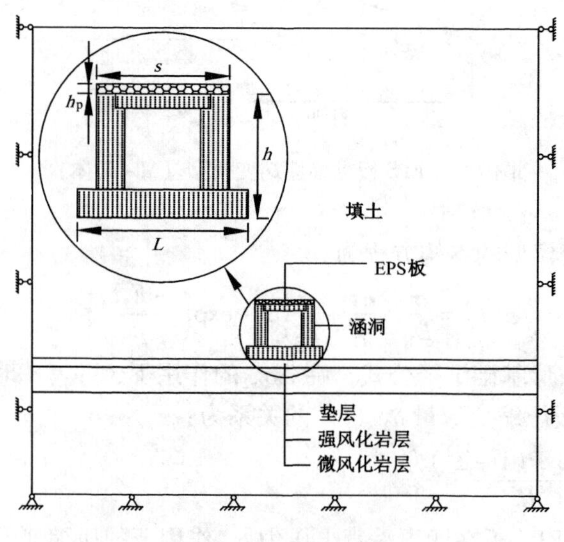

图7-4 数值分析模型

材料参数 表7-1

参数	E（MPa）	v	c（kPa）	φ（°）	γ（kN/m³）
涵洞	30000	0.2			25
砂土	30	0.32	0	30	18
垫层	300	0.25	50	32	22.5
强风化岩体	15000	0.23	600	29	26.5
微风化岩体	26000	0.2			27.2

蠕变参数 表7-2

参数	E_K（MPa）	v	E_M（MPa）	c（kPa）	η_K（kPa·s）	η_M（kPa·s）	γ（kN/m^3）
EPS	3.14	0.2	0.5	21	0.067	1.164	0.2
黏土	19.61	0.3	14	10	0.315	—	16

为了研究柔性材料、填土、涵洞之间的相对位移特征与涵洞受力随时间的变化规律。分别对不考虑材料蠕变性质、只考虑减载材料蠕变性质及同时考虑减载材料和填土蠕变性质三种情况进行数值模拟分析，材料蠕变性质参数如表7-2所列。三种情况均采用分层填土的方式进行模拟施工阶段，每次填土高度为1m，最大填土高度为32m。在分层填土时，由于填土施工时间相对时间较短，因此在模拟施工过程中不考虑材料的蠕变性质，在最大填土高度完成后，再进行材料蠕变分析。

首先对不考虑EPS板与填土的蠕变性质的情况进行分析，填土材料为致密的砂土。涵顶垂直土压力为240kPa，涵顶跨中位置EPS板的压缩变形量为0.24m，为EPS板最初厚度的48%。随着时间的增长，涵顶垂直土压力与EPS板压缩变形量都没有明显的变化，减载效果稳定。

只考虑EPS板蠕变性质的情况，填土材料为致密的砂土。在EPS板顶面取A、B、C三个点观测涵顶垂直土压力及沉降量随时间的变化规律（三个点分别为涵洞顶板的跨中、3/10跨、顶板边缘位置）。如图7-5所示，在施工完成后，涵顶垂直土压力随时间迅速减小，且涵顶垂直土压力减小速率较快，随着时间增长，涵顶垂直土压力减小速率减慢，并逐渐趋于平缓。距涵洞跨中位置越近，涵顶垂直土压力越大。涵洞顶板跨中垂直土压力在600个月内，由施工完成后240kPa最后减小到184kPa，减小了23%。三点的沉降量随时间的变化规律如图7-6所示，三个点的沉降量随时间的增长逐渐增大，且距涵顶跨中位置越近，EPS板的沉降量越大。涵洞顶板跨中处EPS板沉降量在600个月内，由施工完成后24.4cm到最后增大到27.5cm，增大了12%。内外土柱沉降差形成的土拱效应将涵顶土体荷载转移到涵洞台背填土上，距涵洞内外土柱接触面（即涵洞侧墙与填土的竖直接触面）越近，土拱效应越明显，转移到涵洞台背上的荷载越多。因此，距涵洞跨中位置越近，涵顶垂直土压力越大，EPS板所受垂直压力越大，EPS板顶面上的沉降量也就越大。另外，填土荷载作用下涵洞顶板产生挠曲变形，跨中位置比顶板两侧产生的挠曲变形大，所以距涵洞跨中位置越近，EPS板沉降量越大。取与A、B、C三个点处于同一水平面涵洞台背上的D、E、F三个点（三个点距涵洞侧墙的水平距离分别为0.5、1.0、1.5倍的涵洞宽度）进行分析。三点处的垂直土压力随时间的变化规律如图7-7所示，垂直土压力随时间而逐渐增大，且距涵洞越近，垂直土压力越大。D点处垂直土压力在600个月内，施工完之后为661kPa，在最后增大到679 kPa，增大了3%。三个点处填土沉降量随时间逐渐增大，但增大数值较小，如图7-8所示。由于土拱效应将内土柱土体荷载转移到外土柱上，涵顶垂直土压力随时间而减小，从而导致涵洞台背垂直土压力随时间而增大。在外土柱中距离内土柱越近的点，土拱效应越明显，所以距涵洞越近，垂直土压力越大，从而土体沉降量也就越大。由于填土为致密的砂土，变形模量较大，又不考虑土体蠕变性质，所以台背填土沉降量随时间而增大，且增大数值较小。通过图 7-5 ~ 图 7-8 可以看出，垂直土压力与沉降量随时间的变化规律是相对应的。在施工结束后，EPS 板沉降量迅速增大，而涵洞台背填土沉降量较小，内外土柱形成较大沉降差，土拱效应迅速加强，使得涵顶垂直土压力迅速减小。随着时间增长，EPS 板蠕变沉降量减小，内外土柱形成的沉降差也减小，土拱效应趋于稳定，涵顶垂直土压力也逐渐趋于水平，而内土柱土体荷载随着时间不断转移到外土柱上，从而使得涵洞台背垂直土压力随时间不断增大。

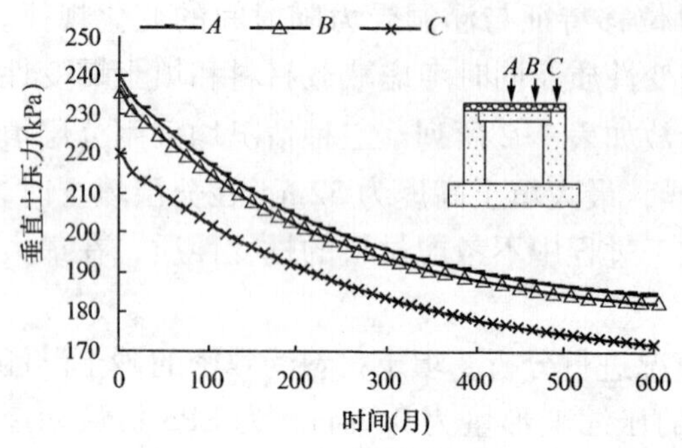

图 7-5　涵顶垂直土压力随时间的变化规律

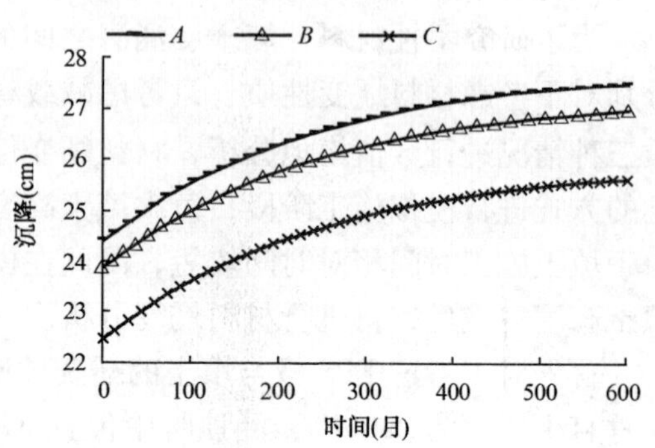

图 7-6　EPS 板沉降量随时间的变化规律

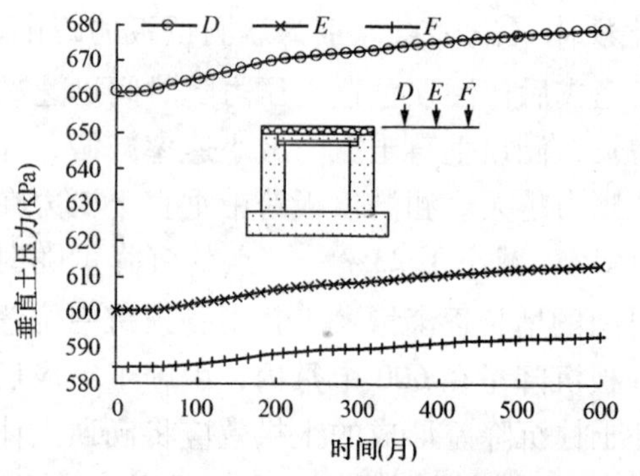

图 7-7　涵洞台背垂直土压力随时间的变化规律

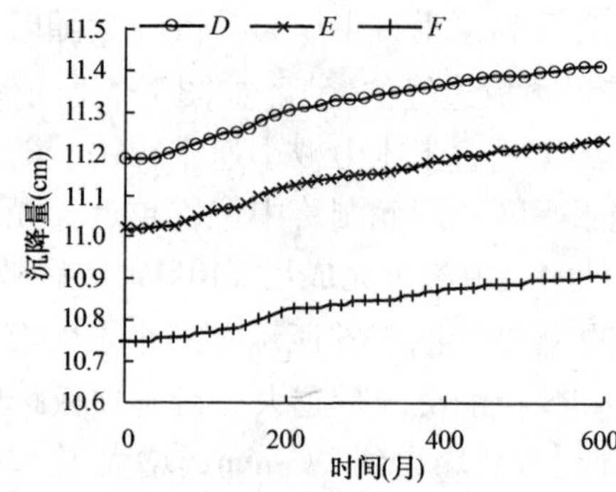

图 7-8　涵顶外侧填土沉降量随时间的变化规律

同时考虑填土、减载材料蠕变性质情况下的数值模拟结果如图 7-9 ~ 图 7-12 所示，填土材料为黏土。同样取 EPS 板顶面三个点（*A*、*B*、*C*，且三个点的位置与前述位置相同）观测涵顶垂直土压力、沉降量随时间的变化规律。如图 7-9 所示，涵顶垂直土压力在施工完成后一段时间内（约 100 个月）涵顶垂直土压力逐渐增大，随后（约 100 个月之后）又逐渐减小。在施工完成后涵洞顶板跨中垂直土压力为 308kPa，在第 100 个月增大到 353kPa，增大了 15%，第 100 个月之后又逐渐减小，在第 600 个月减小为 318kPa，相对于第 100 个月减小了 10%，相对于施工完成后增大了 3%。三个点处沉降量随时间的变化规律如图 7-10 所示，三个点沉降量随时间逐渐增大，在施工完成之后（约 100 个月内），涵顶柔性材料沉降量迅速增大，随后（约 100 个月之后）随时间一直增大，但增大速度减缓。涵洞顶板跨中处 EPS 板沉降量在 600 个月内，由施工完成后 32.7cm 到最后增大到 43.7cm，增大了 34%。取与 *A*、*B*、*C* 位于同一水平面上的涵洞台背填土中 *D*、*E*、*F* 三个点（三个点距涵洞侧墙的水平距离分别为0.3、0.5、1.0倍的涵洞宽度）观测垂直土压力与沉降量随时间的变化规律。三点处的垂直土压力在施工完成后一段时间内（约100个月）随时间减小，随后（约100个月之后）随时间而逐渐增大。*D*点处垂直土压力在施工完成后为596kPa，在第100个月减小到587kPa，在第600个月又增大到608kPa，相对于第100个月增大了4%，相对于施工完成后增大了2%。三个点处填土的沉降量随时间的变化规律如图7-12所示，填土沉降随时间而逐渐增大，在施工完成后迅速增大，在200个月之后逐渐趋于水平。*D*点处的沉降在施工完成之后为20.8cm，在第200个月时增大到24.1cm，在第600个月增大到24.9cm，与施工完成后相比增大了20%，相比于第200个月增大了3%。在施工完成后一段时间内（约100个月），靠近内外土柱接触面处的填土沉降量迅速增大，内外土柱相对运动趋势减小，内外土柱土体颗粒间剪切力减小，土拱效应减弱，一部分涵洞台背填土荷载转移到涵顶上，使得涵顶垂直土压力增大，而涵洞台背填土荷载减小。在100个月之后，柔性材料沉降量随时间继续增大，而台背填土沉降量也随时间增大，但沉降量增长速度相对较小，内外土柱沉降差又逐渐增大，土拱效应加强，涵顶填土荷载转移到涵洞台背上，使得涵顶垂直土压力逐渐减小，而涵洞台背上垂直土压力逐渐增大，且距涵洞越近，涵洞台背上垂直土压力越大。

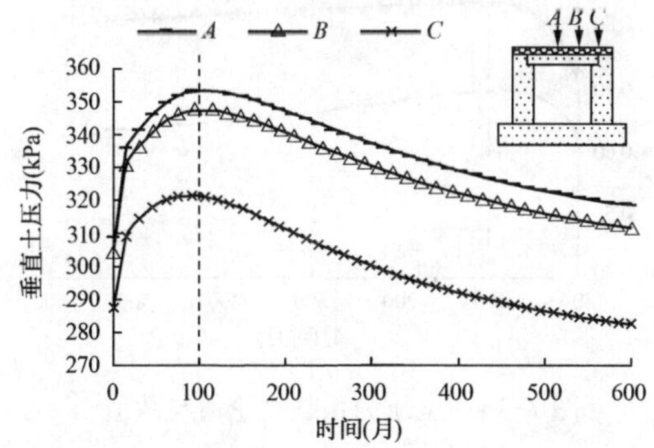

图7-9　涵顶垂直土压力随时间的变化规律

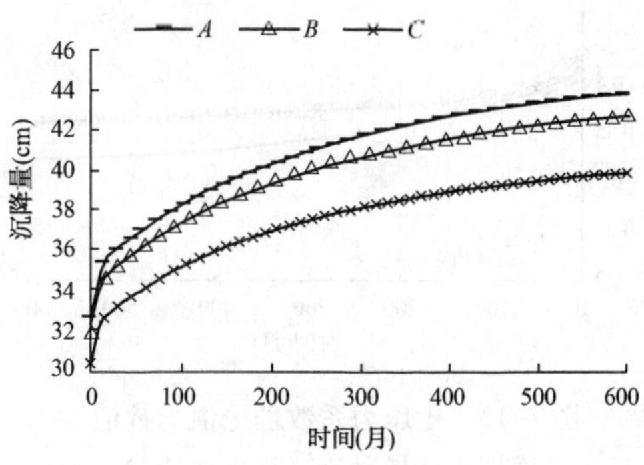

图7-10　EPS板沉降量随时间的变化规律

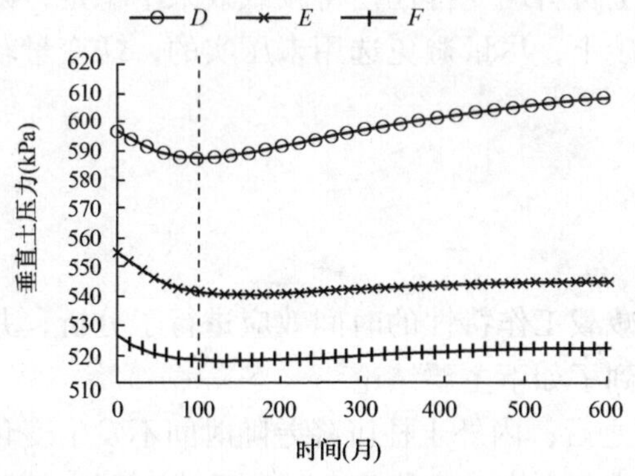

图7-11　涵顶外侧垂直土压力随时间的变化规律

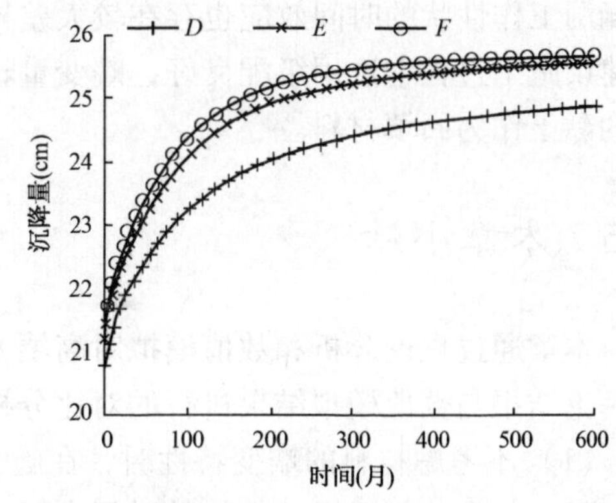

图7-12　涵顶外侧填土沉降量随时间的变化规律

7.4 理论分析结果与数值模拟结果对比分析

为了验证理论模型的正确性和适用性，将理论模型与数值模拟进行对比，来验证理论方法的正确性。

只考虑减载材料蠕变性质时，涵顶跨中垂直土压力系数理论结果与数值模拟结果随时间的变化规律如图 7-13 所示。在施工结束后，涵顶垂直土压力系数逐渐减小，最终趋于水平。计算结果与数值模拟结果变化规律一致，涵顶垂直土压力最大误差小于10%。

同时考虑减载材料、填土的蠕变性质时，涵顶垂直土压力系数理论结果与数值模拟结果随时间的变化规律如图 7-14 所示。在施工结束约 100 个月内涵顶垂直土压力系数逐渐增大，之后涵顶垂直土压力系数逐渐减小，并逐渐趋近于水平。理论结果与数值模拟结果变化趋势一致。

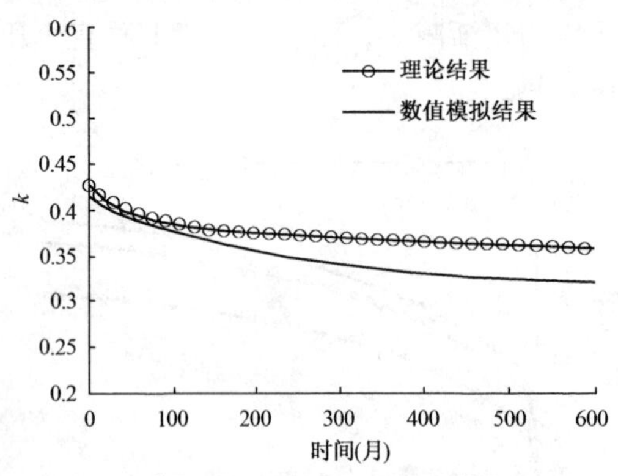

图 7-13 土压力系数理论值与数值模拟值结果对比（密实砂土）

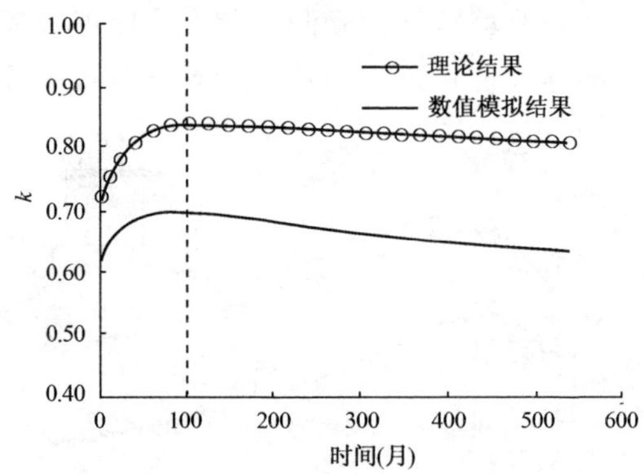

图 7-14 土压力系数理论值与数值模拟值结果对比（黏土）

由此对比分析可知，不同的填土材料和减载材料，其减载效果不同，减载条件下高填方涵洞工作性状的时间效应也存在较大差异。填土材料蠕变特性使得减载效果不稳定，因此建议施工过程中选用级配良好，蠕变量较小的砂土，尽量避免选用未压实的，蠕变量较大的黏土作为回填材料。

7.5 本章小结

本章通过理论分析和数值模拟对高填方涵洞减载工作特性的时间效应进行了分析，并对理论结果与数值模拟结果进行的对比分析，得到了如下主要结论：

（1）不考虑材料的蠕变特性时，在施工完成之后，内外土柱沉降差随时间不发生变化时，且内外土柱相对运动趋势随时间也不发生变化，土拱效应稳定，涵顶垂直土压力随时间无明显变化，减载效果稳定。

（2）当减载材料发生蠕变时，沉降量随时间逐渐增大，涵洞台背填土沉降量随时间无明显变化，内外土柱沉降差随时间增大，土拱效应加强，涵顶垂直土压力随时间逐渐减小，并最终趋于稳定。

（3）当柔性材料与填土都发生蠕变压缩变形时，柔性材料与填土的蠕变沉降差随时间发生变化，或内外土柱间相对运动趋势改变，涵顶垂直土压力也随时间发生变化。同一段时间内，填土蠕变沉降量迅速增大，内外土柱土颗粒间的剪切力减小，土拱效应减弱，使得涵顶土压力增大，涵洞台背垂直土压力减小。当黏土在荷载作用下逐渐密实，填土蠕变沉降量达到最大，而柔性材料蠕变沉降量继续增大，内外土柱间沉降差增大，土拱效应增强，涵顶土体荷载转移到涵洞台背上，使得涵顶垂直土压力减小。总体上，涵顶土压力首先是较快增长，然后逐渐减小并趋于稳定。

（4）不同的填土材料，减载效果不同，密实砂土填料比黏土填料的减载效果好，且涵洞工作性状较稳定。由于黏土材料的蠕变特性会对土拱效应产生较大影响，使得高填方涵洞减载工作性状不稳定，因此建议实际施工过程中选用级配良好的密实砂土作回填材料。

8 高填方刚性涵洞地基承载力

8.1 确定地基承载力一般方法

确定地基承载力的基本原则是：（1）保证地基不发生强度破坏而丧失稳定性；（2）保证构造物不发生影响其结构安全或正常使用功能的沉降或不均匀沉降。常用的确定地基承载力的基本方法有三种：第一种方法为规范法，通过大量的试验数据和工程实践经验，得出地基承载力的经验计算公式。第二种方法为现场试验法，主要是通过静力或动力触探来确定地基土的性质，从而进一步确定地基承载力，或者通过静载荷试验来确定地基承载力。第三种方法为理论计算法，首先计算地基的临塑荷载、临界荷载或者极限荷载，再除以经验安全系数得到地基承载力。理论方法可通过参数研究，较深入地认识影响地基承载力的多种因素。

8.1.1 规范方法

《公路桥涵地基与基础设计规范》（JTG D63—2007）规定[97]，修正后的地基承载力 $[f_a]$ 按式（8-1）确定。当基础位于水中不透水地层时，$[f_a]$ 按平均常水位至一般冲刷线的水深每米再增加 10kPa。

$$[f_a]=[f_{a0}]+k_1\gamma_1(b-2)+k_2\gamma_2(h-3) \tag{8-1}$$

式中 $[f_a]$——修正后的地基土承载力容许值（kPa）；

$[f_{a0}]$——地基土承载力基本容许值（kPa）；

b——基础底面的最小边宽（或直径），当 $b<2$m 时，取 $b=2$m；当 $b>10$m 时，取 $b=10$m；

h——基础地面的埋置深度（m），自天然地面算起，有水流冲刷的基础自一般冲刷线算起；当 $h<3$m 时，取 $h=3$m，当 $h/b>4$ 时，取 $h=4b$；

γ_1——基底下持力层土的天然密度（kN/m^3）。如持力层在水面以下且为透水者，应采用浮重度；

γ_2——基底以上土的密度或不同土层的换算密度（kN/m^3）。如持力层在水面以下，且为不透水者，不论基底以上土的透水性质如何，应一律采用饱和密度；如持力层为透水者，应一律采用浮重；

k_1、k_2——地基土容许承载力随基础宽度、深度的修正系数，根据持力层土的类别按规范查表确定。

8.1.2 现场试验方法

对于一般的黏性土、粉土及砂土等，主要通过静力触探方法确定地基承载力。对于碎石土、杂填土、全风化或强风化岩层可通过轻型、重型和超重型动力触探方法确定地基承载力。对于一些特殊土还可以通过现场静载荷试验确定地基承载力。但是这些方法很难反映涵洞等构造物的埋深效应和基础宽度效应。事实上，通涵工程基础属于柔性荷载作用下的深埋基础，与一般建筑物的浅基础不同。

8.1.3 理论计算方法

地基承载力的理论计算法是基于某些特定的假设条件，通过计算地基的临塑荷载、临界荷载或者极限荷载，再除以经验安全系数得到地基承载力。常用的计算理论如下[98]：

1. 普朗德尔（Prandtl）公式

普朗德尔于1920年根据塑性理论研究了刚性冲模压入无质量的半无限刚塑性介质中，介质达到破坏时的滑动面形状及极限压力公式。后来将其解答应用到地基极限承载力问题。其计算模型如图8-1所示。

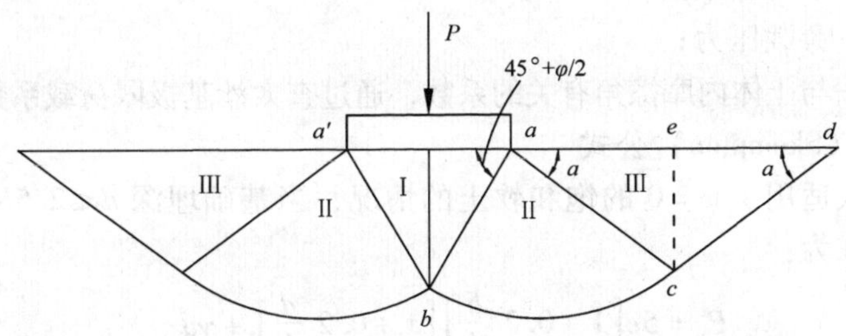

图8-1 普朗德尔公式计算模型

Ⅰ区：主动朗金区（$a'ba$），因基底面光滑，最大主应力 σ_1 为铅直方向，破裂面与水平面成 $45°+\varphi/2$ 角。

Ⅱ区：过渡区（abc），滑动线由对数螺线及辐射线组成。

Ⅲ区：被动朗金区（acd），最大主应力 σ_1 为水平方向，破裂面与水平面成 $45°-\varphi/2$ 角。

普朗德尔得出的极限承载力理论解为：

$$P=cN_c \tag{8-2}$$

式（8-2）中，N_c 为承载力系数，与土的内摩擦角 φ 有关，通过查普朗德尔地基承载力系数表可以得到。

推导Prandtl公式时，假定基础置于地基表面（$d=0$），并忽略基底以下地基土的密度影响，计算结果与实际情况存在一定的差异。

2. 太沙基（Terzaghi）公式

太沙基公式基于两点假设：一是基底压力均匀分布；二是地基破坏时沿图8-2所示的虚线整体滑动。其适用于地基土较密实的情况。图8-2中 b 为条形基础宽度，P 为通过构造物基础传到地基上的荷载，设为均匀分布。q_1 为构造物周围填土产生的荷载，称为旁载压力。当 $q_1 \neq 0$ 时，埋深效应将使地基承载力提高。

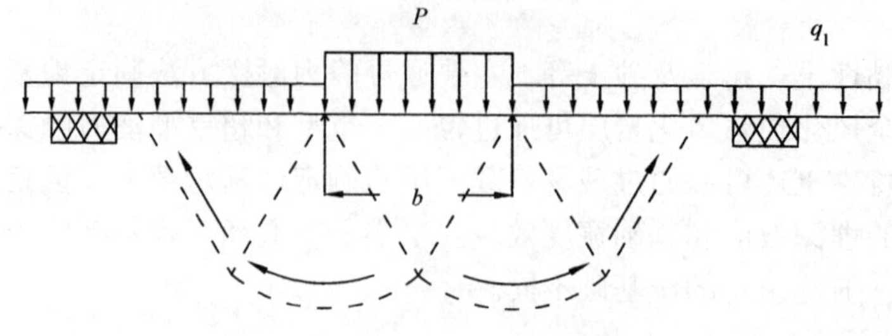

图 8-2　太沙基公式计算模型

太沙基地基极限荷载公式为：

$$P_u = \frac{1}{2}\gamma B N_r + cN_c + qN_q \tag{8-3}$$

式中　P_u——地基的极限荷载；

γ——土的重度；

B——基础宽度；

c——土的黏聚力；

q——旁载压力；

N_r、N_c、N_q——与土体内摩擦角有关的系数，通过查太沙基极限荷载系数表可以得到[98]。

3. 斯凯普顿（Skempton）公式

斯凯普顿公式适用于 $\varphi = 0$ 的饱和软土的情况，当基础埋深 $d \leqslant 2.5b$ 时，地基极限承载力的半经验公式为：

$$P_u = 5c\left[1 + 0.2\frac{b}{l}\right]\left[1 + 0.2\frac{d}{b}\right] + \gamma d \tag{8-4}$$

式中　d——基础埋深；

b——基础宽度。

对于高填方涵洞工程，设计中要求的承载力大多在 600kPa 以上。如果按照通常的设计标准，基底压力小于地基承载力，那么地基承载力很难达到要求。事实上，对于埋置于高路堤下的涵洞工程，涵洞两侧的填土相当于使基础具有埋深效应，可以显著提高地基承载力。涵洞基础宽度一般大于 2m，计算涵洞地基承载力时也应考虑宽度修正。深刻认识埋深效应和宽度效应有助于指导高填方涵洞地基承载力的确定。

8.2　地基承载力修正

8.2.1　涵洞地基承载力修正的原因

涵洞是横穿路基的公路工程构造物，现行的涵洞地基及基础设计方法被并入桥梁地基与基础设计一类，按传统方法进行设计。研究表明[49,53]，涵洞地基与基础的工作性状与传统概念上的地基基础工作性状不同，若采用传统方法进行设计对涵洞结构受力不利，甚至引起涵洞结构破坏。在地基极限承载力公式推导中，假设地基的破坏沿着预先假定的滑动面挤出，如图 8-3 所示。此时根据极限状态下的静力平衡条件可以求出地基极限承载力 P_u 及相应的承载力表达式。图 8-3 所示的理论计算模式也为试验和实践所证实。事实上，它不适用于涵洞地基和基础的计算。由于涵洞是空心路堤下的填埋构造物，当路堤填土不高时，它的基底压力 P 一般情况下都小于基础两边的旁压荷载 q，对于明涵（涵顶上部填土厚度小于 0.5m 的涵洞）更是如此。因此，不会出现理论公式所假设的滑动面和地基土被挤出地面的现象。所以传统的地基极限承载力理论计算方法不适用于涵洞工程。

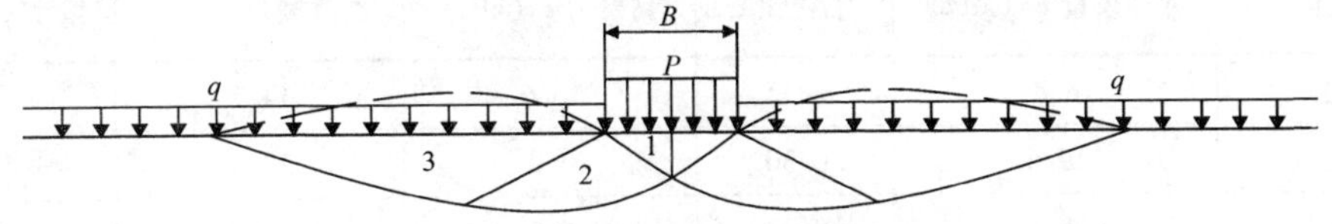

图 8-3　地基极限承载力示意图

涵洞地基承载力会直接影响到涵洞结构的受力状态，现有的研究工作主要针对涵洞顶部的土压力进行开展[2,22,64]，其主要分析了在减载和非减载条件下，上埋式和沟埋式涵洞的受力状态及变形特性。此外，也有部分研究工作考虑了地基特性对涵洞结构受力状态的影响。文献[52]应用离心模拟试验分析了涵洞发生病害的全过程，利用图片测量软件分析了填土、涵洞及地基的相互作用过程，阐述了涵洞地基纵向不均匀沉降对结构受力状态的影响。文献[53]提出了填土-涵洞-地基共同工作模型，分析了涵洞的工作性状，并对涵顶土压力计算方法及地基承载力的确定原则给出了建议。文献[55]根据高填方涵洞工程的受力特性，提出了综合考虑强度与沉降控制的承载力基本容许值确定方法。这些理论研究成果为涵洞地基承载力的进一步研究奠定了基础，然而，现有理论对软土地基上高填方刚性涵洞的地基承载力的认识仍然不够充分。

高填方刚性涵洞设计中要求的承载力大多在 600kPa 以上，如果按照通常的设计准则"基底压力小于地基承载力特征值"，那么地基承载力很难达到要求。实际工程中，通过地基处理后，往往对涵洞地基承载力提出了过高的要求。对涵洞地基承载力的判断直接影响到涵洞地基处理方法的选取。研究结果表明地基刚度和地基的处理范围对涵洞结构的受力状态有很大的影响，地基刚度越大，涵洞顶部的土压力越大，而且地基处理的范围不当，也会对结构造成不利的影响[54,56]。

事实上，对于埋置于高路堤下的涵洞结构，其两侧的路堤填土（旁压荷载）相当于使涵洞基础具有埋深效应，可以显著提高地基承载力。涵洞基础宽度一般大于 2m，计算涵洞地基承载力时，在适当的条件下也应考虑宽度修正。此外，软土地基承载力会随着土体的固结而提高。本章主要从高填方刚性涵洞地基承载力的角度展开分析，深刻认识埋深、宽度效应和软土固结对涵洞地基承载力的影响。

8.2.2　涵洞地基承载力埋深效应

高填方涵洞结构本身属于一种深埋的构造物，涵洞地基承载力与涵洞基础的埋深效应有关。一般意义上讲，涵洞地基承载力会随着基础埋深的变化而发生变化。本节中将利用数值模拟方法对黏性土地基和砂土地基的承载力埋深效应进行对比分析，从而确定涵洞基础埋深效应对软土地基承载力的影响。

实际工程中主要通过静力触探方法确定软土地基的承载力。但这很难反映涵洞等构造物的埋深效应对地基承载力的影响。数值分析采用 PLAXIS 有限元软件对涵洞地基承载力的埋深修正进行分析。模型中采用的参数如表 8-1 所列。

数值模拟的参数 **表 8-1**

材　料	弹性模量 E（MPa）	泊松比 v	黏聚力 c（kPa）	内摩擦角 φ（°）	重度 γ（kN/m^3）
黏性土	6.8	0.35	16.6	14.7	17.9
砂土	19.6	0.30	0.0	33.5	19.6
路堤填土	28.0	0.27	6.0	29.5	19.5
涵洞	30 000.0	0.20	—	—	25.0

数值模拟采用 15 节点三角形高精度单元，界面 5 对节点坐标两两相同。界面单元的刚度矩阵由 Newton - Cotes 积分点得到。当界面处于弹性状态时，界面剪应力为：

$$|\tau| < \sigma_n \tan\varphi_i + c_i \tag{8-5}$$

当界面处于塑性状态时，界面剪应力为：

$$|\tau| = \sigma_n \tan\varphi_i + c_i \tag{8-6}$$

式中　σ_n、τ——作用于界面上的正应力和剪应力；

φ_i、c_i——界面的内摩擦角和黏聚力。

通过界面强度折减系数 R_{inter} 来反映由于结构物与土体界面的塑性滑移导致接触面强度的降低，其表达式为：

$$c_i = R_{inter} c_{soil} \tag{8-7}$$

$$\tan\varphi_i = R_{inter} \tan\varphi_{soil} \tag{8-8}$$

当界面材料完全粘结时，R_{inter} 取 1.0；当界面完全光滑时，R_{inter} 取 0。根据相关的试验结果和工程经验，数值模拟中路堤填土及砂土与涵洞之间的 R_{inter} 取 0.8，黏土与涵洞之间的 R_{inter} 取 0.5[72,99]。接触面实际厚度为 0，虚拟厚度因子取 0.1。填土及地基采用摩尔—库仑弹塑性模型，涵洞结构物采用线弹性模型。数值模型宽度取 15 倍涵洞结构宽，地基土厚度取 10 倍基础宽度。模型两侧仅约束水平位移，模型底部同时约束水平和竖向位移。分析基础的埋深效应时暂不考虑排水固结的影响。讨论涵洞基础埋深效应时，基础宽度取 $b = 1m$，埋深 $d = Nb$（基础埋深系数 $N = 0, 1, 2, \cdots$）。第 1 工况模拟地基土和涵洞自重作用下产生的应力场和位移场，此后的各工况中，消除自重作用的影响，逐级加载，直至地基土屈服，从而确定不同基础埋深时涵洞地基极限承载力。数值分析中，涵洞的尺寸和模型的尺寸是变化的，文中仅给出数值分析模型示意图，如图 8-4 所示。

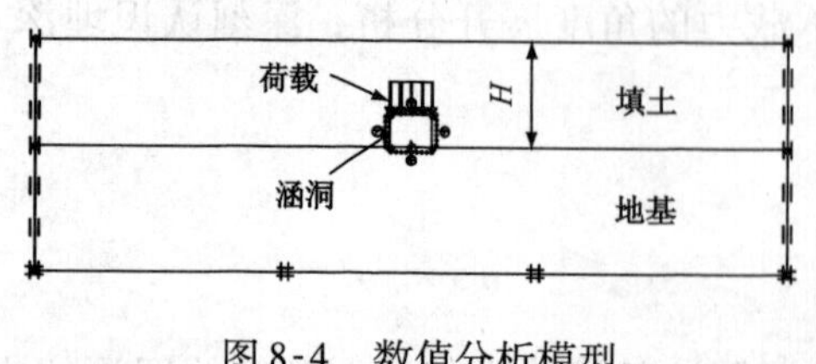

图 8-4　数值分析模型

黏性土地基加载过程中，不同的基础埋深情况下，涵洞基础沉降随荷载和基础埋深的变化规律如图 8-5 所示。涵洞基础沉降随填土荷载的增大呈非线性增加。相同荷载作用下，涵洞基础埋深越大，基础的沉降越小。涵洞地基承载力亦随涵洞埋深的增加而提高。对于涵洞工程，涵洞两侧的填土荷载相当于埋深效应，当填土高度增大时，埋深效应增强，涵洞地基承载力也随之提高。

为了反映软土地基的承载力特性，现将砂土地基与之对比分析。砂土地基加载过程中，涵洞基础沉降随荷载及基础埋深的变化规律如图 8-6 所示。荷载相同时，不同埋深情况下涵洞基础的沉降差别不大，但是涵洞地基极限承载力随埋深增大而大幅度提高。当荷载小于极限荷载时，砂土地基的荷载—位移关系近似呈线性变化。当埋深增大时，虽然沉降随荷载的增大而增加，但地基的极限承载力得到显著提高。当设计中对基础的沉降要求不太严格，地基极限承载力取值时可以适当考虑增大沉降比（沉降比定义为荷载作用下的沉降量与基础宽度的比值），提高地基极限承载力。

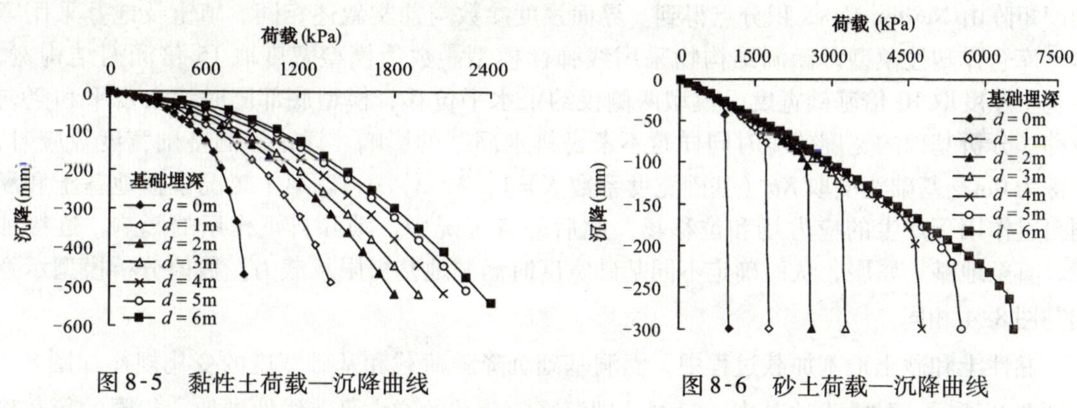

图 8-5　黏性土荷载—沉降曲线

图 8-6　砂土荷载—沉降曲线

若地基承载力特征值按沉降比为 2% 来取值，则考虑涵洞基础埋深效应的地基承载力特征值随埋深的变化规律如图 8-7 所示。黏性土和砂土地基承载力特征值均随涵洞基础埋深的增大呈非线性增加，增加的幅度逐渐减小，尤其是黏性土地基增幅渐小的特征更为明显。当基础埋深系数 $N<5$ 时，涵洞地基承载力特征值随基础埋深的增大近似呈线性增加，当 $N\geqslant5$ 时，基础埋深对地基承载力特征值的影响逐渐减小。而《公路桥涵地基与基础设计规范》（JTG D63—2007）[97] 中埋深效应对地基承载力的影响是呈线性增加的，且当 $N>4$ 时，取 $N=4$。

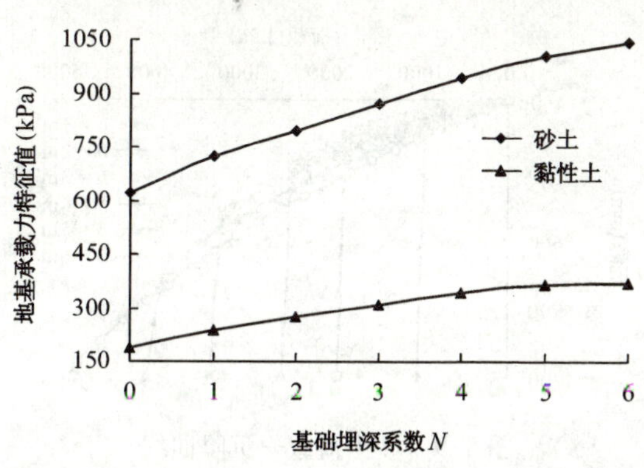

图 8-7　地基承载力特征值随基础埋深变化规律

基础埋深系数 N 从 0 增加到 6 时，砂土地基承载力特征值提高了 422kPa，增长了 68.1%；黏性土地基承载力特征值提高了 182kPa，增长了 96.7%。按照规范计算，取 $N=4$，砂土地基承载力特征值提高了 78.4kPa，增长了 12.7%；黏性土地基承载力特征值提高了 26.9kPa，增长了 14.3%。显然，对于高填方刚性涵洞，其基础埋深较大，低估了涵洞地基的承载力，从而造成了实际工程中的涵洞地基处理过度，地基刚度过大，增强了涵顶的土压力集中。

8.2.3　涵洞地基承载力宽度修正

大型的高填方涵洞结构的基础宽度一般较大（大于2m），涵洞地基承载力与涵洞基础的宽度效应有关。也就是说，涵洞地基承载力会随着基础宽度的变化而发生变化。本节中将利用数值模拟方法对黏性土地基和砂土地基的承载力的宽度效应进行分析，从而确定涵洞基础宽度效应对软土地基承载力的影响。然而，工程中通常采用的静力触探方法很难反映涵洞等构造物的基础宽度效应对地基承载力的影响。数值分析采用 PLAXIS 有限元软件对涵洞地基承载力的宽度修正进行分析。模型中采用的参数同表 8-1。

数值模拟采用 15 节点三角形高精度单元，界面 5 对节点坐标两两相同。界面单元的刚度矩阵由 Newton-Cotes 积分点得到。界面强度参数与前文叙述相同。填土及地基采用摩尔—库仑弹塑性模型，涵洞结构物采用线弹性模型。数值模型宽度取 15 倍涵洞结构宽，地基土厚度取 10 倍基础宽度。模型两侧仅约束水平位移，模型底部同时约束水平和竖向位移。分析基础的宽度效应时同样暂不考虑排水固结的影响。讨论涵洞基础宽度效应时，埋深为0m，基础宽度取 Kb（基础宽度系数 $K=1$，2，3，…）。第 1 工况模拟地基土和涵洞自重作用下产生的应力场和位移场，此后的各工况中，消除自重作用的影响，逐级加载，直至地基土屈服，从而确定不同基础宽度时涵洞地基极限承载力。数值分析模型示意图与图 8-4 相同。

黏性土和砂土地基加载过程中，涵洞基础沉降随荷载和基础宽度的变化规律如图 8-8 和图 8-9 所示。黏性土地基中，涵洞基础沉降随荷载的增大呈非线性增加，相同的荷载作用下，基础宽度越大，其沉降越大。当涵洞基础宽度增大时，极限荷载虽然会得到一定程度的提高，但涵洞基础的沉降增大得很快。而砂土地基在加载过程中，当荷载小于极限荷载时，涵洞基础的荷载—位移关系近似呈线性变化。相同的荷载作用下，基础沉降也随基础宽度的增大而增加，但其增加幅度比黏性土地基的增幅要小。对于砂土地基，当涵洞基础的宽度增大时，应该考虑地基承载力宽度修正，但应该注意宽度效应对沉降的影响。

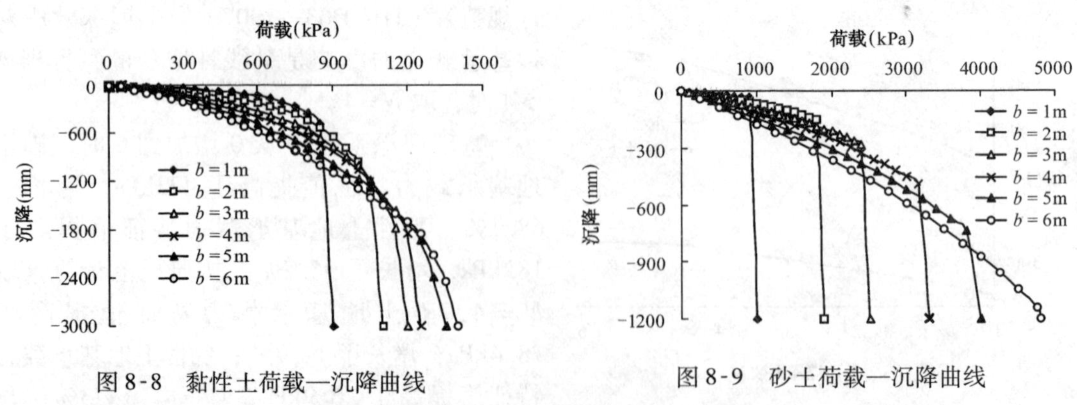

图 8-8　黏性土荷载—沉降曲线

图 8-9　砂土荷载—沉降曲线

若涵洞地基承载力特征值按照沉降比为 2% 取值，考虑涵洞基础宽度效应的地基承载力特征值随基础宽度系数的变化规律如图 8-10 所示。砂土地基承载力特征值随涵洞基础宽度系数的增大呈非线性增加，而黏性土地基承载力特征值随基础宽度系数的增大变化微小。涵洞基础宽度系数 K 从 1 增加到 6 时，砂土地基承载力特征值提高了 128kPa，增长了 20.6%；黏土地基承载力特征值先小幅度提高然后又逐渐减小，最大增长幅度为 5.1%。因此，对于软土地基上的高填方涵洞工程不应考虑地基承载力的宽度修正。

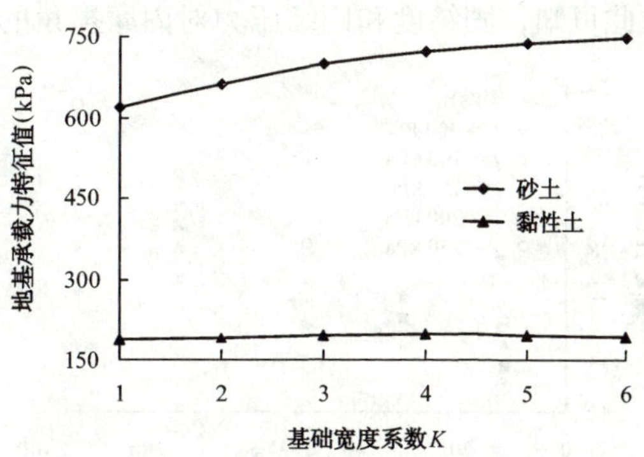

图 8-10　地基承载力特征值随基础宽度变化规律

8.2.4　软土固结对涵洞地基承载力影响

分析固结效应时，通过 100 多组软土试样的压缩固结和直接剪切试验，得出不同固结压力下，黏聚力 c 和内摩擦角 φ 与固结度 U_t 及固结压力 P 之间的规律，进而确定固结对软土地基上高填方刚性涵洞地基极限承载力的影响。固结试验时，以 t 时刻的固结度 U_t 与相应时刻的固结沉降 s_{ct} 成正比为基础来确定固结度[100]，即

$$U_t = s_{ct}/s_c \tag{8-9}$$

式中　s_c——固结沉降。

固结试验中，采用单面排水，固结压力分为 50、100、…、250kPa，共 5 个等级，各种不同的固结压力 P_i 作用下，压缩固结至相应的固结度，然后进行剪切试验，得出不同的 U_t 时对应的 c 和 φ 值。试样的平均土性参数如表 8-2 所列。

固结试验中的土性参数　　表 8-2

名　称	单位	数值	名　称	单位	数值
含水率 w	%	30.9	孔隙比 e	—	0.912
重度 γ	kN/m^3	18.1	压缩模量 E_s	MPa	5.76
塑限 w_p	%	20.1	渗透系数 k	10^{-5}m/s	0.045
液限 w_L	%	40.6	无侧限抗压强度 q_u	kPa	50.4
塑性指数 I_p	—	20.5	黏聚力 c	kPa	12.8
液性指数 I_L	—	0.53	内摩擦角 φ	°	10.3

通过固结过程中软土基本力学参数的变化规律来反映固结对涵洞地基承载力的影响。试验得出软土的黏聚力和内摩擦角随固结度 U 和固结压力 P 的变化规律如图 8-11 和图 8-12 所示。

相同的固结压力作用下，软土的黏聚力和内摩擦角均随固结度的增大而提高。固结度相同时，黏聚力和内摩擦角均随着固结压力的增大而提高。固结度和固结压力对黏聚力和内摩擦角有复合影响，固结度较小时，黏聚力和内摩擦角随固结压力的增大提高的较慢；固结度越大时，黏聚力和内摩擦角随固结压力的增大提高得越快。当固结压力 $P = 100$kPa，固结度由12%增长到92%时，黏聚力提高了33%，内摩擦角增大了49%；当固结度为50%左右时，固结压力P由50kPa增加到250kPa时，黏聚力提高了19%，内摩擦角增大了30%，由此可知，固结度和固结压力对内摩擦角的影响比对黏聚力的影响要大。

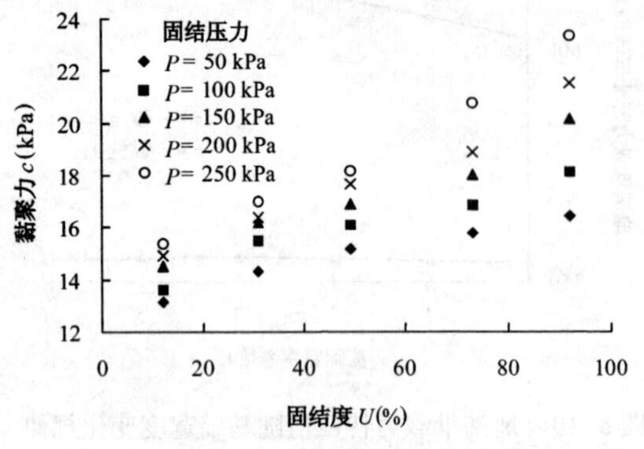

图8-11 黏聚力随固结度和固结压力的变化规律

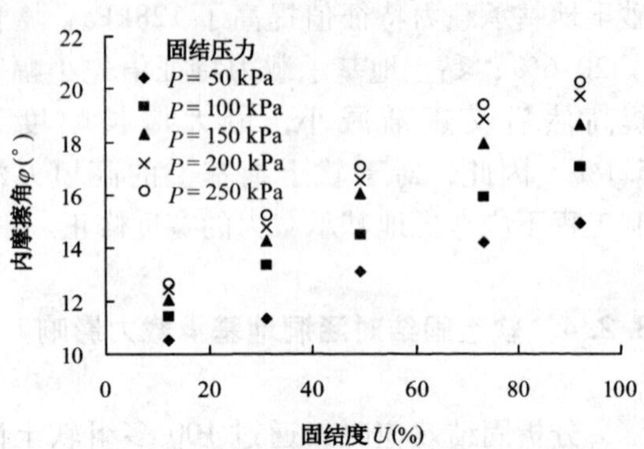

图8-12 内摩擦角随固结度和固结压力的变化规律

根据试验结果，采用最小二乘法对黏聚力和内摩擦角两个参数进行曲线拟合，得出了不同固结压力下c、φ值与固结度之间的关系（表8-3），二者之间近似为线性关系，相关性系数均在0.95以上。实际工程应用中，可以认为c、φ值随固结度的增长呈线性增加。

c、φ值拟合参数表 表8-3

固结压力（kPa）	c值拟合，$c=k_1U+c_0$			φ值拟合，$\varphi=k_2U+\varphi_0$		
	k_1	c_0	R_1^2	k_2	φ_0	R_2^2
50	0.040	12.91	0.965	0.058	9.85	0.973
100	0.051	13.44	0.951	0.068	10.95	0.984
150	0.065	13.81	0.968	0.083	11.50	0.969
200	0.077	13.87	0.972	0.092	11.73	0.981
250	0.098	13.86	0.984	0.096	11.99	0.975

注：表中k_1、c_0和k_2、φ_0分别为黏聚力和内摩擦角的拟合参数。R_1^2和R_2^2分别为黏聚力和内摩擦角的相关指数。

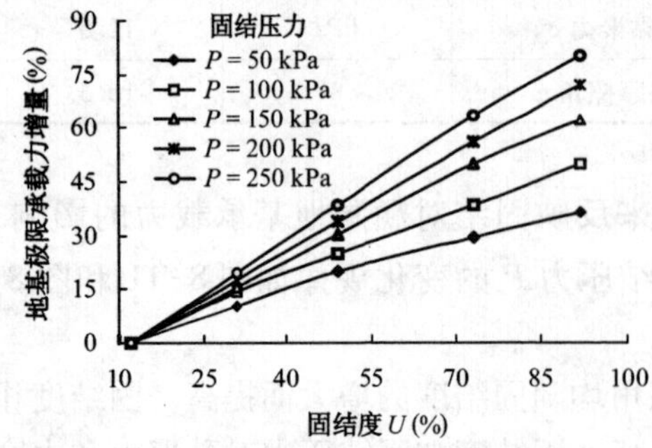

图8-13 地基极限承载力增量随固结度和固结压力的变化规律

根据考虑软土固结效应修正的Prandtl地基极限承载力计算理论[55]，得出涵洞地基极限承载力随固结度和固结压力的变化规律（表8-4和图8-13）。从表8-4的计算结果以及图8-13中可以看出，地基极限承载力随着软土固结度的增大而提高。以$U=92\%$为例，固结压力P分别为100kPa、150kPa、200kPa、250kPa时，相应于前一级荷载作用下，地基极限承载力P_u分别提高了16.9%、13.8%、9.3%、6.6%。因此，固结度一定时，极限承载力随着固结压力的增大而提高，但是增加的幅度逐渐减小。

地基极限承载力随固结度的变化情况 表8-4

固结压力 P（kPa）	P_{u1}（$U=12\%$）（kPa）	P_{u2}（$U=92\%$）（kPa）	提高率（%）
50	273.0	372.2	36.3
100	289.8	434.9	50.1
150	304.8	494.7	62.3
200	314.3	540.9	72.1
250	320.3	576.8	80.1

8.2.5 路基填筑速率对地基承载力的影响

采用数值模拟分析路基填土加载速率对软土地基承载力的影响，数值模型和参数与前述的“涵洞基础埋深效应”相同。路基填土采用分步加载方案，路基填土过程中，地基上随着填土高度的增加而逐渐固结压密，地基承载力也会随着地基土的固结而逐渐变化。为了分析加载速率的影响，每一步加载时间间歇从一个很小值增大到50天，每次填土厚度约0.5m。

当填土高度达到某一极限值时，软土地基发生剪切破坏，软土地基的极限承载力可由荷载—沉降（$P-s$）曲线得到。对于高填方涵洞，根据《公路桥涵地基与基础设计规范》（JTG D63—2007），可以近似认为涵洞基础沉降与基础宽度比为4%时，涵洞基底平均压力即为地基的极限承载力。

软土地基的极限承载力随路基填筑速率和地基土的渗透系数的变化规律如图8-14所示。地基极限承载力随路基填筑速率的增加呈非线性减小趋势。当填筑速率从0.1m/d增大到100m/d时，地基极限承载力迅速减小（例如，当渗透系数为0.01m/d时，极限承载力减小了62.2%）。此外，研究还发现地基极限承载力随着渗透系数的减小而呈非线性减小。渗透系数越小，对地基极限承载力的影响越明显。

路基填筑过程中，最大超静孔隙水压力产生在路基基底中心处。计算发现，当地基土渗透系数为0.001m/d，路基填筑速率足够快时，路基极限高度为6.0 m。因此，图8-15中给出了路基填土高度为6.0m时，最大超静孔隙水压力随路基填筑速率的变化规律。图8-15表明，最大超静孔隙水压力随填筑速率的增加呈非线性增大，当路基填筑速率为1.0~100m/d时，最大超静孔隙水压力迅速增大（例如，当软土地基渗透系数为0.01m/d时，最大超静孔隙水压力增大了约95倍）。此外，研究还发现最大超静孔隙水压力随着渗透系数的增大而减小。

实际工程中，工程师通常认为天然地基承载力不足会发生剪切失稳破坏，从而进一步引起涵洞结构破坏。但是，研究结果表明，基础埋深效应、基础宽度效应对涵洞地基承载力具有积极影响，而且，缓慢加载可以使路基填土固结压密，进一步提高涵洞地基的承载力。因此，工程中应该充分考虑这些因素的影响，否则很可能低估了涵洞地基的承载力。

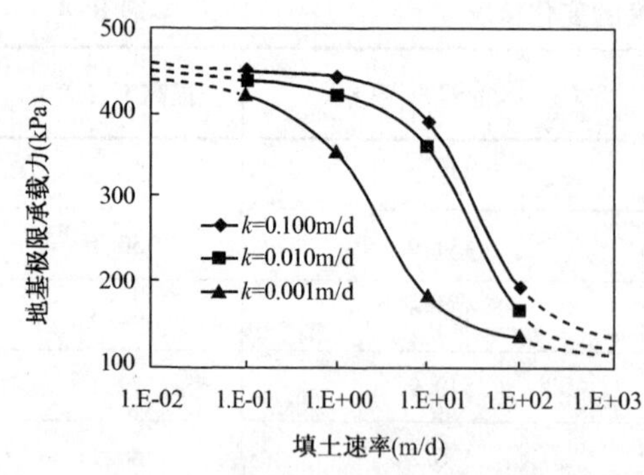

图 8-14 地基极限承载力与路基填筑速率的关系

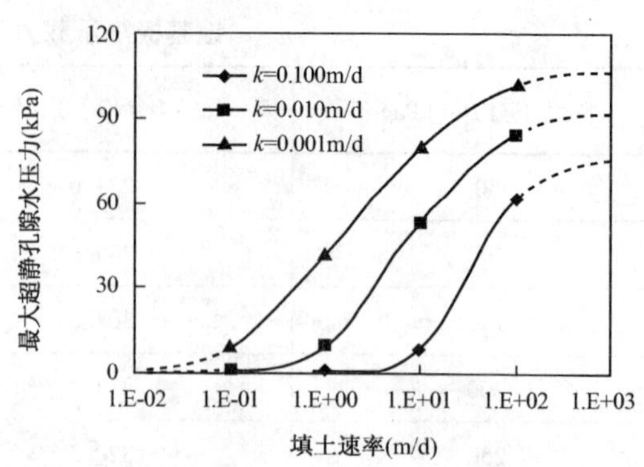

图 8-15 最大超静孔隙水压力随路基填筑速率的变化规律（$H=6.0$m）

实际工程中在确定高填方刚性涵洞地基承载力时，不能简单根据现场原位测试结果或勘察报告给出的建议值选取地基承载力。对于非软土地基，涵洞地基承载力应该考虑涵洞基础的埋深效应和宽度效应对地基承载力的贡献。对于软土地基，应该考虑基础的埋深效应对地基承载力的贡献，但是不应该考虑基础的宽度效应，除此之外，还应该考虑路基加载速率和软土地基的渗透系数对地基承载力的有利影响和不利影响。建议实际工程中采用竖向和水平向排水设施缩短排水路径，路基填筑速率不应超过 1.0m/d。

8.3 涵洞地基设计原则

从前文的分析结果可知，公路涵洞地基与基础的受力特性与一般的建筑物地基与基础的受力特性不同，涵洞两侧的路堤填土使涵洞基础具有埋深效应，约束了涵洞基底土体的侧向滑移，使地基的承载力得到一定程度的提高。由于设计人员对涵洞—填土—地基的相互作用机理认识不够深入，未能充分认识涵洞基础的埋深效应和宽度效应，对地基承载力提出了过高的要求，从而导致地基刚度增大，涵顶土压力集中。一方面造成浪费，另一方面给结构带来安全隐患。此外，高路堤填筑过程中，天然地基被压密并且逐渐固结，填筑过程相当于一个堆载预压的过程，地基土的有效内摩擦角与黏聚力都会有一定程度的增加，从而使地基承载力提高。涵—土结构体系受力状态复杂，影响因素众多，建议涵洞地基设计采用以下设计方法：

（1）涵洞地基设计应综合考虑填土性质、构造物刚度、地基土性质、几何边界条件等对结构受力状态和位移的影响，尽可能减小涵顶土压力集中现象。

（2）相同的填土荷载作用下，地基刚度越大，涵顶土压力越大，涵顶土压力集中现象越严重。地基处理时不宜将地基刚度提得太高。

（3）当涵顶填土高度不太大时，涵洞基底压力与相同标高下路基基底压力接近，地基设计时可以按两者相等考虑，而不能处理成“强涵基，弱路基”。

（4）当涵洞地基承载力不足时，应采用普通砂石换填并采取相应的防水措施，或者采用碎石桩、粉喷桩、石灰桩等柔性桩复合地基。在未经专门论证的情况下不允许使用刚性桩进行涵洞地基处理。

（5）高路堤下涵洞基础不同于一般建筑物基础，其地基承载力的确定应该根据土层性质考虑埋深效应和宽度效应。此外，随着填土高度的增加，地基土逐渐固结，土体的黏聚力和内摩擦角得到一定程度的增加，地基承载力也相应提高，对于软土地基，应考虑固结对地基承载力的影响。

（6）涵—土体系的受力状态和变形特性随地基处理宽度和深度的变化而变化，涵洞地基处理时，应适当加宽地基处理宽度，不能仅仅处理涵洞正下方的土体，涵洞地基处理宽度宜取为3倍涵洞基础宽度。地基处理深度只需仅仅满足承载力和沉降的要求，不宜额外增大处理深度。

（7）地基设计时应使地基土刚度分布均匀，严格控制基底不均匀沉降，涵洞纵向不均匀沉降产生"扁担效应"，严重时可导致涵洞基础开裂，影响通涵的排水和通行功能；横向不均匀沉降会导致"偏载效应"，使涵顶和翼墙受拉，尤其是拱涵，拉应力过大会导致拱脚纵向开裂。

（8）涵洞纵向沉降过大会影响排水功能，甚至使路面产生弯沉，影响道路的正常运营。在非人为增大地基刚度的情况下，可在涵洞基底设置预拱度，预拱度经验值可取为$s_1+s_2/2$，s_1为施工期沉降，s_2为工后沉降。

（9）对于沉降控制不太严格的通涵工程，地基承载力取值时，可以考虑适当增大沉降比，以获得较高的地基承载力容许值。

8.4　本章小结

山区沟谷软土地基上高填方刚性涵洞的应用较为广泛，然而，现有的计算理论对该类条件下涵洞地基承载力的认识还不够充分，对地基承载力提出过高的要求，反而为结构带来了不利影响。通过数值模拟和试验手段对涵洞的地基承载力进行分析。探讨基础埋深、宽度及软土固结对涵洞地基承载力的影响，得出如下主要结论：

（1）黏性土和砂土地基承载力特征值随涵洞基础埋深系数的增大呈非线性增加，增加的幅度渐小，尤其是黏性土增幅逐渐减小的特征更为明显。而这一规律有别于《公路桥涵地基与基础设计规范》中埋深效应对地基承载力的影响。

（2）黏性土地基中，相同的荷载作用下，涵洞基础沉降随基础宽度系数的增大而增大；砂土地基也有类似的变化规律，但其沉降受基础宽度的影响比黏性土要小。砂土地基承载力特征值随涵洞基础宽度的增大呈非线性增加，而黏性土地基承载力特征值随基础宽度的增大变化微小。基础宽度系数K从1增加到6时，砂土地基承载力特征值提高了20.6%；黏土地基承载力特征值先小幅度提高然后又逐渐减小，最大增长幅度为5.1%。因此，软土地基上高填方涵洞的地基承载力不应考虑基础的宽度修正。

（3）软土的黏聚力和内摩擦角均随固结度和固结压力的增大而提高。固结度和固结压力对黏聚力和内摩擦角有复合影响，固结度越大时，黏聚力和内摩擦角受固结压力的影响越大，固结度和固结压力对内摩擦角的影响比对黏聚力的影响要大。固结压力一定时，黏聚力和内摩擦角均与固结度呈近似线性关系。

（4）固结压力一定时，涵洞地基极限承载力随软土固结度的增大而提高，通常可以提高36%以上；相同的固结度时，软土地基极限承载力随着固结压力的增大而提高，但其增加的幅度逐渐减小。

（5）软土路基施工还应该考虑路基加载速率和软土地基的渗透系数对地基承载力的有利影响和不利影响。建议实际工程中采用竖向和横向排水设施来缩短排水路径，路基填筑速率不应超过1.0m/d。

9 高填方刚性涵洞地基处理设计方法

涵洞工程设计中，大多数设计工作者只关心涵洞结构本身的受力状态，而忽略了涵洞地基的设计，不仅导致实际工程建设中投资增加，而且由于其工程质量难以保证而影响交通的正常运营和使用寿命。事实上，填土—涵洞—地基三者是一个协调变形的统一体。地基的设计对涵洞工作性状的影响不容忽视[45,46,54]。

当天然地基承载力不能满足工程设计要求时，涵洞地基处理的范围和刚度也会对涵洞的受力状态产生影响。现有的研究理论中，大多关注涵洞结构的受力状态和变形特性，而较少关注涵洞地基特性对其工作性状的影响。本章主要从地基处理的角度对软土地基上的高填方刚性涵洞展开研究，探讨涵洞基础的埋深、宽度及软土固结对承载力的有利影响，分析地基处理的合理深度、宽度及刚度。

9.1 涵洞基底土压力分布规律

为了确定涵洞的地基处理的合理范围，通过第2章描述的涵洞工程现场测试结果得出了涵洞基底土压力分布规律。涵洞浇筑前，首先对天然地基进行碾压，然后在地基上修建涵洞。涵洞地基分3层，第1层为含砾石的粉质黏土，平均厚度约6.0m，无地下水，采用重型压路机碾压；第2层为全风化泥岩，平均厚度约4.0m；第3层为强风化泥岩，未揭穿。现场在涵洞基底和基础边缘以外8m处埋设土压力传感器来测量基底平面的土压力分布和变化规律。

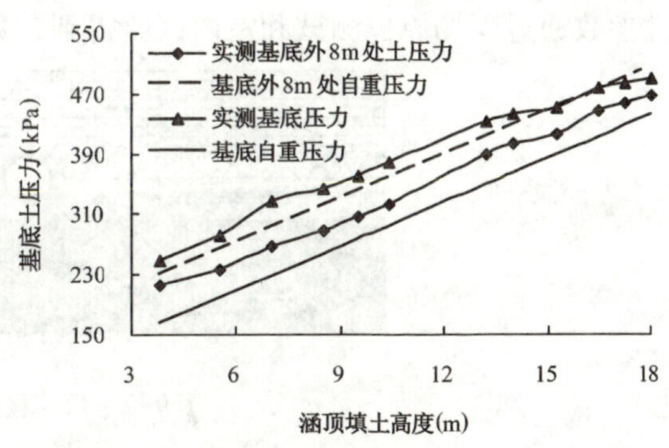

图9-1 基底土压力随填土高度变化规律

实测涵洞基底土压力随填土高度的变化规律如图9-1所示。由图9-1可知，由于涵顶应力集中现象导致实测涵洞基底土压力大于涵洞和涵顶填土产生的自重压力之和。而在涵洞基础外侧8m处，实测土压力小于填土自重压力，主要由于涵洞侧墙和涵洞正上方的土柱体对两侧的填土产生摩擦作用，从而使得土压力减小。从图9-1还可以发现，随着填土高度的增加，涵洞基底土压力与其外侧8m处的土压力越来越接近，当填土高度为18m时，二者相差在10%以内，高填方涵洞基底压力与相同标高下路基基底压力接近。

从现场测试结果可以发现，随着填土高度的增加，涵洞基底土压力逐渐趋于自重压力。因而，对于高填方涵洞，如果地基承载力能够承受涵洞两侧路基填土压力，那么也能够承受涵洞基底压力，涵洞地基一般不会发生失稳破坏。相反地，如果低估了涵洞地基的承载力（忽视基础埋深效应、宽度效应和软土地基固结效应），而采用一些不合适的地基处理手段提高涵洞地基的承载力，很可能导致涵洞结构的破坏。

9.2 涵洞地基处理设计方法

在进行涵洞地基设计时，首先要确定天然地基承载力是否能够满足涵洞基底压力的要求，若不能满足，则要进行地基处理设计。影响涵洞地基设计的因素主要有地基承载力和地基变形。

涵洞地基处理不当，会给涵洞结构的受力造成不利影响，可能导致涵洞病害发生。利用数值模拟从地基处理的范围（地基处理宽度和深度）和处理后的地基刚度两个方面分析地基处理的结果与涵洞工作性状之间的关系。

数值计算模型中，涵洞基础宽度取 10.0m，涵洞高度取 8.0m。涵洞顶部的最大填土高度为 18.0m。天然地基分三层，第一层为含砾石的粉质黏土，平均厚度约 6.0m，第二层为全风化泥岩，平均厚度约 4.0m；第三层为强风化泥岩（数值模拟中该层厚度取 20.0m）。将地基加固的区域简化为一个等效实体，地基处理后的模量为 E_x，地基处理的宽度为 B_x，地基处理的深度为 D_x。数值模拟采用 PLAXIS 软件，网格划分采用 15 节点三角形高精度单元，在土与结构物界面设置接触单元来模拟两者之间的相对滑移。界面 5 对节点坐标两两相同，界面单元的刚度矩阵由 Newton-Cotes 积分点得到。通过界面强度折减系数 R_{inter} 来反映由于结构物与填土界面的塑性滑移导致接触面强度的降低。根据相应的试验结果和工程经验，数值模拟中 R_{inter} 取 0.8。接触面实际厚度为 0，虚拟厚度因子取 0.1。土体采用莫尔—库仑弹塑性模型，涵洞采用线弹性模型。数值计算模型宽度取 16 倍涵洞结构宽，模型两侧仅约束水平位移，模型底部同时约束水平和竖向位移。实际工程中，没有地下水的影响，因而计算模型中不考虑排水固结的影响。模型网格划分如图 9-2 所示。土性参数通过现场原位测试和室内试验得到，数值模拟中的参数如表 9-1 所列。

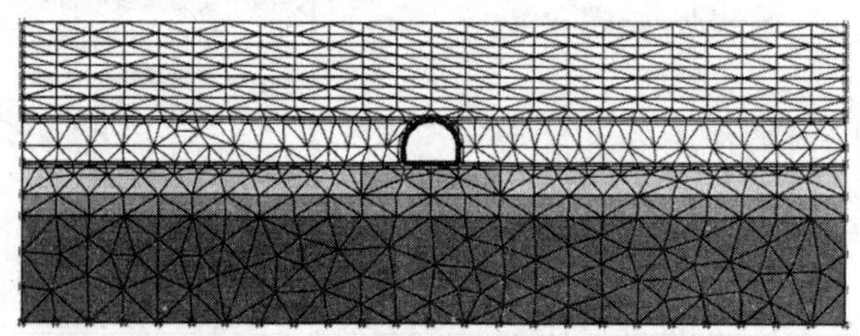

图 9-2 数值模型网格划分

数值模拟中的材料参数 表 9-1

材料	E（MPa）	v	c（kPa）	φ（°）	γ（kN/m^3）
涵洞	30e^3	0.20	—	—	25.0
路堤填土	28	0.27	6	29.5	19.5
粉质黏土	7.9	0.33	24	16	18.2
全风化泥岩	42	0.25	26	19	20.2
强风化泥岩	56	0.24	30	28	21.8

9.2.1 地基处理宽度

计算模型中地基处理宽度 B_x 从涵洞基础宽度 b 逐渐增加至 $b+6h$（b 为涵洞基础宽度，h 为涵洞高度）。地基处理的深度为第一层含砾粉质黏土的厚度 $D_x=6.0$ m，处理后的地基弹性模量为 $E_x=40$MPa。其他力学参数和物理参数不变。涵洞顶部的土压力及基底压力随地基处理宽度 B_x 的变化规律如图 9-3 和图 9-4 所示。

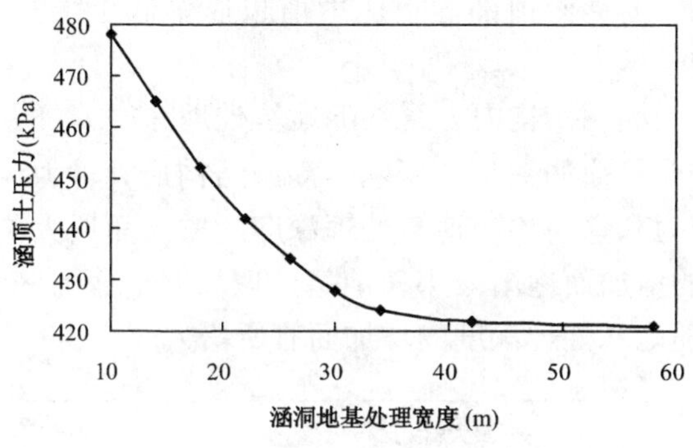

图 9-3　涵顶土压力随 B_x 的变化规律

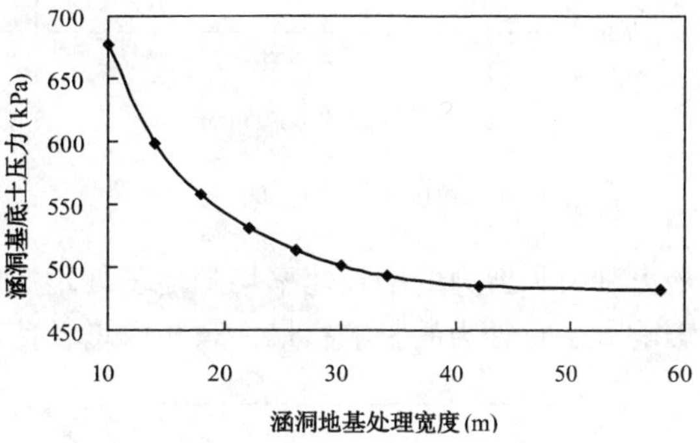

图 9-4　涵洞基底土压力随 B_x 的变化规律

涵洞顶部的土压力和基底压力均随地基处理宽度的增大而减小，变化的速率逐渐减小。由此可知，当地基处理的宽度增大时，涵洞顶部的应力集中现象得到缓解。当 $B_x>(b+2h)$ 时，涵洞顶部土压力和基底压力的变化都比较缓慢，并逐渐趋于稳定。当 B_x 在 $(b+2h)$ 的基础上继续增大时，涵洞顶部的土压力和基底土压力的增量均不超过 10%。

涵洞结构内力系数定义为涵洞地基处理条件改变后（处理宽度为 B_x，处理深度为 D_x，处理后的刚度为 E_x）相应的结构内力与地基处理基本条件下（处理宽度为 b，处理深度为 0m，地基刚度为初始值）的结构内力的比值。涵洞结构内力系数随地基处理宽度的变化规律如图 9-5 所示。

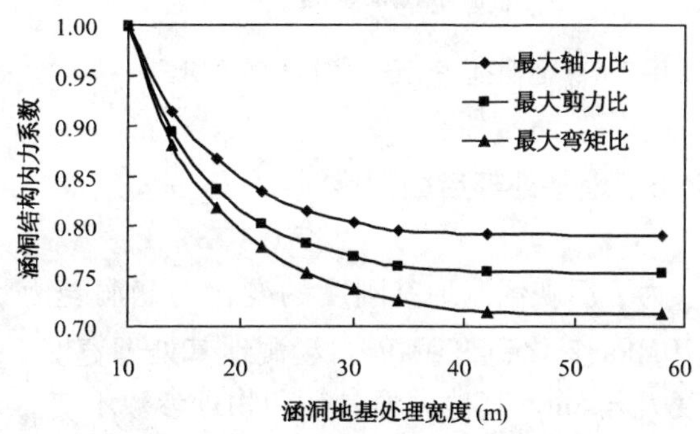

图 9-5　涵洞结构内力随 B_x 的变化规律

涵洞结构内力随地基处理宽度的增大而减小，并逐渐趋于稳定。涵洞地基处理宽度对弯矩的影响最大，相对而言，对轴力的影响最小。当 B_x 由 b 增大到 $(b+2h)$ 时，最大轴力、剪力和弯矩分别减小 18%、22% 和 25%；当 B_x 继续增大时，涵洞最大轴力、最大剪力和最大弯矩的增幅在 5% 以内。

9.2.2 地基处理深度

为了反映地基处理深度对涵洞结构受力状态的影响，计算模型中地基处理深度 D_x 从

0m 增加到 6m，涵洞地基的处理宽度为 $B_x = b = 10$m，处理后的地基弹性模量为 $E_x = 40$MPa。其他力学参数和物理参数不变。

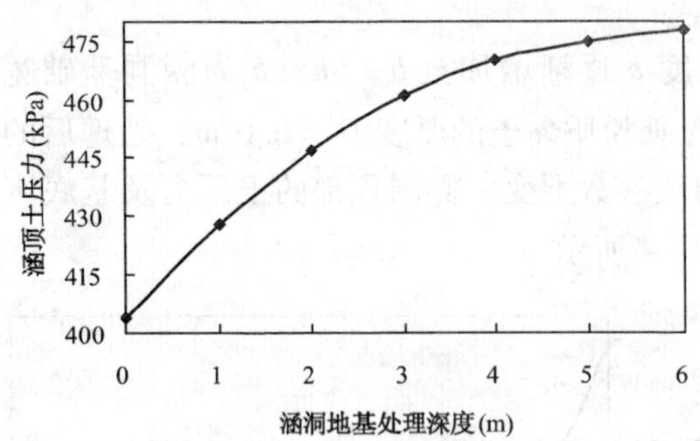

图 9-6　涵顶土压力随 D_x 变化规律

涵洞顶部的土压力和基底压力随地基处理深度 D_x 的变化规律如图 9-6 和图 9-7 所示。由计算结果可知，涵洞顶部的土压力和基底压力均随地基处理深度的增大呈非线性增加，基底压力的增长速率高于线性增长速率，而涵洞顶部的土压力增长速率低于线性增长速率。

涵洞结构内力系数随地基处理深度 D_x 的变化规律如图 9-8 所示。涵洞结构最大轴力、剪力和弯矩均随地基处理深度的增大而增大。最大轴力和剪力的增长速率均随地基处理深度的增加而逐渐减小，地基处理深度对剪力的影响大于对轴力的影响；最大弯矩的增长速率随地基处理深度的增加而有所增大。

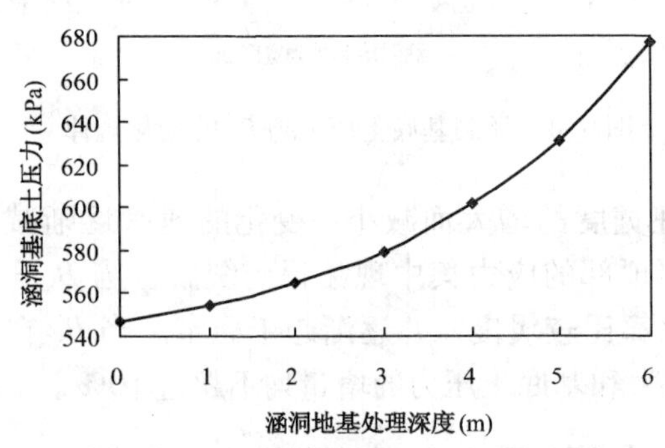

图 9-7　涵洞基底土压力随 D_x 变化规律

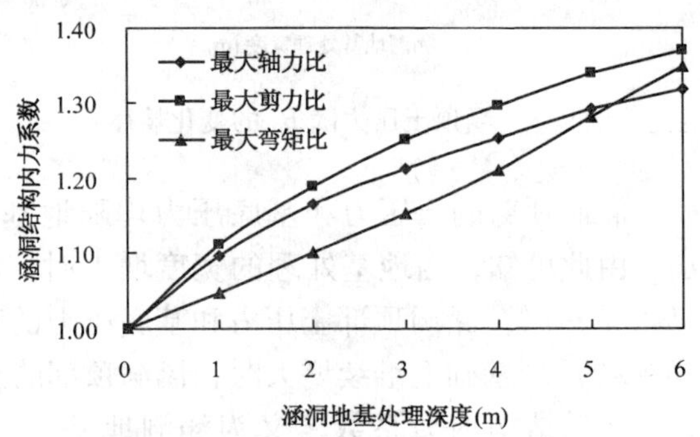

图 9-8　涵洞结构内力随 D_x 变化规律

9.2.3　地基处理后的刚度

为了反映涵洞地基刚度的变化对涵洞受力状态的影响，计算模型中地基弹性模量 E_x 从 10MPa 变化到 500MPa，涵洞地基处理宽度 $B_x = b = 10$m，地基处理深度为粉质黏土层的厚度 $D_x = 6$m。其他力学参数和物理参数不变。

涵洞顶部的土压力和基底压力随地基刚度的变化规律如图 9-9 和图 9-10 所示。涵洞顶部的土压力和基底压力均随着地基刚度的增大呈非线性增加，当地基弹性模量小于 120MPa 时，涵洞顶部的土压力和基底压力均随地基弹性模量的增加显著增大，当弹性模量大于 120MPa 后，涵洞顶部的土压力和基底压力的增幅均不超过 5%。

涵洞结构内力系数随地基处理后的刚度的变化规律如图 9-11 所示。涵洞结构内力随地基处理后的刚度的增大而增大，当地基刚度增大到一定程度时，涵洞结构内力逐渐趋于稳定。计算结果表明，当地基弹性模量大于 120MPa 后，继续增大弹性模量，涵洞结构内力的增幅很小。地基处理后的刚度对剪力的影响最大，对弯矩的影响次之，对轴力的影响最小。

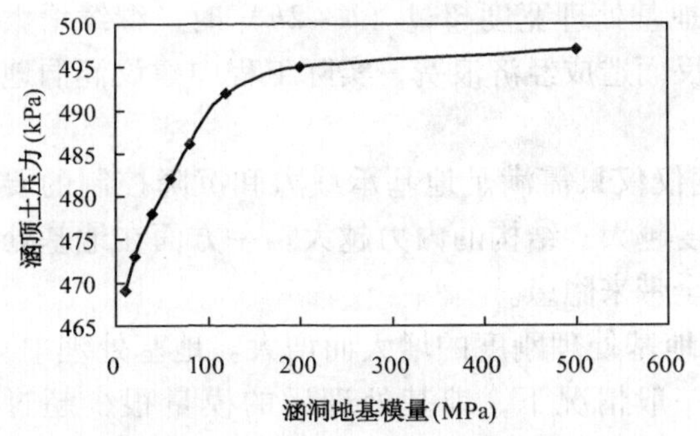

图 9-9　涵顶土压力随地基模量变化规律

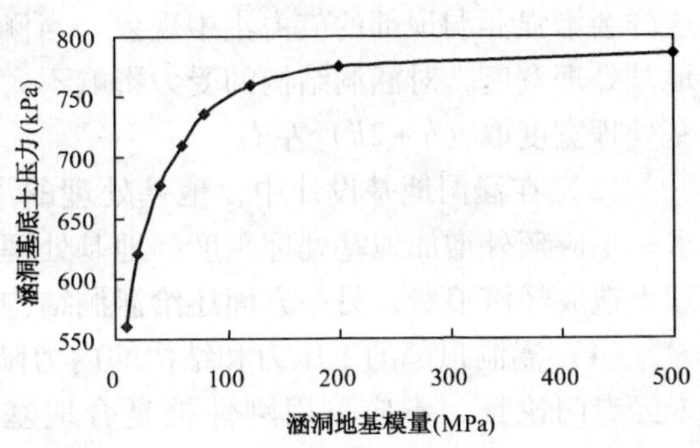

图 9-10　涵洞基底土压力随地基模量变化规律

涵洞工程设计中，工程师们普遍认为进行地基处理能够有效地防止涵洞结构破坏，因为地基处理提高了涵洞地基承载力。然而，上述研究结果表明事实并非完全如此。研究发现，在相同的填土高度下，刚性涵洞涵顶土压力、基底压力、涵洞结构内力均随着地基处理刚度和处理深度的增加而明显增大。涵洞地基处理后的刚度越大，涵顶荷载越大，涵洞结构越容易破坏。地基处理越深，处理后的刚度越大，既浪费经济，结构也不安全。

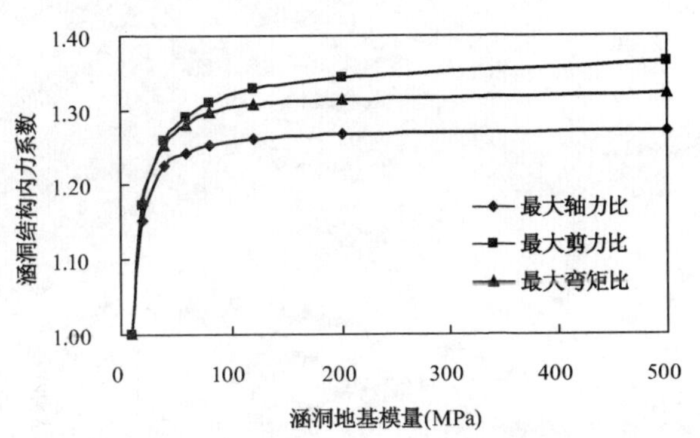

图 9-11　涵洞结构内力随地基模量变化规律

此外，地基处理的宽度也是一个重要因素，涵顶土压力和涵洞结构内力随着地基处理宽度的增加而减小，当地基处理的宽度超过 $b+2h$ 时，其影响较小。实际工程中建议地基处理宽度为 $b+2h$。

9.3　涵洞地基处理原则

当高填方涵洞地基承载力不足时，面临着地基沉降和不均匀沉降的控制以及地基处理后的土压力集中两大难题。涵洞地基处理方法运用不当会对涵洞结构的受力状态产生较大的影响。本章分析了高填方刚性涵洞地基承载力特性，同时探讨了地基处理的范围及处理后的地基刚度对涵洞结构受力特性的影响。研究结果表明高填方涵洞地基设计应充分考虑基础的埋深效应、宽度效应以及软土固结的影响，涵洞地基处理后的刚度过大、地基处理的深度过大或处理的宽度过窄都会导致涵洞顶部的土压力和结构内力增大。在此基础上提出涵洞地基的设计原则：

（1）软土地基上高填方涵洞工程的路堤填筑时间较长，施工过程中软土地基逐渐排水固结，地基承载力逐渐提高；此外，路堤填土超载对涵洞地基承载力具有有利作用。高填方涵洞地基设计应充分考虑软土固结和基础的埋深效应对涵洞地基承载力的影响。

（2）涵洞地基处理时，应适当增加地基处理宽度，不能仅仅处理涵洞正下方的土体，这样会增强涵洞顶部的应力集中现象。当涵洞地基处理宽度超过（$b+2h$）时，继续增大地基处理宽度，对涵洞结构的受力影响不大，反而造成经济浪费，实际工程中建议涵洞地基处理宽度取（$b+2h$）左右。

（3）在涵洞地基设计中，地基处理的深度仅仅只需满足地基承载力和沉降控制的要求，不应额外增加地基处理深度。地基处理深度越大，结构的内力越大。一方面在地基处理上造成经济浪费，另一方面还给涵洞结构安全带来隐患。

（4）涵洞顶部的土压力和结构的内力随着地基处理刚度的增大而增大。地基处理中，未经专门论证，不应采用刚性桩复合地基。一般情况下，地基处理后的模量很少超过120MPa，那么在此范围内，涵洞结构的内力随着地基模量的增大显著增大。建议实际工程中，应以沉降控制为主要参考指标，不宜将地基刚度处理得过大。

10　高填方涵洞地基处理方案优选

伴随着高速公路的大规模建设，我国高速公路地基处理技术得到长足的发展[101]，但由于地基处理问题自身的复杂性（包含大量随机性、模糊性和未确知性信息），地基处理方案选择的难度也很大。龚晓南（2005）[102]指出在进行地基处理规划时，需要强调进行地基处理多方案比较，对一个具体工程，技术上可行的地基处理方案往往有几个，应通过经济、技术、进度以及对环境的影响等方面综合分析，进行地基处理方案优化，以取得较好的地基处理方案。汪双杰等（2004）[103]认为在初步设计阶段先针对不同路段、地形、工程地质条件等进行比较，以选取可能采用的地基处理方案，再综合考虑技术经济性确定最终采用的方案。据统计，工程项目全生命周期成本的80%左右在工程设计阶段已经被决定，其中60%～70%在方案设计阶段被决定[104]。如果选择的地基处理方案不适当，即使进行了细致和精确的施工图设计，也不能达到令人满意的设计效果。因此，研究地基处理方案应选择科学的决策方法，把地基处理方案选择建立在科学的基础上，由此选择一种安全、可靠、经济合理的地基处理方案尤为重要。

高速公路地基处理方案的优选是一项涉及多学科内容的复杂工作，其涉及面广，要求有大量的技术、经济、环境等方面的知识和数据作为支持。为了将这种多层次、多因素的复杂评价决策问题用科学的方法进行分析，本章首先建立了地基处理方案评价指标体系，然后针对地基处理方案优选多层次、多指标、确定性与不确定性共存的特点，建立了多层次的基于熵权的模糊物元决策模型，为有关部门及其领导提供辅助决策分析的工具，为决策提供科学的依据。

10.1　评价指标体系建立的原则

10.1.1　评价指标选取原则

为了使结论评价尽可能的客观性、全面性和科学性，评价指标选取必须遵循一定的规则。

1. 选取的指标必须目的明确

所选用的指标目的需要很明确。从评价的内容来看，所选取的指标必须能反映出一定的内容，决不能将与评价对象、评价内容无关的指标也选择进来。

2. 选取的指标必须具有系统性

一般单个指标只能反映选择目标的某一个方面，但选取的所有指标，即评价的指标体系应能够全面地反映被评价对象的综合情况，尽可能覆盖评价的内容。如果有所遗漏，评价就会出现偏差。当然，要做到系统性是不容易的，需要努力，尽量去做，从中抓住主要因素，使评价指标既能反映系统的直接效果，又能反映系统的间接效果，从而保证综合评价的全面性和可信度。

3. 选取指标必须切实可行

评价指标的涵义应简单明了、易于理解且所需资料收集方便。指标的切实可行主要包括两个方面：一是数据的易获取性，评价指标的数据应符合客观实际水平，且可保证数据的质量。有些指标虽然很合适，但无法得到，就缺乏可操作性，这时可采用某些指标过渡；二是指标的可测度性，即评价指标能够直接度量或通过一定的量化方法间接度量。评价的可测度性必须以指标的可测度性为前提，这是保证评价客观性和公正性的最有效措施。

4. 指标具有可比性

指标的选择要保证同趋势化，从而保证可比性。这种可比性主要是指对同一指标在不同的评价方案中应该具有可比性。

5. 指标选取要考虑所采取的评价方法

多指标的评价决策要用到主观权重去综合，根据人们进行比较和判断得出的特点以及普通人同时辨别事物能力的极限个数为5~9的心理学研究成果，同一类型的同一层次上的指标不能超过9个。

6. 指标应具有独立性

每个指标要内涵清晰、相对独立；同一层次的各指标，相互间应尽量不重复、不存在因果关系。评价指标的概念必须明确、准确，便于理解和掌握，且在时间、空间、隶属关系等方面要有明确的范围。而指标体系要层次分明，简明扼要，整个评价指标体系的构成必须紧紧围绕着综合评价目的层层展开，使最后的评价结论的确反映评价意图。因此在选取指标时，应该避免被选指标之间的包含关系，消除评价结果因指标之间相关关系而产生的倾向性，防止人为地夸大，造成评价结果失真。

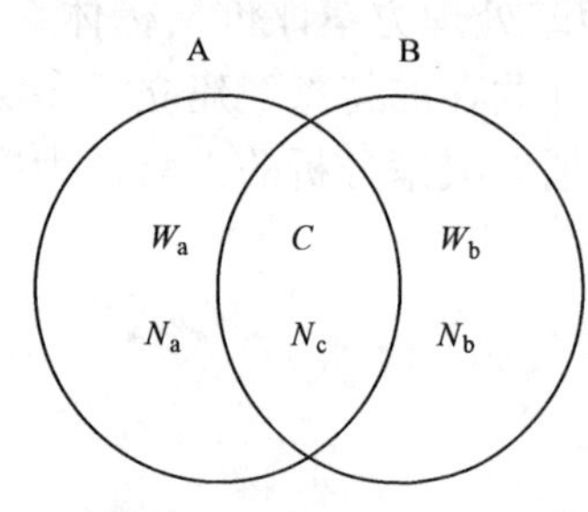

图10-1 效用与指标相关性关系

如图10-1所示，假设指标A与指标B是相关的，其相关性大小用二者的相交部分C表示，消除量纲、正规化后，指标A的数量为N_a+N_c，指标B的数量为N_b+N_c，W_a、W_b为指标A、B的权重，综合效应为$W_a\times N_a+W_b\times N_b+(W_a+W_b)\times N_c$。可见，综合效应夸大了$W_a\times N_a$或者$W_b\times N_b$，夸大的效应与指标的权重以及相关性大小有关。

10.1.2 评价指标体系建立原则

评价指标体系的建立是一个很困难的问题，需要全面地反映出所要评价问题的各项目标要求，尽可能地做到科学、合理，符合实际情况，并基本能被信息使用者所接受。为此，建立评价指标体系应遵循以下原则：

1. 层次性

作为评价对象的工程项目是由不同的层次和类型构成的，大多数的项目评价也是从不同的层次来衡量评价对象的。因此，评价的指标也应具有层次性，即使不使用层次分析法进行评价，也应该设计出不同层次的评价指标体系以适应不同的评价对象。

2. 完整性

完整性对于综合评价而言很重要。综合评价是对处理方案综合可行性的全面检查，这就要求这个目标设立的评价指标体系具有完整性。在进行评价指标的完整性考虑时，应该处理好以下几个关系：

（1）正确处理工程造价和处理效果及环境的关系，实行三者兼顾的原则。

（2）正确处理自然科学与社会科学的关系，坚持两者同等重要，实行分类评价的原则。

（3）正确处理数量和质量的关系，适当偏重于质量的原则。

3. 适度性

对于一个理想的评价指标体系来说，当然是越全面、越细越好，因为指标范围越宽、指标数量越多，那么方案之间的差异越明显，越有利于判断和评价，但确定指标的分类和指标的重要程度也越困难，处理和建模过程也越复杂，因而歪曲方案本质特性的可能性也越大，反而降低了评价结果的精度。因此，在实际评价中，必须适当控制评价指标的数量和层次，指标太多会增加评价的难度与工作量，有时会带来不必要的浪费；指标太少不能较为全面地反映评价对象，会降低评价的有效性。

4. 主次性

进行指标设置时应该充分考虑它们之间的关系，对于长期的、重要的目标，在设置指标时应该密些、细些，而对于短期的、次要的目标，设置时就可以稀些、粗些。

5. 协调性

各指标之间并非简单的数量累积，而应该是根据一定的理论框架建立起来的有纵横联系的有机整体，每一个指标在指标体系中均占有相应的地位，各指标间应相互协调，不可过多地用不同指标来反映同一特征。建立评价指标体系的流程如图 10-2 所示。

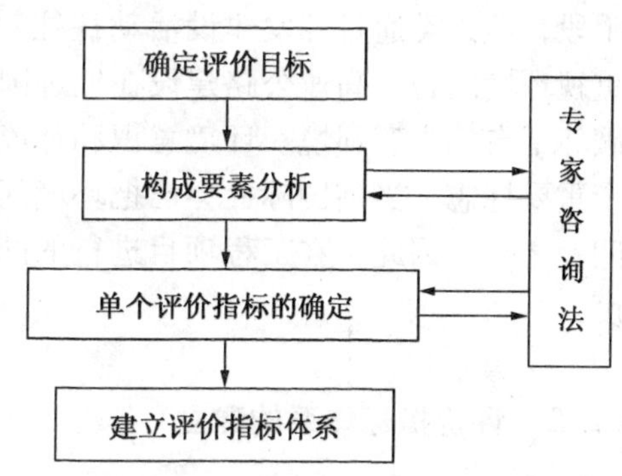

图 10-2　评价指标体系建立流程图

10.2　评价指标体系的建立

10.2.1　高速公路地基处理方案选择的原则

对一个具体的高速公路地基处理而言，最优的地基处理方案应该满足处理技术可行性和经济合理性的要求，同时还应满足生态环境的要求，达到三者辩证的统一，这是评价方案是否可行与优劣的评判标准。经济的合理性主要是指方案在满足其他条件的前提下，使地基处理费用最低，工期最短；技术的可行性主要是考查方案是否适应场地地质条件及使用该方案的可靠程度，是否在规定的时间内能达到预期的处理效果以满足上部结构对路基的要求；另外要尽量减少和避免对环境的影响和破坏。

1. 经济合理

在保证质量的情况下节省工程投资、缩短工期是高速公路建设的重要前提。投资额越高，工期越长，业主最终所获得的利润就越低，就会造成经济上的浪费，而且高额的投资，投入运营时间的延迟会对业主方面的投资贷款造成负担，这样即使这个方案在其他方面有很大的优越性，也应该慎重考虑。从原则上讲，在确保使用品质、施工可行的条件下力求经济合理是选择地基处理方法时必须考虑的，力求降低地基处理建设费用，缩短工期。

2. 技术可行

应正确理解地基处理技术的先进性和成熟性的辩证关系。一方面，应当重视地基处理技术所具备的技术指标的先进性，同时必须充分考虑是否适合工程的性质。高速公路地基处理是隐蔽性工程，不容易修复，一旦处理不当，将对其上修筑的高速公路的功能造成很大影响，所以对地基处理技术的处理效果和技术可行性要求较高。地基处理技术的选择更应注重成熟性和可靠性，因此，强调技术的可行不应简单提倡技术先进，而应把技术的风险降到最低程度。

3. 对周围环境影响小

环境是人类赖以生存和发展的基础，人类的开发建设活动是人类维持生存、争取发展的手段，但人类通过开发建设活动往往对环境产生一定的影响，所以在开发建设活动时，应重视环境问题。高速公路建设在促进国家经济发展和方便人民生活的同时，也一定程度地破坏了自然生态环境。环境意识和环境质量如何，是衡量一个国家和民族的文明程度的一个重要标志。当前国际社会已把环境问题看成人类面临的最重要的政治、经济、科学技术问题之一。因此，在工程项目进行的同时，应全面考虑到工程建设对环境的影响和破坏程度。

10.2.2 评价指标体系的建立

国内已有一些研究学者对高速公路地基处理方案评价指标体系有了一些研究成果。冯仲仁等（2002）[105]以维修工作量、施工技术的可靠性、处理效果、施工的难易程度、工期、环境影响和资源消耗为评价指标，建立层次结构模型，用层次分析法确定了各影响因素的权重，其中工程费用参考初步设计及施工图设计的资料的相对比价来分析，工期以天计算，其他均作为定性指标采用专家评分法评定构造了指标特征矩阵。最后应用层次分析法进行软基处理方案的综合排序，并结合武汉市中环线西环段软基处理工程进行了实例研究。

张彩江等（2006）[106]从经济、技术、环境层面出发，建立了建造成本、维修成本、施工可靠性、施工效果、技术难度、工期约束、安全约束、环境影响和资源消耗的评价指标体系，成本指标根据施工所在地的市场调研得到，工期按天计。其他均作为定性指标采用专家评分法评定，指标权重严格按层次分析法获得。

高景伟等（2006）[107]依托陕蒙高速公路，建立了该高速公路软基处理的评价指标体系：工程造价，施工工期，施工技术可行性与可靠性，同类工程经验的成熟性，破坏后的危害程度，处理效果，施工复杂程度，环境影响，资源消耗。运用灰色理论对各影响因素进行白化处理及权重确定。

张留俊等（2007）[108]以技术可行性、经济合理性和环境影响准则层，软土性质、软土厚度、硬壳层厚，填土高度、道路要求、处理路段、施工工艺、造价、工期以及噪声，对周围建筑物的影响和空气、水质的影响作为指标层，用模糊评语对指标进行量化，指标权重用层次分析法确定。

陈向阳等（2007）[109,110]利用与文献[5]相同的指标体系和量化方法构造了评价指标特征矩阵。

李志斌等（2004）[111]利用模糊数学理论对高速公路软基处理方案的影响因素：施工工期、费用及经济效益、施工质量控制、技术可靠性和环境影响进行了分析和量化，并举出工程实例来说明各个评价因素的影响。

文畅平（2008）[112]将属性识别理论应用于公路软基处理方案的综合评价，建立了统一的指标属性测度函数，只要将指标测量值代入属性测度函数，就可得到各指标的属性测度，然后得到各评价方案的属性测度向量以及属性综合评价矩阵。

综合已有研究中建立的评价指标体系和专家咨询意见，根据评价指标选取的基本原则和方案选择的目标，运用层次分析法建立了相应的高速公路地基处理方案评价指标体系。任何一个复杂的事物，都可以把它分解成若干个要素，每一个要素又可分解成多个不同的因素。这样一个由不同层次不同类型指标所构成的指标体系的方法，称为指标体系的层次分析构造法，简称层次分析法（AHP 法），它是由美国运筹学家 Saaty[113]提出的建立指标体系的一种行之有效的方法，在方案评价领域得到广泛的应用。高速公路地基处理方案的影响因素众多，涉及的内容非常广泛，而每一个影响因素又由决定该因素的众多子因素构成，把众多因素层次化、秩序化、规范化，使之对方案的确定带来有利的条件，运用层次分析法便显得非常重要。

地基处理方案评价指标体系层次结构如表 10-1 所列。第一层是目标层，评价体系的目标是确定最优的地基处理方案。第二层是准则层，包含经济性、技术性和社会性三个评价准则。第三层是评价指标层，该层包含七个评价指标。

高速公路地基处理方案评价指标体系 **表 10-1**

目　标　层	评价准则层	评价指标层	指标说明
地基处理方案的优选	经济性	建设成本	定量指标
		维修工作量	定性指标
	技术性	处理效果	定性指标
		施工工期	定量指标
		施工难度	定性指标
		技术可靠性	定性指标
	社会性	对周围环境的影响	定性指标

10.2.3 评价指标的量化分析

1. 定量指标

(1) 建设成本

地基处理方案的选择过程中，业主往往重点考虑工程的投资额。投资少，功能又满足业主的要求，这样的地基处理方案最具有竞争力。所以地基处理方案经济性评价以地基处理工程造价作为评价指标，按照公路基本建设项目概预算编制办法的建设费用内容组成，对各种地基处理方案进行比较时，仅考虑地基处理方案实施所需的建筑安装工程费用，计算时按照地基处理方案设计图表资料和文字说明、正确提取工程量，以公路工程概算定额和编制办法为依据进行计价，确定地基处理方案的建筑安装工程费用。

公路工程建筑安装工程费的编制，一般遵循以下要求进行：首先以定额为依据从工料机实物量分析入手，并根据从设计图纸资料中摘取的工程量和整理好的外业资料，计算出人工、材料、机械台班的单价；再根据建设项目的实际情况，以及国家有关规定，合理地取定其他直接费、现场经费、间接费的各项费率标准，并编制其他直接费、现场经费、间接费综合费率计算表，汇总求和得到各地基处理方案的建筑安装工程费用。

(2) 施工工期

不同的地基处理方法施工工期差距很大，如果允许工期足够长，则往往不需要采取专门的处理措施，可用慢速加载法在确保稳定的状态下填筑路堤，并且能较长时间放置，减小剩余沉降量，即使还需要采用专门的处理措施，较长的工期也可以使竖向排水体的间距加大、长度缩短，从而使处理费用合理且更加经济。因此，软土地基上的道路工程，原则上工期应尽量长，但在实际工程施工中，施工工期越长，消耗的施工费用越大，所以从经济上来说一般要求施工期较短。在进行方案选择前，应认真分析研究不同地基处理方案的施工工期，目前，确定施工工期的常用方法有以下几种：

1) 根据工期定额确定施工工期

建筑安装工程工期定额是交通运输部颁布的定额，它是建筑安装行业在制定工程工期时必须要执行的定额，一般不能突破。当建筑施工企业缺乏历史资料或无施工经验时，更应以此定额为依据。此种方法简单易行，根据施工对象的基本情况，查阅“定额”得出此工程的工期范围，然后以此工期为依据，安排施工进度计划。

2) 根据施工企业的历史经验确定工期

有些施工企业施工历史较长，积累了丰富的施工经验，施工企业管理人员的技术素质好，管理水平高，组织计划、统筹安排能力强，有严格的技术管理制度，积累了丰富的施工档案资料，对自己的施工队伍技术素质有全面的了解。因此，计划管理人员根据历史经验和本企业施工队伍的具体情况，就可制定出基本可行的施工进度计划。

3) 采用网络计划方法确定工期

现代施工组织设计要求采用网络计划安排施工进度。网络计划在1950年产生于美国，用网络计划方法确定工程工期，首先要把工程逐步分解为分部、分项工程，然后用网络形式来表达分部、分项工程间的先后顺序和相互关系，最后通过时参计算确定网络计划的关键线路和工期。

由于地基处理方案选择处于地基处理设计的前期阶段，采用网络计划方法所需要的许多参数尚难以明确，所以该方法并不适用于地基处理方案选择阶段的工期确定。基于工期确定方法的普遍适用性和指标量化的可行性，在设计前期阶段确定工期，建议使用工期定额确定施工工期。

2. 定性指标

定性指标包括维修建设成本、施工工期指标、维修工作量、处理效果、施工难度、技术可靠性和对周围环境的影响。为了最终进行综合评价，必须对上述七个评价指标进行量化分析，对于容易直接定量的指标——建设成本和施工工期指标，可以按设计部门提供的资料和国家定额定量计算出来，且指标值可直接用来比较方案的优劣。

对于评价指标体系中其他定性指标，可以借助于模糊数学的理论和方法。对指标进行模糊评估，使其定量化。“评分”是最常用的一种简便方法，即按具体情况人为地分成若干等级，进行相对比较，获得各个评价指标相对于每个方案的模糊语言评分。本项目采用5分制，即5分（优）、4分（良）、3分（中）、2分（差）、1分（劣）五个等级，如表10-2所列。

高速公路地基处理方案定性评价指标评分等级 **表10-2**

评价指标	评分等级				
	5分（优）	4分（良）	3分（中）	2分（差）	1分（劣）
维修工作量	很多	多	一般	少	很少
处理效果	很好	好	一般	差	很差
施工难度	很简单	简单	一般	难	很难
技术可靠性	很可靠	可靠	一般	不可靠	很不可靠
对周围环境的影响	很小	小	一般	大	很大

对于不同的候选方案，以上定性指标的级别由专家评价完成，形成对评价标准较为一致的看法，例如，对环境影响这类指标的评价标准可以参照以下标准确立[114]：

5分：影响很小，由于外界压力而引起环境的暂时性破坏或干扰，其再生、重建与替代可通过人为作用比较容易地完成。

4分：影响小，由于外界压力而引起环境的轻微损失或暂时性破坏，其再生、恢复与重建可以利用天然或人工方法得以实现。

3分：影响一般，由于外界压力而引起环境的损害或破坏，其替代或恢复是可能的，但比较困难而且代价昂贵。

2分：影响大，由于外界压力而引起环境的严重而长期的损害或损失。这些环境因素的替代、恢复和重建将是非常困难和昂贵的。

1分：影响很大，由于外界压力而引起环境无法替代、无法恢复与无法重建的损失，这种损失是不可逆的。

10.3 指标权重的确定

指标的权重是衡量各评价指标的相对重要性的标准，其取值的合理性将直接影响到决策结果。指标权重的赋值与指标的量化相比具有更大的不确定性和随意性。传统的权重方法的确定是根据原始数据来源的不同分为主观赋权法与客观赋权法。前者常用的有德尔斐法、层次分析法、相邻指标比较法等；后者有离差法、平方差法、变异系数赋权法、熵权法等。主观赋权法利用专家或个人的知识或经验，由专家根据实际问题确定各指标权重之间的排序，可避免指标权重与指标实际中重要度相悖的情况，但是评价过程中主观随意性强，在一定程度上影响了结果的有效性。客观赋权法通过大量数据分析确定权值，故大多数情况下精度较高，但有时会与实践情况相悖，对所得结果也难以给出明确的解释，而且在实际应用中较难得到足够的数据进行分析。因此，把这两种方法结合起来以确定评价指标的权重，能更真实、全面地反映问题的实际情况。

10.3.1 基于层次分析法的主观权重

主观权重指标的大小反映的是决策方案的某个指标在决策者心目中的重要程度，其主要来源于决策者的主观偏好，而与指标值的分布特点无关，因此这类权重也叫做估价权重。常用的方法有德尔斐法、层次分析法、相邻指标比较法等。层次分析法是目前在软基处理方案决策领域应用最广泛的权重确定方法。

层次分析法[114]是一种应用数学方法将决策规划过程中定性分析和定量分析有机结合进行优化处理的方法。该方法能把定性因素定量化，使评价更趋科学化。层次分析法的信息基础是问题本身所带的数据资料和人们的评价依据，通过这些信息基础把所要分析的对象转化为递阶层次结构，在每一层次上，可按其上一层次的对应准则要求，对该层次元素进行逐队比较，依照规定的标度定量化后写成矩阵形式，即构造出判断矩阵。这里标度通常以相对比较为主，以数字 1 ~ 9 作为表述这类同时比较某种属性差异的判断的标度尺度。

构造判断矩阵是层次分析法的关键步骤。在判断矩阵的基础上，计算对上一层次而言的、本层次与之有联系的元素的重要性次序的权重。排序计算的实质是计算判断矩阵的最大特征根及相应的特征向量。在专家构造判断矩阵时，不可避免地产生认识上的不一致，为考虑层次分析得到的结果是否基本合理，需要对判断矩阵进行一致性检验，经过检验得到的结果即可认为是可行的。

运用层次分析法作系统规划，大致经过 6 个步骤：明确问题；建立梯阶层次结构；构造比较判断矩阵；层次单排序；层次总排序；一致性检验。基本步骤为建立递阶层次结构后，采用 1 ~ 9 的比率度（表 10-3）进行两两指标间的相对比较，构造判断矩阵 $A=(a_{ij})_{m\times m}$，进行排序计算，求解判断矩阵 A 的特征根问题。根据 $AW=\lambda_{\max}W$，计算最大特征根 $\lambda_{\max}$，找到它所对应的特征向量 W，即为同一层各指标相对上一层某因素的相对重要性权重，然后做一致性检验。

判断矩阵比率度定义及描述 表 10-3

重要性比较标度	定 义	内容描述
1	同样重要	两个指标对某一属性有相同贡献
3	稍微重要	一指标对某一属性较之另一指标贡献稍大
5	明显重要	一指标对某一属性较之另一指标的贡献明显地大
7	重要得多	一指标较之另一指标的主导地位已在实践中显示出来是绝对的
9	极端重要	一指标较之另一指标的主导地位是绝对的
2、4、6、8	两个相邻判断的折中	表示需要在两个判断之间折中时的定量标度
上列各数的倒数	反比较	若指标 x 与指标 y 相比，其判断按上列标度为 a，则指标 y 与指标 x 相比，必有判断标度为 $1/a$

按照以下步骤进行判断矩阵 A 最大特征根 λ_{max} 和它所对应的特征向量 W 的求解，以及判断矩阵的一致性检验。

1. λ_{max} 和 W 的计算

一般可用乘幂法和方根法等计算。

设某一 AHP 判断矩阵为：

$$A=\begin{bmatrix} a_{11} & a_{12} & \cdots & a_{1m} \\ a_{21} & a_{22} & \cdots & a_{2m} \\ \cdots & \cdots & \cdots & \cdots \\ a_{m1} & a_{m2} & \cdots & a_{mm} \end{bmatrix} \tag{10-1}$$

（1）计算矩阵 A 中每一行元素的乘积 M_i

$$M_i=\prod_{j}^{m}a_{ij} \qquad (i=1,2,\cdots,m) \tag{10-2}$$

（2）计算 M_i 的 m 次方根 β_i

$$\beta_i=\sqrt[m]{M_i} \tag{10-3}$$

(3) 对向量 $\beta_i=(\beta_1,\beta_2,\cdots,\beta_m)^T$ 作归一化处理

$$W_i=\beta_i\Big/\sum_{i=1}^{m}\beta_i \qquad (i=1,2,\cdots,m) \tag{10-4}$$

从而得到向量 $W_i=(W_1,\ W_2,\ \cdots,\ W_m)^T$。

（4）计算矩阵 A 的最大特征根 λ_{max}

由于 $AW=\lambda_{max}W$，又有

$$AW=\left(\sum_{j=1}^{m}a_{1j}W_j,\sum_{j=1}^{m}a_{2j}W_j,\cdots,\sum_{j=1}^{m}a_{mj}W_j\right)^T \tag{10-5}$$

则有

$$\lambda_{max}W_i=\sum_{j=1}^{m}a_{ij}W_j \tag{10-6}$$

用 $(AW)_i$ 表示向量 AW 的第 i 个分量，即

$$(AW)_i = \sum_{j=1}^{m} a_{ij} W_j \tag{10-7}$$

采用平均方法计算 $\lambda_{\max}$，即

$$\lambda_{\max} = \sum_{i=1}^{m} \frac{(AW)_i}{mW_i} \tag{10-8}$$

2. 判断矩阵的一致性检验

（1）计算一致性指标 $C.I.$

$$C.I. = \frac{\lambda_{\max} - m}{m-1} \tag{10-9}$$

其中 m 为判断矩阵的阶数。

（2）计算一致性比例 $C.R.$

$$C.R. = \frac{C.I.}{R.I.} \tag{10-10}$$

其中 $R.I.$ 为平均随机一致性指标（查表 10-4）。

判断矩阵比率度定义及描述 **表 10-4**

阶数	1	2	3	4	5	6
R. I.	0	0	0. 52	0. 89	1. 12	1. 26
阶数	7	8	9	10	11	12
R. I.	1. 36	1. 41	1. 46	1. 49	1. 52	1. 54

根据数理统计理论，只要矩阵 A 与其特征向量 W 之间检验具有随机一致性，那么 W 即为所求的 m 个指标的权重分配向量。

10. 3. 2　基于熵权的客观权重

客观权重指标值的大小与决策者的主观偏好无关，客观权重所反映的是决策方案属性指标的客观分布特点。客观权重又根据其所反映决策方案指标值分布特点的不同主要分为以下两种：

第一种是反映方案各指标在决策过程中的作用大小的客观权重，即为决策提供的信息的多少，某属性指标的客观分布在决策过程中起的作用越大，提供的信息越多，其客观权重也越大，因此这类权重也叫做信息权重。这种客观权重的确定方法有：离差法、平方差法、变异系数赋权法、熵权法等。

第二种是基于预测理论和方法的客观权重，即根据已有的方案的指标值和各方案的评价结果，利用预测理论推导出其评价时使用的权重指标值大小。这种客观权重的使用存在一定的限制，如果客观权重的确定是根据历史数据获得的，那么当决策者的偏好发生变化或决策方案的决策指标值分布特点（如环境等）发生变化时，这种客观权重就没有什么意

义了。这种客观权重的常用的确定方法有：神经网络赋权法、回归分析赋权法等。

以上第一种客观权重一般不单独使用，它们只反映了指标为决策问题提供的信息的多少，而不反映此属性在决策者心目中的重要程度，因此常常与主观权重相结合形成组合权重。

信息论中，信息熵是信息量的度量[115]。度量信息的基本出发点，是把获得的信息看作用以消除不确定性的东西。因此信息量的大小可以用被消除的不确定性的多少来表示。某项指标值变异程度越大，该指标提供的信息量越大，该指标的权重也应越大，反之亦然。因此可以根据各指标提供的信息量大小来确定指标的权重。

在有 n 个评价指标、m 个被评价方案的评估问题中，第 j 个评价指标的熵 H_j 定义为：

$$H_j = -k\sum_{i=1}^{m} f_{ij}\ln f_{ij} \qquad j = 1,2,\cdots,n \tag{10-11}$$

其中 $f_{ij} = \dfrac{r_{ij}}{\sum\limits_{i=1}^{m} r_{ij}}, k = \dfrac{1}{\ln m}, H_j \geqslant 0, k \geqslant 0$

由此得到第 j 个评价指标的熵权 ω_j 计算公式为：

$$\omega_j = \frac{1 - H_j}{n - \sum\limits_{j=1}^{n} H_j} \tag{10-12}$$

10.3.3 组合权重

利用熵权确定权重和普遍应用的层次分析法确定权重，其出发点和理论基础均不同，前者从各指标传输给决策者的信息量多少出发，依据的是信息论；后者是由决策者分析评价，包含的人为主观色彩较重，理论基础是决策论。用熵值来度量所获得的决策目标集提供的有用信息量，将决策者的主观判断与项目排序的客观情况结合起来，把熵权引入到指标权重求解中，充分利用决策矩阵提供的信息来修正决策者主观判断权重，以减少决策中的随意性[116~117]。这种基于熵权的综合赋权法的基本思路为：在层析分析法基础上，运用熵值理论，对各专家评估水平赋予权重 λ_j'，结合熵权 ω_j，按下式确定各指标的组合权重 λ_j：

$$\lambda_j = \frac{\lambda_j'\omega_j}{\sum\limits_{j=1}^{n} \lambda_j'\omega_j} \tag{10-13}$$

10.4 地基处理方案的优选

如何在几个可行的技术方案中选择一个技术可靠、经济合理、安全适用的最优地基处理方案具有非常重要的理论和现实意义。近年来，研究人员先后提出了一些软基处理方案优选决策新方法。

冯仲仁等（2002）[101]应用层次分析法进行软基处理方案的综合排序，并结合武汉市中环线西环段软基处理工程进行了实例研究。

高景伟等（2006）[107]针对陕蒙高速公路软基的复杂性和不确定性，充分利用地质资料、施工条件、工程经济等综合因素，运用模糊相似优先的概念，构造了一个高速公路软基处理的优选模型。并对每一个因素分别建立了有效解与理想解之间的模糊相似优先关系。经过影响因素之间的两两比较，计算得到有效解与理想解之间的综合相似性序列，从而找到与理想解最相似的有效解后，实现了软基处理方案优选。

张留俊等（2007）[108]将模糊理论和层次分析法二者相结合，对影响软土地基处理方案选择的各因素进行分析，确定了评判层次和影响因素，其中，评语隶属度采用模糊理论确定，各影响因素的权值采用层次分析法确定；建立了公路软土地基处理方案优选的多层次模糊综合评判模型。

陈向阳等（2007a）[109]将自适应共振（ART）神经网络模型应用于软基处理方案的决策，并通过实例证明，该模型的计算结果与实际结果和其他方法所得结果是一致的，且与常规优选方法相比，该模型具有实现容易、效率高等特点。

陈向阳等（2007b）[110]针对高速公路软基处理方案影响因素的不完整性和不确定性，提出基于多层次模糊理论的高速公路软基处理方案决策模型，在该模型中，建立了多层次递阶模型，利用层次分析法确定了各影响因素的权重，最后确定了各方案的整体排序。

文畅平（2008）[112]将属性识别理论应用于公路软基处理方案的综合评价，根据各评价方案的属性测度向量以及属性综合评价矩阵，得到各方案的综合评价分数，通过分数对拟采用的方案进行排序。

在地基处理方案优选决策中，需要考虑相当多的因素，不但有技术上的，而且还有社会、经济上的，其中包括不同处理方案的处理效果、施工工期、施工难易程度、技术可靠度、建设成本、维修工作量以及环境影响等诸多因素，由于这些因素之间往往缺少可比性，因此采用多层次、多属性综合评价方法对软基处理方案加以综合评价和决策是适当的。但是，在采用这些方法进行决策的过程中，由于许多评价指标可比性差，准确量化困难，评价时存在着不确定性和模糊性。近年来，迅速发展起来的模糊物元分析方法[118,119]可实现定性到定量的描述和转换，本研究在模糊物元分析的基础上结合熵理论，建立了基于熵权的模糊物元决策模型来优选地基处理方案，为地基处理方案优选决策提供了一条新的途径。

10.4.1 模糊物元分析的基本知识

物元分析方法[120]是我国学者蔡文于 1983 年首创的一门介于数学和实验之间的学科。它通过分析大量实例发现：人们在处理不相容问题时，必须将事物、特征及相应的量值综合在一起考虑，才能构思出解决不相容问题的方法，更贴切地描述客观事物的变化规律，把解决矛盾问题的过程形式化。这种方法的主要思想是把事物用“事物、特征、量值”三个要素来描述，并组成有序三元组的基本元，即物元。物元分析是研究物元及其变化规律，并用于解决现实世界中的不相容问题的有效方法。

当物元中的量值带有模糊性，便构成了模糊不相容问题。模糊物元分析就是把模糊数学和物元分析有机地结合在一起，融化提炼，交叉渗透，对事物特征相应的量值所具有的模糊性和影响事物众多因素间的不相容性加以分析、综合，从而获得解决这类模糊不相容问题的一种新方法。近几年来，这一实用性很强的理论和方法已开始应用于工程技术领域，取得了可喜的成果。

1. 模糊物元的基本概念

任何事物都可以用“事物、特征、量值”这三个要素来加以描述，以便对事物作定性和定量分析与计算。用这些要素组成有序三元组来描述事物的基本元，即称为物元。如果其量值具有模糊性，便形成了“事物、特征、模糊量值”的有序三元组，这种物元被称为模糊物元，记为：

$$\text{模糊物元}=\begin{bmatrix} & \text{事　物} \\ \text{特征，} & \text{模糊量值} \end{bmatrix}$$

用 R 表示模糊物元，M 表示事物，C 为事物 M 的特征，$\mu(x)$ 表示与事物特征 C 相应模糊量值，即事物 M 对其特征 C 相应量值 x 的隶属度，于是有：

$$R=\begin{bmatrix} & M \\ C, & \mu(x) \end{bmatrix} \tag{10-14}$$

如果事物 M 用 n 个特征 C_1，C_2，…，C_n 及其相应的量值 $\mu(x_1)$，$\mu(x_2)$，…，$\mu(x_n)$ 来描述，称为 n 维模糊物元，即：

$$R_n=\begin{bmatrix} & M \\ C_1, & \mu(x_1) \\ C_2, & \mu(x_2) \\ \cdots & \cdots \\ C_n, & \mu(x_n) \end{bmatrix} \tag{10-15}$$

其中 R_n 表示 n 维模糊物元；C_1，C_2，…，C_n 是事物 M 的 n 个特征；$x_i(i=1,2,\cdots,n)$ 表示事物特征 C_i 对应的量值；$\mu(x_i)$ 表示事物特征 C_i 相应量值 x_i 的隶属度，其值可根据隶属函数确定。

若 m 个事物用共同的 n 个特征 C_1，C_2，…，C_n 及其相应的模糊量值 $\mu_1(x_{1j})$，$\mu_2(x_{2j})$，…，$\mu_m(x_{mj})$（$j=1$，2，…，n）来描述，称其为 m 个事物的 n 维模糊复合物元，记为：

$$R_{mn}=\begin{bmatrix} & M_1 & M_2 & \cdots & M_m \\ C_1 & \mu(x_{11}) & \mu(x_{21}) & \cdots & \mu(x_{m1}) \\ C_2 & \mu(x_{12}) & \mu(x_{22}) & \cdots & \mu(x_{m2}) \\ \cdots & \cdots & \cdots & \cdots & \cdots \\ C_n & \mu(x_{1n}) & \mu(x_{2n}) & \cdots & \mu(x_{mn}) \end{bmatrix} \tag{10-16}$$

其中 R_{mn} 表示 m 个事物 n 维模糊复合物元；M_j（$j=1$，2，…，n）表示第 j 个事物；$\mu(x_{ji})$ 表示第 j 个事物 M_j 的第 i 个特征 C_i 相应量值 x_{ji}（$j=1$，2，…，m；$i=1$，2，…，n）的隶属度，这里 x_{ji} 的两个下标，分别表示事物的序号和事物特征的序号，即物元的维数。

对具体事物而言，往往给出的是具体的量值，此时可将上式中模糊量值 $\mu(x_{ji})$ 用量值 x_{ji} 来表示，这种物元称为 m 个事物 n 维复合物元，即：

$$R_{mn}=\begin{bmatrix} & M_1 & M_2 & \cdots & M_m \\ C_1 & x_{11} & x_{21} & \cdots & x_{m1} \\ C_2 & x_{12} & x_{22} & \cdots & x_{m2} \\ \cdots & \cdots & \cdots & \cdots & \cdots \\ C_n & x_{1n} & x_{2n} & \cdots & x_{mn} \end{bmatrix} \tag{10-17}$$

其中 R_{mn}表示 m 个事物 n 维复合物元；x_{ji} 表示第 j 个事物 M_j 的第 i 个特征 C_i 相应的量值，其余符号同前。

2. 模糊物元的类型

根据上述概念可定义以下各种不同类型的模糊物元。

（1）标准事物 n 维模糊物元，将 n 维模糊物元中的各个模糊量值均符合标准要求的物元定义为标准事物 M_0 的 n 维模糊物元，用 R_{0n}表示，记作：

$$R_{0n}=\begin{bmatrix} & M_0 \\ C_1, & \mu(x_{01}) \\ C_2, & \mu(x_{02}) \\ \cdots & \cdots \\ C_n, & \mu(x_{0n}) \end{bmatrix} \tag{10-18}$$

其中 M_0 表示标准事物；C_i 是标准事物 M_0 的第 i 个特征，与比较事物的特征完全相同；$\mu(x_{0i})$ 表示事物特征 C_i 相应的模糊量值，即 M_0 关于特征 C_i 的第 i 个经典域中量值 x_{0i}的隶属度。

（2）比较事物 n 维模糊物元，把比较事物特征 C_i 相应的量值模糊化后的 n 维物元称为 n 维模糊物元，用 R_j 表示。

$$R_j=\begin{bmatrix} & M_j \\ C_1, & \mu(x_{j1}) \\ C_2, & \mu(x_{j2}) \\ \cdots & \cdots \\ C_n, & \mu(x_{jn}) \end{bmatrix},\ (j=1,\ 2,\ \cdots,\ m) \tag{10-19}$$

其中 M_j 表示比较事物；C_i 是第 j 个比较事物 M_j 的第 i 个特征，与其相应的量值用 x_{ji}（$j=1, 2, \cdots, m$；$i=1, 2, \cdots, n$）表示，由于这些量值各自对比较事物 M_j 的贡献大小不一样，量纲也不同，故对各个量值 x_{ji}应加以模糊化。模糊化的方法就是把各量值转化为隶属度 $\mu(x_{ji})$，以表示各量值 x_{ji}对比较事物 M_j 的贡献程度。

（3）m 个标准事物 n 维模糊复合物元。把 m 个标准事物各自的 n 维模糊复合物元组合在一起，便构成了一个模糊复合物元，称其为 m 个标准事物 n 维模糊复合物元，用 R_{0mn}表示，记作：

$$R_{0mn}=\begin{bmatrix} & M_{01} & M_{02} & \cdots & M_{0m} \\ C_1 & \mu(x_{011}) & \mu(x_{021}) & \cdots & \mu(x_{0m1}) \\ C_2 & \mu(x_{012}) & \mu(x_{022}) & \cdots & \mu(x_{0m2}) \\ \cdots & \cdots & \cdots & \cdots & \cdots \\ C_n & \mu(x_{01n}) & \mu(x_{02n}) & \cdots & \mu(x_{0mn}) \end{bmatrix} \tag{10-20}$$

其中M_{0j}表示第j个标准事物；μ（x_{0ji}）表示第j个标准事物M_{0j}的第i个特征量值x_{0ji}（$j=1$，2，…，m；$i=1$，2，…，n）的隶属度。与标准事物特征C_i相应的量值x_{0ji}右下角的3个脚标，分别表示标准事物、标准事物的序号和标准事物特征序号，其余符号同前。

（4）m个比较事物n维模糊复合物元。把m个比较事物各自的n维模糊复合物元组合在一起组成一个m个比较事物n维模糊复合物元，即：

$$R_{mn}=\begin{bmatrix} & M_1 & M_2 & \cdots & M_m \\ C_1 & \mu(x_{11}) & \mu(x_{21}) & \cdots & \mu(x_{m1}) \\ C_2 & \mu(x_{12}) & \mu(x_{22}) & \cdots & \mu(x_{m2}) \\ \cdots & \cdots & \cdots & \cdots & \cdots \\ C_n & \mu(x_{1n}) & \mu(x_{2n}) & \cdots & \mu(x_{mn}) \end{bmatrix} \tag{10-21}$$

其中R_{mn}表示m个比较事物n维模糊复合物元，其余符号同前。

10.4.2 基于熵权模糊物元的地基处理方案优选决策步骤

1. 建立模糊复合物元矩阵

设M_j为第j个比较事物（方案）（$j=1$，2，…，m），C_i为比较事物的第i个特征（评价指标）（$i=1$，2，…，n），μ（x_{ji}）为与评价指标C_i和比较方案M_j相对应的模糊量值x_{ji}的隶属度式，则可将m个比较方案各自的n维模糊物元组合形成模糊复合物元矩阵，表示为：

$$R_{mn}=\begin{bmatrix} & M_1 & M_2 & \cdots & M_m \\ C_1 & \mu(x_{11}) & \mu(x_{21}) & \cdots & \mu(x_{m1}) \\ C_2 & \mu(x_{12}) & \mu(x_{22}) & \cdots & \mu(x_{m2}) \\ \cdots & \cdots & \cdots & \cdots & \cdots \\ C_n & \mu(x_{1n}) & \mu(x_{2n}) & \cdots & \mu(x_{mn}) \end{bmatrix} \tag{10-22}$$

2. 隶属度的计算

为计算各评价指标（事物特征）C相应模糊量值x的隶属度，引入从优隶属度原则。各单项指标相应的模糊量值，从属于标准方案各对应评价指标相应的模糊量值隶属程度，称为从优隶属度，从优隶属度一般为正值，由此建立的原则，称为从优隶属度原则。由于各评价指标特征值对于方案评价来说，有的是越大越优，有的是越小越优，因此，对于不同的隶属度分别采用不同的计算公式：

越大越优型，其变换公式为：

$$\mu_{ji}=\frac{x_{ji}-\min\limits_j x_{ji}}{\max\limits_j x_{ji}-\min\limits_j x_{ji}} \tag{10-23}$$

越小越优型，其变换公式为：

$$\mu_{ji}=\frac{\max\limits_j x_{ji}-x_{ji}}{\max\limits_j x_{ji}-\min\limits_j x_{ji}} \tag{10-24}$$

式中　x_{ji}——第j个方案的第i项指标对应的模糊量值；

$\max\limits_{j} x_{ji}$——各评价方案中每一项评价指标所有模糊量值中的最大值；

$\min\limits_{j} x_{ji}$——各评价方案中每一项评价指标所有模糊量值中的最小值；

μ_{ji}——对应指标的从优隶属度。

3. 构造标准（理想）模糊物元矩阵

标准（理想）模糊物元矩阵 R_{0n} 指由式（10-25）确定的各评价指标从优隶属度的最大值或最小值：

$$R_{0n} = \begin{bmatrix} & M_0 \\ C_1 & \mu_{01} \\ C_2 & \mu_{02} \\ \cdots & \cdots \\ C_n & \mu_{0n} \end{bmatrix} \tag{10-25}$$

本报告以从优隶属度最大值作为各评价指标的理想物元，也就是各指标最大从优隶属度均为1。

4. 综合权重的确定

按照熵思想，人们在评估决策中所获得信息的多少，是评估精度和可靠性大小的决定因素之一。用熵值来度量所获得的决策目标集提供的有用信息量，将决策者的主观判断与项目排序的客观情况结合起来，把熵权引入到评价指标权重求解中，充分利用决策矩阵提供的信息来修正决策者主观判断权重，可以减少决策中的主观随意性[112~113]。本文基于熵权的综合赋权法的基本思路为：首先利用层次分析法等主观赋权法确定评价指标的主观权重，然后再引入熵权，修正主观权重，按式（10-13）得到评价指标的综合权重。

5. 海明贴近度和综合优选

海明贴近度 D_j[121]不仅应用上方便，而且还克服了加权平均模型的评价值趋向均一化的缺陷。因此，采用海明贴近度来衡量一物元与理想物元的接近程度，并根据式（10-26）计算所得的海明贴近度 D_j 的大小来综合评价方案。

$$D_j = 1 - \sum_{i=1}^{n} (\lambda_i |\mu_{ji} - \mu_{0i}|) \tag{10-26}$$

式中 D_j 为第 j 个评价方案与标准方案（理想方案）间的海明贴近度，其值越大，表示两者越接近；反之，相差越大，贴近度值最大对应的方案为最佳方案。据此，最终可排定被评方案的优先顺序。

10.5 实例分析

以十漫高速公路工程 K76 + 687 处高填方混凝土拱涵的地基处理方案优选为例，说明该优选决策方法在工程中的应用。K76 + 687 处拱涵涵洞总长 104.465m，涵顶填土高度为 18.0m，设计图纸上要求地基承载力达 630kPa，涵洞天然地基承载力无法满足设计要求，需要对地基进行处理。根据该路段的地质特点和工程条件，提出了以下三个地基处理方案：

方案一：换填法，换填材料为级配良好的碎石，换填厚度为 3.0m，处理宽度为 20.0m；

方案二：水泥土搅拌桩（柔性桩复合地基），处理宽度 20.0m，桩径为 0.4m，桩长 5.5m，桩间距 $3d$；

方案三：混凝土预制桩（刚性桩复合地基），处理宽度 20.0m，桩径为 0.5m，桩长 5.5m，桩间距 $3d$。

1. 建立复合模糊物元矩阵 R

首先应将各方案对应各项评价指标进行定量分析。方案评价指标体系中，既有定量指标，也有定性指标。经济性指标中的建设成本，技术性指标中的工期属于定量指标。其他的指标属于定性指标。

建设成本：根据施工所在地的市场调研，各方案的建设成本：换填法为 15.2 万元，水泥土搅拌桩为 33.5 万元，混凝土预制桩为 66.3 万元。

施工工期：各方案的施工工期为换填法 10 天，水泥土搅拌桩 35 天，混凝土预制桩 20 天。

对于定性指标如施工安全、施工技术可靠性、处理效果、施工难易程度、维修工作量、环境影响、资源消耗，根据定性指标评分标准（表 10-2）通过专家小组采用打分法将定性数据转化为定量数据，所咨询的专家有专业科研、设计方面的人员，也有施工、管理方面的人员，经验丰富，熟悉软土地基处理的专业知识和管理，因此具有较充分的代表性，评价结果具有较高的可信度，具体评分结果见表 10-5。结合计算所得的建设成本和施工工期得到各方案的初识决策矩阵如表 10-5 所列。

方案评价指标初识决策矩阵 表 10-5

评价准则层	评价指标层	M_1	M_2	M_3
经济性	C_1 建设成本（万元）	15.2	33.5	66.3
	C_2 维修工作量	3	4	4
技术性	C_3 处理效果	4	3	5
	C_4 施工工期（天）	10	35	20
	C_5 施工难度	5	4	3
	C_6 技术可靠性	5	3	4
社会性	C_7 对周围环境的影响	4	3	5

2. 隶属度的计算

在评价指标中，工程造价和施工工期是越小越好型指标，其他为越大越好型指标。按照式（10-23）和式（10-24）可求得方案评价指标的从优隶属度，建立复合模糊物元矩阵 R 如下：

$$R = \begin{bmatrix} 1 & 0.637 & 0 \\ 0 & 1 & 1 \\ 0.5 & 0 & 1 \\ 1 & 0 & 0.6 \\ 1 & 0.5 & 0 \\ 1 & 0 & 0.5 \\ 0.5 & 0 & 1 \end{bmatrix}$$

3. 构造标准（理想）模糊物元矩阵

按式（10-25）构造标准（理想）模糊物元矩阵 R_{0n} 为：

$$R_{07} = \begin{bmatrix} & M_0 \\ C_1 & 1 \\ C_2 & 1 \\ \cdots & \cdots \\ C_7 & 1 \end{bmatrix}$$

4. 综合权重的确定

准则层的判断矩阵如表 10-6 所列，指标层的判断矩阵如表 10-7 和表 10-8 所列。表中数据是根据以往工程经验、专家咨询和本次工程的实际情况确定的。

准则层的判断矩阵 表 10-6

准则层	经济性	技术性	社会性	W_i
经济性	1	2/3	5	0.394
技术性	3/2	1	5	0.516
社会性	1/5	1/5	1	0.090
一致性检验	$C.R. = 0.009 < 0.10$			通过

经济性指标层的判断矩阵 表 10-7

经济性指标层	C_1	C_2	W_i
C_1	1	6	0.86
C_2	1/6	1	0.14
一致性检验	不需要进行检验		通过

技术性指标层的判断矩阵 表 10-8

技术性指标层	C_3	C_4	C_5	C_6	W_i
C_3	1	1/3	3	5	0.263
C_4	3	1	5	7	0.564
C_5	1/3	1/5	1	3	0.118

续表

技术性指标层	C_3	C_4	C_5	C_6	W_i
C_6	1/5	1/7	1/3	1	0.055
一致性检验	$C.R.=0.039<0.10$				通过

计算得到各准则层和评价指标层的主观权重见表 10-9 所列。

评价指标的主观权重 **表 10-9**

评价准则层（权重）	评价指标层（权重）
经济性（0.394）	C_1 建设成本（万元）（0.864）
	C_2 维修工作量（0.140）
技术性（0.516）	C_3 处理效果（0.263）
	C_4 施工工期（天）（0.564）
	C_5 施工难度（0.118）
	C_6 技术可靠性（0.055）
社会性（0.090）	C_7 对周围环境的影响（0.090）

由矩阵 R 和式（10-11）、式（10-12）可计算出各评价指标的熵值和熵权，再结合按层次分析法得到的 λ_i'，按照式（10-13）得到关于指标 i 的综合权重 λ_i，计算结果见表 10-10 所列。

熵值 H_i、熵权 ω_i、综合权重 λ_i 计算表 **表 10-10**

	C_1	C_2	C_3	C_4
H_i	0.608	0.631	0.579	0.602
ω_i	0.140	0.132	0.151	0.142
λ_i	0.335	0.051	0.144	0.293
	C_5	C_6	C_7	
H_i	0.549	0.656	0.558	
ω_i	0.151	0.151	0.132	
λ_i	0.065	0.028	0.084	

5. 海明贴近度和综合优选

由式（10-26）计算各评价方案与标准方案（理想方案）间的海明贴近度并排序，计算结果如表 10-11 所列。

由表 10-11 所列的海明贴近度计算结果可知，方案 M_1 换填法是该涵洞地基处理的最优方案。实际工程中实施了该方案，取得了良好的综合效益。

各方案海明贴近度及排序 表 10-11

	M_1	M_2	M_3
海明贴近度	0.863	0.353	0.469
排　　序	1	3	2

10.6 本章小结

本章在建立了高速公路软基处理方案评价指标体系的基础上，提出了基于熵权的模糊物元决策模型，给出了方案评价指标体系的制定原则，从方案的经济合理性、技术可行性和社会性三个层面建立了方案评价指标体系；并对各评价指标进行了详细论述，研究了指标的定量分析方法。

将熵权引入层次分析法用于确定评价指标的综合权重，既可以使决策者重点考察较多信息量的指标提供的信息，又可以充分利用决策矩阵提供的信息来修正决策者主观判断权重，使权重确定更加合理。此外，针对地基处理方案优选多层次、多指标、确定性与不确定性共存的特点，建立了多层次的基于熵权的模糊物元决策模型，并通过实例研究证明了该决策分析方法是科学可靠的。

参 考 文 献

［1］顾安全．上埋式管道及洞室垂直土压力的研究［J］．岩土工程学报，1981，3（1）：3-15.

［2］Kang J，Parker F，Yoo C H. Soil－structure interaction for deeply buried corrugated steel pipes Part Ⅰ：Embankment installation［J］. Engineering Structures，2008，30（2）：384-392.

［3］Bennett R M，Wood S M，Drumm E C，Rainwater N R. Vertical loads on concrete box culverts under high embankments［J］. Journal of Bridge Engineering，2005，10（6）：643-649.

［4］Brown C B. Forces on rigid culverts under high fills［J］. Journal of Structure Division（ASCE），1967，93（5）：195-215.

［5］Sladen J A，Oswell J M. The induced trench method－A critical review and case history［J］. Canada Geotechnical Journal，1988，25（2）：541-549.

［6］李永刚，李珠，张善元．矩形沟埋涵洞顶部垂直土压力［J］．工程力学，2008，25（1）：155-160.

［7］Chen B G，Sun L. Performance of a reinforced concrete box culvert installed in trapezoidal trenches［J］. Journal of Bridge Engineering（ASCE），2014，19（1）：120-130.

［8］中华人民共和国行业标准．JTG/T D65-04—2007 公路涵洞设计细则［S］．北京：人民交通出版社，2007.

［9］中华人民共和国行业标准．JTG D60—2004 公路桥涵设计通用规范［S］．北京：人民交通出版社，2004.

［10］中华人民共和国行业标准．TB 10002. 1—2005 铁路桥涵设计基本规范［S］．北京：中国铁道出版社，2005.

［11］杨锡武．山区公路高填方涵洞土压力计算方法与结构设计［M］．北京：人民交通出版社，2006.

［12］邓学钧．路基路面工程（第三版）［M］．北京：人民交通出版社，2013.

［13］魏红卫，邹银生，谢献忠．公路涵管结构设计方法研究．公路交通科技，2005，22（10）：79-83.

［14］赵立岩．混凝土圆涵洞的病害分析及预防［J］．公路，2001，（11）：60-62.

［15］李亚东．路基沉降对涵管破裂的影响分析［J］．内蒙古公路与运输，2002，（5）：45-46.

［16］娄亦红，王秉勇．涵洞顶填土压力的计算分析．岩土力学，2003，24（3）：475-478.

［17］张卫兵，刘保健．西部山区高填路堤涵洞病害及其防治对策．中外公路，2007，27（1）：35-39.

［18］Chen B G，Sun L. The impact of soil properties on the structural integrity of high－fill reinforced concrete culverts［J］. Computers and Geotechnics，2013，52：46-53.

［19］Dasgupta A，Sengupta B. Large－scale model test on square box culvert backfilled with sand. Journal of Geotechnical Engineering，1991，117（1）：156-161.

［20］顾安全，郭婷婷，王兴平．高填土涵洞（管）采用 EPS 板减荷的试验研究．岩土工程学报，2005，27（5）：500-504.

［21］Kang J，Parker F，Yoo C H. Soil－structure interaction for deeply buried corrugated steel pipes Part Ⅱ：Imperfect trench installation. Engineering Structures，2008，30（3）：588-594.

［22］郑俊杰，赵建斌，陈保国．高路堤下涵洞垂直土压力研究．岩土工程学报，2009，31（7）：1009-1013.

［23］Marston A，Anderson A O. The theory of loads on pipes in ditch and tests of cement and clay drain tile and sever pipe. Bulletin No. 31, Ames: Iowa Engineering Experiment Station, 1913.

[24] Marston A. The theory of external loads on closed conduits in the light of the latest experiments. Bulletin No. 96, Ames: Iowa Engineering Experiment Station, 1930.

[25] Spangler M G. The supporting strength of rigid pipe culverts. Bulletin 112, Iowa State College, Iowa, 1933.

[26] Spangler M G. The structural design of flexible culverts. Bulletin 130, Iowa State College, Ames (IA), 1941.

[27] Spangler M G. A theory of loads on negative projecting conduits. Proceeding of Highway Research Board, Washington D C, 1950, 30: 153-161.

[28] 曾国熙．土坝下涵管竖向土压力的计算．浙江大学学报，1960，4（1）：79-97.

[29] Handy R L. The arch in soil arching. Journal of Geotechnical Engineering, 1985, 111 (3): 302-318.

[30] McKelvey J A. The anatomy of soil arching. Geotextiles and Geomembranes, 1994, 13 (5): 317-329.

[31] 折学森．路基涵洞的土压力计算．中国公路学报，1992，5（3）：72-79.

[32] Karinski Y S, Dancygier A N, Leviathan I. An analytical model to evaluate the static soil pressure on a buried structure. Engineering Structure, 2003, 25 (1): 91-101.

[33] 邓国华，邵生俊．填埋式涵洞上覆土压力的有限元分析．岩石力学与工程学报，2004，23（s1）：4356-4360.

[34] 孙建生．软基地板外伸式涵洞衬砌结构的有限元分析．水利学报，2000，（10）：56-70.

[35] 李永刚，李力．钢筋混凝土涵洞顶部垂直土压力影响因素研究．长江科学院院报，2006，23（6）：72-74.

[36] 刘全林．地埋管道与土相互作用平面分析与计算方法．岩土力学，2007，28（1）：83-88.

[37] Kim K, Yoo C H. Design loading on deeply buried box culverts. Journal of Geotechnical and Geoenvironmental Engineering, 2005, 131 (1): 20-27.

[38] 方志，温庆杰，谭冬莲．钢筋混凝土圆管涵周土压力的理论及试验研究．湖南大学学报，2005，32（5）：1-5.

[39] Arockiasamy M, Chaallal O, Limpeteeprakarn T. Full－scale field tests on flexible pipes under live load application. Journal of Performance of Constructed Facilities, 2006, 20 (1): 21-27.

[40] Garg A K, Abolmaali A, Fernandez R. Experimental investigation of shear capacity of precast reinforced concrete box culverts. Journal of Bridge Engineering, 2007, 12 (4): 511-517.

[41] 范鹤，刘斌，范泽等．高填土涵洞相似材料模型试验与数值模拟．吉林大学学报（工学版），2008，38（2）：399-403.

[42] 杨锡武，张永兴．公路高填方涵洞土压力变化规律及计算方法研究．土木工程学报，2005，38（9）：119-124.

[43] 翁效林，谢永利，刘保健．高填方路堤涵洞碎散体填土成拱效应离心模型．长安大学学报（自然科学版），2008，28（2）：31-35.

[44] 郑俊杰，陈保国，张世飙．沟埋式涵洞非线性土压力试验研究与数值模拟．岩土工程学报，2008，30（12）：1771-1777.

[45] Chen Baoguo, Zheng Junjie, Lu Yan'er. Soil－structure interaction of unsymmetrical trench installation culvert. Journal of Southeast University (English Edition), 2009, 25 (1): 94-98.

[46] Chen Baoguo, Zheng Junjie, Han Jie. Experimental study and numerical simulation on trench installation culvert. Journal of Performance of Constructed Facilities (ASCE), 2010, 24 (3): 223-234.

[47] 陈保国，骆瑞萍，孙金山．上埋式盖板涵受力特性及影响因素研究．岩土力学，2011，32（1）：

199-206.
[48] 陈素君．高填土涵洞的基础设计．公路，1998，(4)：37-39.
[49] 凌忠，刘敦平，蒯行成等．高路堤下构造物的地基处理研究．中南公路工程，2005，30 (2)：91-94.
[50] 蒯行成，刘先伟，潘成筋．高速公路构造物地基极限承载力的理论分析．中南公路工程，2006，31 (2)：80-83.
[51] 袁明，杜岩．无碴轨道涵洞地基加固及沉降控制．铁道工程学报，2006，(7)：59-63.
[52] 康佐，谢永利，冯忠居等．应用离心模型试验分析涵洞病害机理．岩土工程学报，2006，28 (6)：784-788.
[53] 刘保健，谢永利，程海涛等．上埋式公路涵洞地基及基础的设计．长安大学学报（自然科学版），2006，26 (3)：17-20.
[54] 陈保国，郑俊杰，张世飙等．高路堤下涵洞地基处理现场测试与数值模拟研究．岩土力学，2009，30 (5)：1483-1489.
[55] 郑俊杰，马强，陈保国．高填方涵洞地基承载力分析．华中科技大学学报（自然科学版），2009，37 (4)：115-118.
[56] 陈保国，孙金山，张磊．上埋式钢筋混凝土拱涵受力特性及地基处理研究．岩土力学，2011，32 (5)：1500-1506.
[57] Vaslestad J, Johansen T H, Holm W. Load reduction on rigid culverts beneath high fills: Long-term behavior. Transport Research Record, 1993, (1415): 58-68.
[58] Dancygier A N, Yankelevsky D Z. A soft layer to control soil arching above a buried structure. Engineering Structure, 1996, 18 (5): 378-386.
[59] 白冰．减荷条件下上埋式圆形结构物周边土压力分析．长江科学院院报，1998，15 (2)：14-17.
[60] 杨锡武，张永兴．山区公路高填方涵洞加筋桥减载方法及其设计理论研究．岩石力学与工程学报，2005，24 (9)：1561-1571.
[61] Sun L, Hopkins T C, Beckham T. Stress reduction by ultra-lightweight geofoam for high fill culvert: numerical analysis. Geotechnical Applications for Transportation Infrastructure: Featuring the Marquette Interchange Project in Milwaukee, Wisconsion (GSP3), 2005: 146-154.
[62] Sun L, Hopkins T C, Beckham T. Load reduction by geofoam for culvert extension: Numerical analysis. GeoCongress2006: Geotechnical Engineering in the Information Technology Age, 2006: 1-5.
[63] 王晓谋，顾安全．上埋式管道垂直土压力的减荷措施．岩土工程学报，1990，12 (3)：83-89.
[64] 顾安全，吕镇锋，姜峰林等．高填土盖板涵 EPS 板减荷试验及设计方法．岩土工程学报，2009，31 (10)：1481-1486.
[65] Kang J, Parker F, Yoo C H. Soil-structure interaction and imperfect trench installations for deeply buried concrete pipes. Journal of Geotechnical and Geoenvironmental Engineering, 2007, 133 (3): 277-285.
[66] Kang J, Parker F, Kang Y J, et al. Effects of frictional forces acting on sidewalls of buried box culverts. International Journal for Numerical and Analytical Methods in Geomechanics, 2008, 32 (3): 289-306.
[67] Kang J S, Han T H, Kang Y J, et al. Short-term and long-term behaviors of buried corrugated high-density polyethylene (HDPE) pipes. Composites Part B: Engineering, 2009, 40 (5): 404-412.
[68] American Concrete Pipe Association (ACPA). ACPA concrete pipe handbook. Vienna, Va., 2001.
[69] American Association of State Highway and Transportation Officials, Inc. (AASHTO). AASHTO standard specifications for highway bridges, 17th Ed, Washington D C., 2002.
[70] 康佐，杨晓华，谢永利等．高填路堤下涵洞病害机理．长安大学学报（自然科学版），2006，26

(2)：22-26.

[71] Chen Baoguo, Sun Liang. The impact of soil properties on the structural integrity of high – fill reinforced concrete culverts. Computers and Geotechnics, 2013, 52：46-53.

[72] PLAXIS 2D V8. Reference manual, 2002.

[73] 李永刚，张善元．矩形沟埋涵洞顶部垂直土压力试验和理论研究［J］．岩土力学，2008，29（4）：1081-1086.

[74] Brinkgreve R B J, Vermeer P A. Finite element code for soil and rock analysis［M］. Rotterdan：Balkema A. A., 1998.

[75] 沈明荣．岩体力学．上海：同济大学出版社，1999.

[76] 陈保国．山区高速公路涵—土体作用机制及路基处理研究［D］．武汉：华中科技大学，2008.

[77] 李永刚，张善元．矩形沟埋涵洞顶部垂直土压力试验和理论研究［J］．岩土力学，2008，29（4）：1081-1086.

[78] Spangler M G. Underground conduits – An appraisal of modern research［C］. Proceeding of American Society of Civil Engineering, 1947：855-884.

[79] Spangler M G. Field measurements of the settlement ratios of various highway culverts［R］. Iowa：Iowa Engineering Experiment Station, 1950.

[80] Trollope D H, Speedie M G, Lee I K. Pressure measurements on Tullaroop dam culvert［C］. Proceeding of 4th Australia – New Zealand Conference on Soil Mechanics and Foundation Engineering, 1963：81-92.

[81] McAffee R P, Valsangkar A J. Field performance, centrifuge testing, and numerical modelling of an induced trench installation［J］. Canadian Geotechnical Journal, 2008, 45（1）：85-101.

[82] McGuigan B L, Valsangkar A J. Centrifuge testing and numerical analysis of box culverts installed in induced trenches［J］. Canadian Geotechnical Journal, 2010, 47（2）：147-163.

[83] CSA. Canadian highway bridge design code（Standard CAN/CSA – S6 – 06）［S］. Mississauga：Canadian Standards Association, 2006.

[84] 马强，郑俊杰，张军等．高填方涵洞减载机制与数值分析［J］．岩土力学，2010，31（s1）：424-429.

[85] 徐芝纶．弹性力学简明教程［M］．北京：高等教育出版社，1997.

[86] 姜峰林．高填方涵洞 EPS 板减荷技术应用及数值模拟研究［D］．长安：长安大学，2010.

[87] 白冰．高填土下刚性结构物竖向土压力减荷方法［J］．岩土力学，1997，18（1）：35-39.

[88] Vaslestad J. Load reduction on buried rigid pipes. Proceedings of the international conference on soil mechanics foundation engineering, deformation of soil and dispalcements of structures［J］. Norwegian, 1991：771-774.

[89] Lee H J, Roh H S. The use of recycled tire chips to minimize dynamic earth pressure during compaction of backfill［J］. Construction and Building Materials, 2007, 21（5）：1016-1026.

[90] Taylor Rk, Spangler M G. Induced – trench method of culvert installation. Highway research record, 52nd annual meeting of the highway research board［C］. Washington, D. C., 1973：15-31.

[91] Hansen P, Miller L L, Valsangkar A J, et al. Performance of induced trench culverts in New Brunswick. In：proceedings of the annual conference of the transportation association of Canada［C］. Saskatchewan, Sask, 2007：14-17.

[92] Vaslestad J, Yesuf G Y, Johansen T H. Long – term in – situ measurements of concrete culverts with high fills［M］. CRC Press, Netherlands, 2009.

[93] Sun L, Hopkins T, Beckham T. Long – term monitoring of culvert load reduction using an imperfect ditch backfilled with geofoam［J］. Transportation Research Record：Journal of the Transportation Research

Board, 2011, (1): 56-64.

[94] 王者超，乔丽萍．土蠕变性质及其模型研究综述与讨论 [J]．岩土力学，2011，32 (8)：2251-2260.

[95] Gnip I Y, VaitkuS S, Kersulis V, Vejelis S. Long - trem prediction of compressive creep development in expanded polystyrene [J]. Polymer Text, 2008, (27): 378-391.

[96] Taylor S B, Manbeck H B, Janowiak J J. Modeling Structural Insulated Panel (SIP) flexural creep deflection [J]. Journal of Structural Engineering, 1997, 123 (12): 1658-1665.

[97] 中华人民共和国行业标准．JTG D63-2007 公路桥涵地基与基础设计规范 [S]．北京：人民交通出版社，2007.

[98] 龚文惠．土力学 [M]．武汉：华中科技大学出版社，2006.

[99] Brinkgreve R B J, Swolfs W M, Engin E. Plaxis Introductory: student pack and tutorial manual. [M]. Rotterdam: Plaxis BV, 2011.

[100] 席永慧，陈建峰．土力学与基础工程 [M]．上海：同济大学出版社，2006.

[101] 冯仲仁，朱瑞赓．我国高速公路软基处理研究的现状与展望．武汉理工大学学报，2002，24 (1)：78-80.

[102] 龚晓南．地基处理．北京：中国建筑工业出版社，2005.

[103] 汪双杰，张留俊，刘松玉等．高速公路不良地基处理理论与方法．北京：人民交通出版社，2004.

[104] 李学军．体育馆建筑结构概念设计研究 [D]．北京：北京工业大学，2005.

[105] 冯仲仁，朱瑞赓等．高速公路软基处理方案的多层次模糊决策．岩石力学与工程学报，2002，21 (6)：915-918.

[106] 张彩江，沈岐平．基于层次分析 (AHP) 的深层软基处理方案优化选择研究：一个案例．系统工程，2006，24 (9)：121-125.

[107] 高景伟，姬怀卿，董秀坤．陕蒙高速公路软基处理方案优选方法．公路交通科技，2006，23 (12)：41-44.

[108] 张留俊，黄晓明，尹利华．公路软基处理方案多层次模糊综合评判方法研究．公路交通科技，2007，24 (3)：35-42.

[109] 陈向阳，夏元友，鄢恒珍．基于 ART 网络的高速公路软基处理决策模型．武汉理工大学学报，2007，29 (2)：104-106.

[110] 陈向阳，夏元友，鄢恒珍．高速公路软基处理方案多层次模糊决策模型研究．湖南城市学院学报 (自然科学版)，2007，16 (2)：13-15.

[111] 李志斌，叶观宝，徐超．高速公路软基处理方案模糊评价因素．岩土工程技术，2004，18 (6)：320-323.

[112] 文畅平．公路软基处理方案的属性综合评价．路基工程，2008，(1)：143-145.

[113] Saaty T L. The analytic hierarchy process: planning, priority, setting, resource allocation [M]. New York: McGraw - Hill, 1980.

[114] 叶观宝，兰宏亮，徐超等．高速公路软基处理的环境影响评价方法探讨．地质灾害与环境保护，2004，15 (4)：39-42.

[115] 邱菀华．管理决策与应用熵学．北京：机械工业出版社，2002.

[116] Samanta B, Roy T K. Multi - objective entropy transportation model with trapezoidal fuzzy number penalties, sources, and destinations. Journal of Transportation Engineering ASCE, 2005, 131 (6): 419-428.

[117] Chowdhury S, Husain T. Evaluation of drinking water treatment technology: An entropy - based fuzzy application. Journal of Environmental Engineering ASCE, 2006, 132 (10): 1264-1271.

[118] 谢小平，黄强，蔺蕾蕾等．模糊物元模型在梯级水库补偿效益方案评价中的应用．河海大学学报

（自然科学版），2007，5（3）：276-280.
［119］郭文献，夏自强，王鸿翔等．基于模糊物元模型的水资源合理配置方案综合评价．灌溉排水学报，2007，26（5）：75-78.
［120］蔡文．物元模型及应用．北京：科学技术文献出版社，1994.
［121］冯丽云，邱林，袁勇福等．模糊物元模型在生态园区配水方案优选中的应用．华北水利水电学院学报，2006，27（2）：7-10.